全国各类高等院校经贸管理专业改革创新示范规划教材

商务谈判

主　编　代桂勇　刘小筱
副主编　杨　敏

中国商业出版社

图书在版编目(CIP)数据

商务谈判/ 代桂勇,刘小筱主编. - - 北京：中国商业出版社,2021.9

ISBN 978-7-5208-1766-0

Ⅰ.①商… Ⅱ.①代…②刘… Ⅲ.①商务谈判 Ⅳ.①F715.4

中国版本图书馆 CIP 数据核字(2021)第 175850 号

责任编辑：李 飞　蔡 凯

中国商业出版社出版发行
010-63180647　www.c-cbook.com
(100053　北京广安门内报国寺1号)
新华书店经销
北京军迪印刷有限责任公司印刷

*

787 毫米×1092 毫米　16 开　16 印张　340 千字
2021 年 9 月第 1 版　2021 年 9 月第 1 次印刷
定价:68.00 元

* * * *

(如有印装质量问题可更换)

前　言

随着社会主义市场经济的迅速发展和改革开放的日益深入,我国经济已成为全球经济不可或缺的组成部分,国内外的经贸活动与日俱增。为了获得经济利益,各经济主体之间无时无处不进行着商务谈判活动。可以说,商务谈判已渗透到人们生活的每一个角落,整个世界就是一张巨大的谈判桌。

本书以商务谈判活动为研究对象,全面介绍了商务谈判的原理、规律和策略等理论知识,同时结合商务谈判的实践发展,列举了大量的案例,理论和实践紧密结合,突出了课程的应用性、实践性和艺术性。本书主编多年来一直在《商务谈判》课程教学第一线,具有丰富的《商务谈判》课程教学经历,积累了宝贵的课程建设经验。2010年,本书主编编写《商务谈判》教材,由山东科学技术出版社出版,省内多所高校使用;2012年,商务谈判课程获得山东省精品课程立项。在此基础上,2014年,本书主编编写了《商务谈判》教材,由北京理工大学出版社出版,被全国相关高校使用。2017年,商务谈判课程获得混合教改课程立项并顺利通过验收。近年来,本书主编按照金课的建设标准和课程思政的要求继续深入探索商务谈判课程建设,取得了一定的成果。在此基础上,又编写了这本教材。本教材具有以下特点:

1. 体系框架科学合理

全书共分四部分、十章内容。第一部分商务谈判概论,它是全书内容的理论基础。第二部分商务谈判科学,介绍商务谈判活动不同阶段的内在规律,指出谈判人员必须要遵循商务谈判的科学性,它是全书的主体内容。第三部分商务谈判艺术,介绍商务谈判语言和心理内容(商务谈判策略在商务谈判各阶段章节中介绍),强调谈判人员要发挥自己的主观能动性。第四部分商务谈判文化,介绍商务谈判礼仪和谈判风格,指出文化对谈判活动的影响。纵观各种版本的商务谈判教材和读物,这四部分内容基本构成了商务谈判知识的总体框架,有助于学生从宏观上把握商务谈判课程的体系结构。

2. 内容系统,案例典型

商务谈判既是一门科学,也是一门艺术。本书将商务谈判的科学性与艺术性融为一体,重视商务谈判内容的系统性和逻辑性,指出谈判人员不但要遵循商务谈判活动的客观规律,而且也要发挥自己的主观能动性,二者缺一不可。同时,根据具体内容的需要,编者精选了大量的典型案例贯穿全书,从而能够增强学生的学习兴趣并使其领会其中的谈判精髓。本书力求内容全面系统,语言简洁平实,为读者搭建一个良好的商务谈判学习平台。

3. 突出课程的实践性

本书以商务谈判活动为研究对象，全面介绍了商务谈判过程、商务谈判人员、商务谈判文化等知识，理论和实践紧密结合，对商务谈判活动具有较强的指导性。同时结合商务谈判的实践发展，列举了大量案例，通过对具体案例的分析，培养学生运用理论知识分析和解决实际问题的能力。另外，每一章均编写了实训项目，供学生谈判训练使用，让学生将学到的理论应用到实践中，突出了课程的实践性和艺术性。

4. 将课程思政融入教材内容中

编者在多年的教学实践中，发现许多学生将商务谈判与你死我活、威胁利诱、尔虞我诈、巧舌如簧等贬义词联系在一起。这些词语反映了学生对商务谈判的认识是片面的，甚至是错误的。本书不仅阐述商务谈判的理论知识，培养学生的谈判技能，更重要的是将课程思政融入教材内容中，帮助学生树立正确的人生观、世界观和价值观，如合作共赢、平等协商、实力决定利益分配、对事不对人等。特别是教材内容中有许多中国与外国贸易谈判的案例，更彰显了中国的自信，增强了学生的民族自豪感，培养了学生的爱国主义精神。

本书由代桂勇、刘小筱任主编，杨敏任副主编。代桂勇设计教材框架，拟定编写提纲，编写了第一章至第六章的内容，刘小筱编写了第七章和第八章的内容，杨敏编写了第九章和第十章的内容。代桂勇最后审核定稿。

本书可作为高等院校市场营销、国际经济与贸易、工商管理等专业商务谈判课程的教学用书，也可作为企业营销人员、商务人员等相关从业人员的培训教材或参考用书。

本书在编写过程中参考了谈判领域国内外的相关论著和研究成果，恕不能一一列举，在此，谨向相关作者表示深深的敬意和由衷的感谢。

由于编者水平有限，书中难免有不足和疏漏之处，敬请同行专家和广大读者批评指正。

编者

目 录

第一章　商务谈判概论 …………………………………………………………… (1)
　　第一节　谈判概述 ………………………………………………………… (1)
　　第二节　商务谈判概述 …………………………………………………… (7)
　　第三节　商务谈判的过程和内容体系 …………………………………… (20)
　　第四节　商务谈判理论 …………………………………………………… (25)

第二章　商务谈判准备阶段 ……………………………………………………… (43)
　　第一节　谈判信息的调研 ………………………………………………… (43)
　　第二节　商务谈判方案 …………………………………………………… (50)
　　第三节　商务谈判的组织与管理 ………………………………………… (60)

第三章　商务谈判开局阶段 ……………………………………………………… (70)
　　第一节　商务谈判的开局 ………………………………………………… (70)
　　第二节　商务谈判开局策略 ……………………………………………… (78)

第四章　商务谈判磋商阶段（一）………………………………………………… (82)
　　第一节　价格的内涵 ……………………………………………………… (82)
　　第二节　报价 ……………………………………………………………… (87)
　　第三节　讨价还价 ………………………………………………………… (93)
　　第四节　价格谈判策略 …………………………………………………… (98)

第五章　商务谈判磋商阶段（二）………………………………………………… (110)
　　第一节　谈判障碍 ………………………………………………………… (110)
　　第二节　让步 ……………………………………………………………… (115)
　　第三节　谈判僵局 ………………………………………………………… (125)

第六章　商务谈判终结阶段 ……………………………………………………… (139)
　　第一节　商务谈判的终结 ………………………………………………… (139)
　　第二节　制定和签署合同 ………………………………………………… (150)

第七章　商务谈判语言 …………………………………………………………… (158)
　　第一节　谈判语言概述 …………………………………………………… (158)
　　第二节　有声语言的运用 ………………………………………………… (161)
　　第三节　无声语言的运用 ………………………………………………… (173)

第八章　商务谈判心理 …………………………………………………………… (187)
　　第一节　谈判心理概述 …………………………………………………… (187)
　　第二节　心理活动在商务谈判中的运用 ………………………………… (190)

第九章　商务谈判礼仪 ……………………………………………………（204）
第一节　商务谈判人员的个人礼仪 ………………………………………（204）
第二节　商务谈判过程的社交礼仪 ………………………………………（209）
第三节　谈判相关活动的礼仪 ……………………………………………（216）
第十章　商务谈判风格 …………………………………………………（228）
第一节　美国商人的谈判风格 ……………………………………………（228）
第二节　英国商人的谈判风格 ……………………………………………（230）
第三节　法国商人的谈判风格 ……………………………………………（232）
第四节　德国商人的谈判风格 ……………………………………………（234）
第五节　日本商人的谈判风格 ……………………………………………（236）
第六节　俄罗斯商人的谈判风格 …………………………………………（239）
第七节　阿拉伯商人的谈判风格 …………………………………………（241）
第八节　中国商人的谈判风格 ……………………………………………（243）

第一章 商务谈判概论

随着我国社会主义市场经济的快速发展,商务谈判已成为企业经营活动的重要内容之一,商务谈判成功与否,越来越影响着企业的生存和发展。同时,人们参与经济活动的机会日益增多,商务谈判也成为了人们日常生活的重要组成部分之一,商务谈判能力已成为现代人必须具备的基本能力。

第一节 谈判概述

谈判在人们的生活中无处不在,生活中的每一个人都是谈判的参与者。商务谈判是谈判的重要组成部分,我们学习商务谈判,首先要对谈判有一个正确的认识和了解。谈判的定义十分简单而内涵却很广泛。

一、谈判的概念

谈判有狭义和广义之分。狭义的谈判,仅指在专门场合下安排和进行的谈判,这样的谈判经过事先的安排和准备,相对而言要正式和严肃一些;而广义的谈判包括各种形式的洽谈、磋商和交涉等,它是人们一种普遍的社会活动,这样的谈判无处不在。谈判就字面意思而言,"谈"是"讨论、双方或多方之间的沟通和交流";"判"是"评断、决定一件事情",可见,"谈"是"过程","判"是"结果",谈判实际上包含"谈"和"判"两个紧密联系的环节。由于谈判所涉及的范围十分广泛,内容又很丰富,人们可以从不同的角度诠释谈判的含义,所以,迄今为止,学者们关于谈判的定义多种多样。

关于谈判的定义,国外学者的代表观点主要有:

美国谈判学会主席、谈判学的奠基人杰勒德·I.尼尔伦伯格于1968年在其所著的《谈判艺术》一书中指出:"谈判的定义最为简单,而涉及的范围却最为广泛。每一个要求满足的欲望,每一项寻求满足的需要,至少都是诱发人们展开谈判的潜因。只要人们为了改变相互关系而交换观点,只要人们为了取得一致而磋商协议,他们就是在进行谈判。"

英国谈判学家 P.D.V.马什于 1971 年在《合同谈判手册》一书中认为:"所谓谈判,是指有关各方为了自身的目的,在一项涉及各方利益的事务中进行磋商,并通过调整各自提出的条件,最终达成一项各方较为满意的协议这样一个不断协调的过程。"

美国著名的谈判专家 C.威恩·巴罗和格莱恩·P.艾森在合著的《谈判技巧》一书中指出:"谈判并不是什么新东西,它从古到今一直是人们生活中的一个组成部分。实质上,谈判是一种双方都致力于说服对方接受其要求时所运用的一种交换意见的技能。其最终目的就是要达成一项对双方都有利的协议。"

20 世纪 80 年代中期以后,我国的谈判理论研究逐步被重视起来。国内学者对谈判的定义主要观点有:

"谈判是各方为了消除分歧、改变关系而交换意见,为了取得一致、谋取共同利益和契合利益而磋商的社会交往活动。"

"谈判是人们基于一定的需求而彼此进行信息交流、磋商协议的一种过程,是人们旨在确立、强化、发展或消除其相互关系而进行的一种积极行为。"

"谈判是人们为了协调彼此之间的关系,满足各自的需要,通过协商而争取达到意见一致的行为和过程。"本书赞同谈判的这一定义。

为了更好地把握谈判的内涵,我们有必要了解谈判存在的前提条件,即谈判活动的存在基础。

1.客观需求

谈判的直接原因是谈判各方都有自己的需求,即需求是谈判的内在动力。人们对满足需求之物的获得,可以有多种方式,如自产自用、交换、强取豪夺、行政命令或不正当竞争等,谈判只不过是人们满足需求的众多方式之一。从满足需求的难易性和资源消耗来考虑,当寻找不到比谈判更好地满足自己需求的方式后,人们才可能会为了保护和寻求某种利益去谈判。没有需求,就没有谈判。

谈判各方都必须有需求才有可能产生谈判,谈判各方之间的需求是既统一又矛盾的关系。其统一性体现在:谈判一方若想满足自己的需求就必须以满足对方的需求为前提,任何一方要想满足自己的需求就不能无视对方需求的满足。各方要想实现自己的愿望和需求,就必须互相努力,建立某种合作形式才能实现。其矛盾性体现在:谈判各方的合作是为了满足自己的需求,绝不是为了满足对方的需求,只不过是以对方需求的满足来换取己方需求的满足。

[案例 1—1]

中外谈判建立合资企业

中方与外商谈判建立合资企业,由中方提供生产场地,外商提供先进技术。建立这样一家合资企业,外商的目的和需求可能是:利用技术上的优势,通过合资企业的形式,绕过直接贸易的障碍,开拓中国广阔的市场,获得长期利润。而中方的目的和需求可能是:利用先进技术,提高本国的生产水平,获得丰厚利润,进而积极争取出口,开拓国际市场。显然,一方的目的和需求会涉及和影响对方需求的满足,在谈判中双方的需求是既统一又矛盾的关系。其统一性表现为,如果双方都要达到各自的目的,就必须通过建立合资企业来实现。其矛盾性表现为,外商提供技术的目的,是要开拓中国市场,获得高额利润;而中方的目的,是吸收外方先进技术,提高国内技术水平,积极发展出口,而不是单纯让出国内市场。总之,没有市场,拥有先进技术的外商就不感兴趣;同样,没有先进技术,中方就难以接受。对中方来讲,是以市场换技术,对外商来讲,则是以技术换市场。双方就是在这种既统一又矛盾的利益关系下开展谈判。通过谈判,寻找双方都能接受的方案,使矛盾在一定条件下达到统一。

2.可谈判性

所谓可谈判性是指各方需求之间可交换、可妥协的余地和可能性。当各方需求之间存在着某种形式的妥协余地和交换的可能性时,谈判才有可能发生。但是,只要还存在着被某一或某几方所意识到的比这种交换和妥协更好的解决方式,谈判都不可能在事实上存在。

[案例1—2]

香港主权的丧失与恢复

1841年1月26日,英国军队强行登上香港岛,举行升旗仪式,单方宣布香港岛归英国所有。1843年6月26日,英国政府强迫清政府签订了令中国人屈辱的《南京条约》。从此,中国的香港区域沦为英国的殖民地。1984年12月19日,中英两国政府在经过22轮的谈判后,签署了《中华人民共和国政府和大不列颠及北爱尔兰联合王国政府关于香港问题的联合声明》,以邓小平的"一国两制"构想解决了香港问题。1997年7月1日,中国政府对香港正式恢复行使主权,结束了英国的殖民统治。

这100多年香港主权的"失"与"归"谈判,说明了只有在物质力量、人格、地位等方面都获得了相对独立或对等的资格,双方才能构成谈判关系,否则强势的一方就有可能采取非谈判方式,包括武力强取等。

3.谈判意愿

所谓谈判意愿是指一方将自己的需求付诸交换以及在交换过程中对方能够做出让步的期望。当各方的这种意愿在不同程度上相互认可时,参与谈判的各方才会一起走上谈判桌。当谈判意愿不被对方认可时,谈判很可能不会发生或出现中止情况。

4.谈判环境

所谓谈判环境是指各方需求进行交换或妥协的外在客观条件。谈判环境既能自然存在,也可以通过人为的作用形成。脱离了具体的环境,谈判的存在没有意义。

二、谈判的特点

根据上述谈判的定义,我们可以归纳出谈判具有以下特点:

1.相互性

谈判是一种双边或多边的行为和活动,至少有两方参与是谈判进行的先决条件。否则自己和自己谈,只能是"自言自语"或"心理冲突",不能称为谈判,也不能满足自己的需求。而且谈判各方在法律地位上相对独立,这样才能保证谈判各方自愿平等地参与谈判,达成的协议才存在法律上的合法性。

2.目的性

谈判各方是为了满足自己的需求而参与谈判的,谈判是一项目的性很强的活动。没有明确的谈判目的,不清楚为什么而谈和谈什么,只能叫作"聊天"或"闲谈"。正因为谈判各方具有明确的目的,谈判是一种积极的进取行为,具有较强的冲突性。但是,谈判的目的不是妥协,不是一方战胜另一方,而是各方达成协议。谈判是一个不断调整各自需求,最终使谈判各方的需求得以调和,互相接近,从而达成一致意见的过程。

3.协商性

谈判是各方通过相互合作实现各自目标的有效手段。谈判不是命令更不是强迫,不能由任何一方说了算。所以,在谈判中,一方既要清楚地表达自己的立场和观点,又要认真听取对方的陈述和要求,并不断调整对策,以求沟通信息、交流意见、缩小分歧、达成共识,这就是彼此之间的协商或磋商。

4.利益界限性

美国谈判学会主席尼尔伦伯格有这样一段精彩的论述:谈判人员的目光不能只盯着"再多要一些",当接近临界点时,必须清醒警觉,毅然决断,当止即止。参与谈判的每一方都是有某些需要应该得到满足的,如果把其中任何一方置于死地,那么最终大家都将一无所得。这段论述告诉我们,参与谈判的任何一方都有一定的利益界限范围,获得的利益不在这个利益界限范围内,谈判肯定会失败。我们可以用图1—1来说明谈判的这一特征。

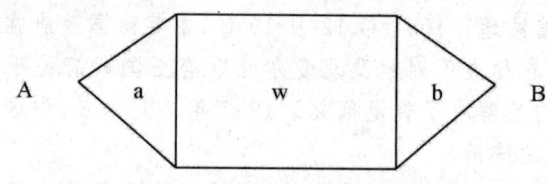

图1—1 谈判双方的利益界限

A和B分别代表谈判的双方,整个图形内的区域a+w+b代表谈判的总利益。a代表A谈判者在此次谈判中必须获得的最低利益,b代表B谈判者在此次谈判中必须获得的最低利益,w代表A和B双方经过谈判协商确立的合作利益。对A来说,其利益界限范围是a≤A≤a+w;对B来说,其利益界限范围是b≤B≤b+w。谈判的结果对任何一方来说,如果获得的利益不在自己的利益界限范围内,都会使自己或对方退出谈判而使谈判破裂。因此,理解和把握谈判的利益界限问题对谈判成功与否是非常重要的。正如尼尔伦伯格对谈判的另一段精彩论述:凡是成功的谈判,对每一方来说都是有限的胜利者;谈判实际上是一个合作的利己主义的过程。在谈判中必须满足谈判各方的最低需求,不能一味地要求对方让步,自己也不能无限地让步,否则要么对方会退出谈判而使自己可能到手的利益丧失掉,要么自己无利可图而失去合作的意愿,谈判都将不可避免地走向破裂。

在满足自己最低利益的基础上,谈判各方最终能获得多少利益呢?从理论上讲,谈判各方经过协商确立的合作利益w是明确的,而从实际来看,如何分割合作利益w是不确定的,每一方都想获得尽可能多的合作利益。谈判肯定是各方对合作利益的分割,但如何分割,各方最后获得多少利益,完全取决于各方的谈判实力。谈判实力是影响谈判各方获得利益的各种因素的总和,具体说,谈判实力是由各方所在企业的实力、谈判人员谈判艺术的运用水平和谈判的环境因素构成的。企业实力包括企业的信誉、规模、技术水平和市场占有率等,谈判人员谈判艺术的运用水平即谈判人员在谈判中主观能动性的发挥,取决于谈判人员的素质、经验和能力等,谈判的环境因素包括竞争形势、时间和地点等,这些都在一定程度上影响到谈判各方利益的分割。实力强的一方往往在谈判中居于有利地位,能掌握谈判的主动权,以较少的代价换取较多的利益,而实力弱的一方则常常被迫做出较大的让步,获取较少的利益。

5.科学性和艺术性

谈判既是一门科学,又是一门艺术,是科学与艺术的有机整体。谈判的科学性体现在:作为人类的一种行为和活动,谈判有其准备、开局、磋商和结束的内在规律,谈判人员必须遵循谈判的规律,以理性的思想作好谈判的每一个阶段的工作。谈判的艺术性体现在:谈判是人们协商利益的一种活动,谈判人员的素质、能力、经验、心理状态和思维活动都会直接影响着谈判的结果。同样的谈判内容、条件和环境,不同的人去谈判,其最终结果往往会不同,这是谈判艺术性的典型体现。

在谈判中,每一个谈判人员既要讲究科学,又要讲究艺术。也就是说,在涉及谈判信息的调研、谈判各方实力的判断、谈判方案的制订以及交易条件的确定等这些问题时,应更多地体现出谈判科学性的一面;而在谈判现场上,谈判语言的表达、谈判策略的运用以及谈判心理的诱导等应更好地体现谈判艺术性的一面。"科学"告诉我们在谈判中如何去做,而"艺术"则帮助我们将谈判做得更好。

三、谈判的构成要素

一次完整的谈判活动必须具备以下要素,否则,谈判活动就不会发生。

1. 谈判主体

谈判主体即谈判的当事人。谈判主体可分为关系主体和行为主体。关系主体是指在谈判中能够参与谈判并承担谈判后果的自然人和社会组织等各种实体;行为主体是指实际参加谈判的个体或团队。在关系主体和行为主体一致的情况下,行为主体能够反映关系主体的意志,同时也能承担谈判的后果;在关系主体和行为主体不一致的情况下,行为主体只有正确反映关系主体的意志,在关系主体授权范围内发生的谈判行为才是有效的,由此产生的谈判后果,关系主体才能承担。

2. 谈判客体

谈判客体即谈判的标的和议题。谈判标的指谈判的对象,如货物买卖谈判中的商品,投资谈判中的投资活动等;谈判议题指谈判的具体内容或交易条件,它是谈判活动的中心,如价格、数量、质量和付款方式等,总之,涉及谈判各方利益的一切问题,都可以成为谈判的议题。

3. 谈判目的

谈判目的是谈判各方参与谈判活动的动机。没有谈判目的,只有谈判主体和客体,就不能是真正的谈判,而是闲谈。

4. 谈判行为

谈判行为是指谈判主体的言行举止或具体活动,是导致谈判结果出现的要素。如果说谈判主体是指谈判"谁来谈",谈判客体指"谈什么",那么谈判行为则是指谈判中"怎么谈"。其内容包括谈判中各方的语言交流、谈判策略和技巧的运用、谈判心理活动等。

[案例1—3]

害羞的运动员

曾经有一个职业运动员,他想和球队经理谈判以取得满意的合同。但他是个害羞的人,他认为不是经理的对手,而且经理手中有一张王牌——他们之间原有的协定,此协定规定,该运动员不能跳槽。

结果每次都迫使运动员签下待遇更坏的合同,于是该运动员请了一位经纪人,由他代表运动员和经理谈判。经纪人提出,虽然协定规定该运动员不能跳槽,但没有规定他不能参加表演事业,如果经理再不修改合同,他将和制片商洽谈,让该运动员进入演艺界。谈判的结果是该运动员大获全胜,其他运动员纷纷效仿。

5.谈判环境

谈判活动都是在一定环境中进行的,受到环境的影响和制约,离开了具体的环境,谈判活动也就失去了存在的意义。谈判环境包括外部的宏观环境,如政治、经济、文化、市场等,也包括谈判的具体环境,如时间、地点、场所等。谈判环境会影响到谈判各方的实力强弱。

6.谈判结果

一次完整的谈判活动必须要有谈判结果。无论谈判成功还是失败,都会产生相应的结果。没有结果,则意味着谈判活动没有结束。有些谈判陷入僵局或旷日持久,但只要没有明确的结果,谈判都有可能继续进行。谈判活动不了了之,就会演变为"不完整的谈判",谈判各方应尽力避免。

第二节 商务谈判概述

一、商务谈判的含义

商务,指一切有形和无形资产的交换或买卖事宜,主要是指商品买卖、劳务贸易、技术贸易、投资、经济合作等。商务谈判是指在经济领域中,两个或两个以上从事商务活动的组织或个人,为了满足各自的经济利益,进行意见交换和磋商,谋求取得一致和达成协议的行为和过程。

商务谈判是伴随着交换而产生的一种社会现象,与交换活动密切相关。但是,这并不意味着一切交换都必须经由谈判而实现。任何交换的发生都要涉及交换条件确定的问题,对此,菲利普·科特勒将交换分为两大类:惯例化的交换和谈判的交换。前者的交换条件是固定的,一方确定好交换条件后,另一方只是简单地决定是否交换,双方无须谈判;后者的交换条件是不固定的,交换是否发生取决于各方对价格等交换条件的谈判结果,谈判是为确立交换条件服务的。

二、商务谈判的特征

商务谈判除了具备谈判的一般特征外,还具有自身的个性特征。

1. 以经济利益为目的,是商务谈判的一个典型特征

人们参与谈判都有其谈判目的,不同的谈判类型谈判目的是不同的。外交谈判涉及的是国家利益,政治谈判关心的是政党或社会团体的根本利益,军事谈判涉及的是敌我双方的安全利益,商务谈判是一种经济活动,其目的就是获得经济上的利益。虽然,参与谈判的各方要受非经济因素的影响和制约,但其最终目的仍然是获取经济利益。

另外,商务谈判是一项经济活动,而经济活动本身要讲究经济效益,因此,商务谈判本身也要讲究经济效益。在商务谈判中,谈判各方必须要注意谈判成本和效率的高低,也就是要考虑效益的问题。事实上,经济效益是评价一次商务谈判是否成功的主要标准,不讲求经济效益的商务谈判,谈判本身就失去了价值和意义。

2. 商务谈判的核心议题是价格

商务谈判所涉及的议题很多,价格只是谈判的内容之一,谈判者的利益也不一定都体现在价格上,但价格最直接地体现了谈判各方的利益,因此价格几乎在所有的商务谈判中都是谈判的核心内容。谈判各方在其他方面上的得与失,获取的多和少,在很多情况下都可以折算为一定的价格,通过价格的高低来体现。当然,并非在任何时候、任何情况下都能够进行这样的折算,即谈判者并不一定接受这样的折算,因为价格并不能补偿一切。

价格是商务谈判的核心,价格在一定条件下可与其他交易条件相折算,商务谈判者认识到这一点很重要。在谈判中,谈判人员一方面要以价格谈判为核心,坚持自己的利益;另一方面

又不能仅仅局限于价格,要拓展自己的思路,在其他交易条件上争取利益。有时,与在价格上争取对方让步相比,在其他交易条件上要求对方让步可能更容易做到,并且也不易为对方察觉。

3.商务谈判注重合同条款的严密性和准确性

商务谈判的结果是由谈判各方磋商一致的合同或协议来体现的,合同条款实质上反映了各方的权利和义务,合同条款的严密性和准确性是保障谈判者获得所协商的利益的重要前提。有些谈判者在谈判中作出了很大努力,艰难地获得了有利的结果,对方为了达成协议,也迫不得已作了很多让步,似乎谈判者已经获得了这场谈判的胜利。但在拟定合同条款时,如果谈判者掉以轻心,不重视合同条款的完整、严密、准确和合法,结果被对手在条款措辞上略施小计就掉进陷阱,不仅把到手的利益丧失殆尽,而且还要为此付出惨重代价。因此,在商务谈判中,谈判者不仅要重视口头上的承诺,更要重视合同条款的准确性和严密性。

4.商务谈判的谈判对象具有可选择性

在商务谈判中,交易各方都可以自由地在市场中选择合适的交易伙伴,不像某些谈判如政治谈判往往具有确定的、不能自由选择的谈判对象。就商品买卖而言,买方可以货比百家,同商品质量好、价格合理的卖方建立谈判关系和交易关系;卖方可以面向千家,同结算方式、信用好的买方建立合作关系。商务谈判者选择什么对象作为谈判对手,具有相对自由的权利。

三、商务谈判的类型

商务谈判是现代社会非常普遍的一种经济活动,按照不同的标准,我们可以把商务谈判分为各种不同的类型。认识不同的商务谈判类型,我们可以把握商务谈判的规律,采取正确的谈判策略和技巧,实现谈判目标。

(一)按照参加谈判的利益主体的数量,分为双边谈判和多边谈判

谈判是两方或多方利益主体之间展开磋商的一种活动,按照参与谈判的各方即利益主体的数量,形成了不同的谈判类型。

1.双边谈判

双边谈判是指在谈判活动中只有两个利益主体,不存在第三方。例如,仅有一个买方和一个卖方参与的商品买卖谈判。

2.多边谈判

多边谈判是指在谈判活动中有两个以上的利益主体参加的谈判。例如,A、B、C三家企业联合组建合资企业的谈判。

双边和多边谈判的区别不仅仅是利益主体数量上的不同,更重要的是谈判复杂程度上的区别。一般而言,双边谈判的利益关系比较具体和明确,双方之间的协调比较容易,因而谈判也比较容易把握;多边谈判,参与者越多,谈判的利益关系就越复杂,各方的协调就越困难。多边谈判必须兼顾到每一方谈判者的利益,使参与谈判的各方都能获得相应的利益和需求满足,这样才能达成一致意见,取得谈判成功。

(二)按照参加谈判的人数规模,分为个体谈判和集体谈判

谈判越重要,涉及的内容越多,各方参与谈判的人员数量就会越多。按照各方谈判桌上的

人员数量,将谈判分为个体谈判和集体谈判。

1.个体谈判

个体谈判是指各方出席谈判的人员只有一人,为"一对一"谈判。个体谈判最大的优点是比较灵活,参加谈判的人员一人说了算,其积极性比较高;但个体谈判是独立作战,对谈判人员的素质和能力要求较高。对于比较简单的谈判可以采用个体谈判,但对于大多数商务谈判来说,由于涉及的内容复杂,单靠个人的力量是不行的,所以现代商务谈判多为集体谈判。

2.集体谈判

集体谈判是指谈判各方有两个或两个以上谈判人员参加的谈判。当然,集体谈判各方参加谈判的人数并不一定要完全相同。集体谈判可以发挥每个谈判人员的特长,集中集体的智慧,完成比较复杂的谈判;但如果谈判人员内部之间配合不当,就会增加内部协调的难度,在一定程度上发生内耗和影响谈判的效率。集体谈判谈判者个人可以得到同伴的支持,不必像个体谈判谈判者个人那样必须具备此次谈判所需的全部知识和技能;但是集体谈判责任关系复杂,发生问题易相互推诿。集体谈判又可分为:小型谈判,4人以下;中型谈判,4~12人;大型谈判,12人以上。

(三)按照谈判所在的地点,分为主场谈判、客场谈判和中立地谈判

谈判地点是谈判环境的要素之一,谈判地点的不同,会对谈判各方的心理和谈判工作产生微妙的影响。

1.主场谈判

主场谈判是指在自己一方所在国家和地区,由自己一方做主人所进行的谈判。主场谈判占有"地利",有许多优势:主场谈判者在心理上有一种安全感和优越感,易于树立自信心;能及时搜集与己方有关的谈判资料并予以充分利用;能及时向上级领导汇报情况,得到有效的指导;可以利用谈判室内布置、座位安排乃至食宿款待等创造某种气氛给对方施加压力和影响。当然,主场谈判也有不利之处:谈判对手会以种种借口如资料不全、权力有限等中止谈判;可能因随时接到上级领导对谈判情况的询问和过多的指导,使谈判人员的能力不能充分发挥;要支付较大的谈判成本,而且可能会出现因对方实地参观和考察而引发一系列未曾预料到的问题。

2.客场谈判

客场谈判是指在谈判对手所在国家和地区所进行的谈判。客场谈判是主场谈判的对称,其优缺点正好与主场谈判优缺点相反。客场谈判的优点有:可以省去烦琐的接待工作;谈判人员全心全意参加谈判,减少本企业事务的干扰;当谈判形势对己方不利时,可以以各种借口故意拖延时间或中止谈判;可以现场考察对手的实力,了解对方的真实情况。客场谈判的缺点有:谈判人员身处异地他乡,会有拘束感,客观上形成某些劣势;查找资料不方便和向上级领导不能及时汇报请示等。

3.中立地谈判

中立地谈判是指在谈判各方所在国家和地区之外的地点所进行的谈判。中立地谈判可以避免主客场谈判对谈判的某些不利影响,为谈判提供良好的环境和平等的气氛,但是可能引起第三方的介入而使谈判各方的关系发生微妙的变化。

不同的谈判地点使谈判各方的身份不同,并由此导致了各方在谈判行为上的某些差别。主场谈判、客场谈判和中立地谈判都各有其优点和缺点,谈判人员在选择谈判地点时要根据谈

判的具体情况而定。一般来讲,对于重要的、比较复杂的谈判应尽量争取在主场谈判;而对于一般性的、容易达成一致的或者需要实地考察对方的谈判,可选择客场谈判。为了平衡主客场谈判的利弊,如果谈判需要进行多轮,通常安排主客场轮流谈判。在这种情况下,谈判人员要善于利用主客场的优势,充分发挥主客场对己方产生的有利影响。当然,也可以选择中立地谈判来消除主客场对谈判产生的不利影响,不过,在商务谈判中选择中立地谈判的机会比较少,或者仅仅是一些重要的商务谈判选择在中立地进行。

[案例1—4]

居家优势

美国心理学家拉尔夫·泰勒曾经按照支配能力(影响别人的能力)把一群大学生分为上、中、下三等,然后各取一等组成一组,让他们讨论大学10个预算削减计划中哪个更好。一半的小组在支配能力高的学生寝室里,一半在支配能力低的学生寝室里。泰勒发现,讨论的结果总是按照寝室主人的意见行事,即使主人是低支配能力的学生。由此可见,一个人在自己或自己熟悉的环境中更具有说服力。所以,在日常生活中应该充分利用"居家优势",如果不能在自己家中或办公室里讨论事情,也应尽量争取在中性环境中进行,这样使对方也没有"居家优势"。

(四)按照谈判的指导思想,分为软式谈判、硬式谈判和价值式谈判

谈判的结果包括获取利益和建立或维持人际关系两个方面。在谈判过程中,谈判人员指导思想的不同,会导致谈判人员对这二者的追求不同。

1. 软式谈判

软式谈判也称让步式谈判,是指谈判者设法避免冲突,随时准备为达成协议而让步,希望通过谈判签订一个令各方都满意的协议。持这种思想的谈判人员,更看重各方的友好关系的建立和维持,而对此次谈判所获利益的多少看得较轻。

如果谈判各方都能以这种思想参与谈判,那么达成协议的可能性、谈判成功和效率都是令人满意的,而且各方的良好关系也会得到建立和加强。但是,由于人的个性特点和价值观的不同,并非人人在谈判中都会采取这种谈判。如果遇到强硬的谈判人员,采取软式谈判的一方可能会吃亏上当。因此,在实际谈判中,采取这种谈判类型的人很少,一般只限于有定期的业务往来且合作关系非常友好的各方或为了长远利益的谈判。

2. 硬式谈判

硬式谈判也称立场式谈判,是指谈判者视对方为劲敌,强调立场的坚定性,强调针锋相对的商务谈判;认为谈判是一场意志力的竞赛和较量,只有按照己方的立场达成的协议才是谈判的胜利。

硬式谈判者往往在谈判开始时便提出一个极端的立场,进而顽固地加以坚持,把注意力都投入到如何维持自己的立场,否定对方的立场上,忽视了谈判各方的真正需要和利益追求。他们只看到谈判冲突性一面,总是利用甚至创造一切可能的冲突机会向对方施加压力,忽视寻找能兼顾各方利益的合作方式。这种谈判必然造成谈判各方关系紧张,增加了谈判的成本,降低了谈判的效率,很难达成理想的协议。即使某一方屈服于对方而被迫让步签订了协议,其内心的不满也是必然的,进而可能导致合同履行中的消极行为。在事关自身的根本利益而无退让的余地,在一次性交易而不考虑以后的合作等情况下,运用硬式谈判还是有必要的。

3.价值式谈判

价值式谈判也称原则式谈判,是指谈判各方将对方作为合作伙伴而不是作为敌人,谈判的出发点和落脚点均建立在公正的利益目标上,友好而高效地取得各方均满意的谈判结果的商务谈判。价值式谈判不像软式谈判那样只强调各方的关系而忽视了利益的获取,也不像硬式谈判那样只关注自己利益的获取而忽视人际关系的建立和维持。价值式谈判建议和要求谈判各方都要尊重对方的基本需要,寻找各方利益上的共同点,设想各种使谈判各方能够各有所获的方案;当各方发生利益冲突时,坚持根据公平的标准来做出决定,强调公正原则和公平价值。

价值式谈判者认为,在谈判各方对立立场的背后,存在着共同性利益和冲突性利益,共同性利益往往大于冲突性利益。如果双方都能认识并看重共同性利益,冲突性利益也就很好解决了。价值式谈判强调通过谈判取得经济和人际关系的双重价值,是一种既理性又富有人情色彩的谈判,同现代谈判互惠合作的宗旨相符,是目前商务谈判人员普遍追求的谈判形式。

上述三种谈判都是比较理论化的谈判方式,实际谈判往往比较复杂,经常是几种谈判方式的综合运用。采用上述三种谈判方式,要视具体情况而定。

(1)看今后是否有与对方保持业务关系的必要。如果己方已与对方有过良好的业务关系,而且还需继续保持这种关系,那么在选择谈判方式时,应采取软式谈判或价值式谈判相结合的谈判方式。反之,如果是一次性或偶然的业务关系,或者己方认为没有必要继续和对方合作,则可以适当地考虑使用硬式谈判,尽可能为己方争取利益。

(2)看该笔交易的重要性。如果某项交易对己方来说非常重要,可以考虑采取价值式或硬式谈判的方式;反之,可视具体情况而定。

(3)看各方谈判实力的对比情况。如果各方谈判实力相近,可选择价值式谈判;如果己方谈判实力强于对方,则可适当增加硬式谈判的成分;如果己方谈判实力弱于对方,则应视具体情况而定。

(4)看谈判成本是否受限制。如果己方在谈判的人力、物力、财力和时间等方面支出较大,己方难以承受,则应考虑采取软式谈判和价值式谈判,尽快促成谈判成功。

(5)看各方的谈判艺术与技巧。谈判者在实现谈判目标的过程中要充分发挥自己的主观能动性。如果谈判者具有丰富的谈判经验,较高的谈判艺术水平,往往是根据谈判的具体情况有张有弛,软硬结合,灵活运用每一种谈判类型及其结合。

(6)看谈判人员的个性特征与谈判风格。谈判风格是人的个性在谈判活动中的体现。有的谈判人员天性争强好斗,这样,谈判中的竞争性就比较强,谈判过程中就比较多地偏向硬式谈判;有的谈判人员比较随和友善,在谈判中就比较多地偏向软式谈判。所以,应根据谈判对手的个性和谈判特征,采取有针对性的谈判方式。

(五)按照谈判的具体内容,分为货物买卖谈判、劳务贸易谈判、投资谈判、技术贸易谈判、索赔谈判等

1.货物买卖谈判

货物买卖谈判即一般的商品买卖谈判,主要是指买卖双方就买卖货物本身的有关内容,如质量、数量、货物的运输方式和时间、价格和支付方式,以及交易过程中双方的权利和义务等问题所进行的谈判。

2.劳务贸易谈判

劳务贸易谈判是指劳务买卖双方就劳务提供的形式、内容、时间、劳务的价格、计算方法、劳务费的支付方式等有关买卖双方的权利、责任和义务关系等问题所进行的谈判。由于劳务本身不是某种有形的商品,而是通过人的特殊劳动,改变某种生产资料或物质的性质或形状,满足人们一定需要的劳动过程,因此,劳务贸易谈判与一般的货物买卖谈判是有明显区别的。

3.投资谈判

投资谈判是指谈判各方就共同参与或涉及各方关系的某项投资活动的投资目的、投资方向、投资形式、投资的内容和条件、投资项目的经营与管理,以及投资者在投资活动中的权利、义务、责任及相互之间的关系等所进行的谈判。

4.技术贸易谈判

技术贸易谈判是指技术的转让方和技术的接受方就转让技术的形式、内容、质量规定、使用范围、价格条件、支付方式以及转让中各方的权利、责任和义务等问题所进行的谈判。技术作为一种特殊的谈判对象,涉及技术产权的保护、技术风险等问题,因此技术贸易谈判要比一般货物买卖谈判复杂得多,对谈判人员的素质和能力要求较高。

5.索赔谈判

索赔谈判是指在合同履行过程中,常常会发生一方因种种原因而违约的情况,另一方为了保护自己的利益,向违约方提出索赔而进行的谈判。在众多的合同履行中,因种种原因违反合同约定的事件屡见不鲜,这为商务谈判提供了一种新的谈判形式——索赔谈判。

(六)按照谈判的沟通手段,分为面对面谈判、电话谈判、函电谈判和网上谈判

1.面对面谈判

面对面谈判是指谈判各方直接地、面对面地就谈判内容进行沟通、磋商和洽谈。面对面谈判时,谈判各方可以直接对话,不仅是语言的直接交流,而且各方都能直接观察对方的仪表、手势和表情等。一般来讲,凡是正规的、重要的谈判,都以面对面的谈判方式进行。

2.电话谈判

电话谈判是指借助电话通信进行沟通和磋商,寻求达成交易的一种谈判方式。电话谈判快速方便,但是风险大,容易产生误解。

3.函电谈判

函电谈判是指通过邮政、电传和传真等途径进行磋商,寻求达成交易的一种书面谈判方式。函电谈判方便准确,有据可查,但是各方不见面,难以运用有声语言和无声语言技巧。

4.网上谈判

网上谈判是指借助于互联网进行协商、洽谈的一种特殊的书面谈判。网上谈判是一种新型的谈判方式,信息交流方便,谈判成本很低,但是信息不易保密,互联网故障和病毒会影响商务谈判的进行。

(七)按照谈判参与方的国别,分为国内商务谈判和国际商务谈判

1.国内商务谈判

国内商务谈判是指均属一个国家的谈判参与方之间所进行的谈判。由于国内商务谈判的参与方处于相同的文化背景下,各方的语言相同、思想观念一致,所以谈判的主要问题表现在

怎样调整各方不同的需求和利益,寻求更多的利益共同点。

2.国际商务谈判

国际商务谈判又称涉外商务谈判,谈判的参与方分别属于两个或两个以上的国家和地区。由于谈判参与方来自不同的国家和地区,在语言、文化、价值观念和谈判心理等方面存在着很大的差别,因此国际商务谈判比国内商务谈判要复杂得多。对于国际商务谈判,谈判人员首先要认真研究对方国家和地区相关的政治、法律、经济和文化等社会环境背景。同时,还要研究对方国家和地区谈判人员的个人简历、谈判风格等人员背景。另外,在外语水平、外事或外贸知识与纪律等方面,对谈判人员也有相应的要求。

(八)按照谈判方式,分为纵向谈判和横向谈判

1.纵向谈判

纵向谈判是指在确定好谈判的议题后,逐个讨论每一个问题和条款,若前一个问题和条款不彻底解决,就不谈下一个问题和条款,一直到谈判结束。例如,在货物买卖谈判中,双方确定出价格、质量、数量、运输、保险等议题后,开始就价格进行磋商,价格问题不解决,就不谈其他问题。只有价格问题谈妥后,才依次讨论其他问题。纵向谈判的特点是议题按纵向展开,每次只讨论一个问题,直至谈妥为止。

纵向谈判的主要优点是:程序明确,把复杂问题简单化;每次只谈一个问题,讨论细致,解决彻底;可以避免多头牵制,议而不决的弊病。纵向谈判的不足之处在于:议程确定过于死板,难以灵活、变通地处理谈判中出现的问题;当某一问题陷入僵局后,会影响到其他问题的解决。

2.横向谈判

横向谈判是指在确定谈判的主要议题后,开始逐个讨论预先确定的问题,当在某一个问题上出现矛盾或分歧时,就把这一问题暂且放在后面,继续讨论其他问题,如此周而复始地讨论下去,直到所有议题都谈妥为止。例如,在资金借贷谈判中,谈判内容涉及借款金额、利息率、借款期限、担保、违约责任等,如果双方在借款金额上不能达成一致意见,可把这一问题放在后面,继续讨论其他问题,当其他问题解决之后,再回过头来讨论这个问题。横向谈判的特点是议题横向展开,多项议题可同时讨论。

横向谈判的优点是:议程灵活,不过分拘泥于议程所确定的谈判内容,只要有利于双方问题的解决,磋商可随时调整;多项议题同时讨论,有利于寻找变通的解决办法;有利于发挥谈判人员的想象力和创造力,更好地运用谈判策略和技巧。横向谈判的缺点在于:加剧了谈判各方的讨价还价,导致谈判各方做对等让步;容易使谈判人员纠缠于枝节问题,而忽视了主要问题。

商务谈判中采用哪种谈判形式比较合适呢?主要是根据谈判的内容、谈判的规模和复杂程度来确定。一般来讲,大型谈判、两方以上人员参加的谈判,大都采用横向谈判的形式;规模较小、内容简单,特别是各方已有过合作历史的谈判,则可采用纵向谈判的方式。

(九)按照谈判内容与谈判目标的关系,分为实质性谈判和非实质性谈判

1.实质性谈判

实质性谈判也称合同之内的商务谈判,是指谈判内容与各方的谈判目标直接相关的谈判。主要内容包括交易条件的谈判和合同条款的谈判。实质性谈判主要是交易条件的谈判,是商务谈判的主要组成部分,其过程直接涉及各方利益目标的实现。

2.非实质性谈判

非实质性谈判也称合同之外的商务谈判,是指为实质性谈判的顺利进行而事前就议程、议题、地点、时间、范围、级别、形式、人数等的安排进行磋商,事中进行各方具体事务的协调与联络,事后对各方在实质性谈判中形成的决议、协议、观点和立场进行技术处理和其他善后工作等的事务性谈判。

谈判实践表明,谈判越是复杂、大型、国际化,实质性谈判与非实质性谈判的关系就越是紧密。因此,不能错误地认为非实质性谈判是从属性的、服务性的、无关紧要的谈判。那些善于发挥己方的主动性,对谈判的议程、地点、时间、范围等进行周密安排的谈判人员,往往能在实质性谈判还未开始,就已经事实上取得了谈判的主导权和优势。这种主导和优势,有可能直接导致在实质性谈判中产生有利于自己的谈判结果。反之,某些稳操胜券的谈判,可能由于非实质性谈判的一个小小的疏漏或者变动而酿成败局。因此,国际上越来越重视非实质性谈判对实质性谈判的影响甚至是决定作用。

(十)按照利益的分配性质,分为零和谈判和整合谈判

1.零和谈判

零和谈判也称分配型谈判,通常只涉及一项单独的分配争议。这种谈判就像是各方在抢夺"一块大小固定蛋糕",谈判一方必须牺牲另一方,才能分得多一些或独享"蛋糕"。即"蛋糕"大小固定,谈判重心在于"分蛋糕"的问题。

在零和谈判中,谈判者倾向于凭借己方的实力大小来争取利益,并且谈判者心中有极强的输赢意识——非赢即输。这就像谈判双方拿一根绳子进行拔河比赛一样,输赢分明,对方赢一寸,己方就输一寸。因此,为了获得更多的利益,各方会倾向于持强硬态度,谈判策略以挤榨进攻为主。在零和谈判中,谈判者倾向于把对方看成自己的敌人,认为各方的利益是对立的、不可调和的,因此谈判各方的关系是紧张、对立和缺乏诚意的。

2.整合谈判

整合谈判也称双赢型谈判,当各方必须就多个议题进行谈判而这些议题对各方的重要性不同,或在某些议题上各方存在利益互补时,各方采取不同的谈判策略就会导致各方获取的利益总和不同,也就是说,谈判的总利益即"蛋糕"的大小因各方采取的策略而定。即"蛋糕"大小不固定,谈判重心在于"做蛋糕"的问题。

整合谈判就像各方同时有许多队伍进行拔河比赛。分开讲,每一小队都是一个零和谈判,各个小队有输有赢。假如己方赢的正是己方在意的,但对手不在乎,而己方输的,恰好相反,在这种情况下,各方都觉得是胜利者,因而达到了双赢的效果。整合谈判者倾向于把对手当作自己的合作伙伴,承认对方利益和需求存在的合法性,意识到各方利益和目标之间的依赖性和互补性,在策略上以妥协折中、共同合作为主,与对方共同致力于寻求一种满足各方利益的解决办法,各方会倾向于努力构建一种彼此信任和相互依赖的和谐气氛。

开始谈判,就拿起刀要去切"蛋糕",在"蛋糕"的如何切法上大伤脑筋,以为这"蛋糕"就这么大,如果对方切得多一点,就意味着自己分到的少一点。这种做法是很没出息的。高明的谈判者,总能尽可能地把"蛋糕"做大,甚至于无路处开出新天地。把"蛋糕"做大,下一步的利益分割常常因此很容易进行。

需要指出的是,上述零和谈判和整合谈判是谈判类型的两个极端,在谈判实践中,大多数

谈判属于混合型的,它们处于零和型和整合型谈判之间的某个位置上。对于商务谈判者来说,首先要判断谈判是零和型还是整合型占主导,或者两者大致地位相当,然后根据利益的分配性质采取相应的谈判策略。总之,商务谈判者在谈判中既要合作创造出更多的价值(把"蛋糕"做大),又要争取分到更多的利益(分更多的"蛋糕")。

［案例1—5］

姐妹分苹果

某家庭中有一对双胞胎姐妹,有一天家中只有一个苹果了,姐妹俩都想多吃一些,甚至想到自己独自拥有,为此姐妹俩争得不可开交。这时妈妈走了过来,说:"由一个人先来切这个苹果,愿意怎样切就怎样切;另外一人则优先挑选自己最想吃的那一块,愿意怎样选就怎样选。"这也就是说,一个孩子拥有切苹果的权利,而另一个孩子则有优先选择的权利。姐妹俩觉得很公平,于是接受了妈妈的建议。姐妹二人很快就分割清楚,两人各拿一块,一起吃着、玩着,高兴极了。

上述妈妈公平分割苹果的方式是利用了CC式程序。所谓CC式程序是指让一方决定分割方法,由另一方优先选择,英文是"One cuts, the other choose.",故称为CC式程序。CC式程序让谈判双方感到利益分配的程序是公正的,所以也会认为分配结果是公正的。

［案例1—6］

姐妹分橙子Ⅰ

邻居送给了上述姐妹俩一个橙子。这两个孩子便按照CC程序,由一个孩子负责切橙子,而另一个孩子选橙子。结果,姐妹俩按照商定的办法各自获得了一半橙子。姐姐把果肉挖掉扔进了垃圾桶,把橙子皮留下来磨碎了,混在面粉里做蛋糕吃。妹妹把半个橙子皮剥掉扔进了垃圾桶,把果肉放进果汁机里打果汁喝。

［案例1—7］

姐妹分橙子Ⅱ

邻居又送给了姐妹俩一个橙子。姐姐想要整个橙子,既想要皮做蛋糕,又想喝橙子汁。她对妹妹说:"如果把这个橙子全给我,你上次欠我的棒棒糖就不用还了。"其实,妹妹的牙齿被虫蛀得一塌糊涂,父母上星期就不让她吃糖了。妹妹想了一想,很快就答应了。她刚刚从父母那儿要了五块钱,准备买棒棒糖还债。这次妹妹就可以用这五块钱去玩游戏了,才不在乎那酸溜溜的橙子汁呢。

四、商务谈判的原则

商务谈判原则是指商务谈判中各参与方应当遵守的指导思想和行为准则。商务谈判原则是商务谈判内在的、固有的行为规范,是商务谈判的实践总结和成功经验。因此,认识和遵循商务谈判的原则,有助于维护谈判各方的利益,正确运用商务谈判的策略和技巧,提高谈判的成功率。商务谈判原则具有普遍的适用性,一般来讲,谈判人员应当遵循的原则主要有以下方面。

1.平等自愿原则

平等原则是指商务谈判中无论谈判各方的经济实力强弱、组织规模大小,其法律地位都是平等的。谈判活动存在的基础告诉我们,谈判各方在法律地位上相对独立和平等,是谈判行为发生与存在的前提条件。如果谈判中的某一方由于某些原因而丧失了与对方平等的地位,那么另一方就很可能不再把他作为谈判对手,并且可能试图寻找其他而不是谈判的途径来解决问题。这样,谈判也就不会存在或失去了其真正的意义。

在商务谈判中,各参与方对于交易项目和交易条件都拥有同样的否决权,协议的达成只能是各方协商一致的结果,绝不能一方说了算或少数服从多数。这种相同的否决权和协商一致的要求,客观上赋予了各方平等的权利和地位。谈判各方必须充分认识这种相互平等的权利和地位,自觉贯彻平等原则。平等原则要求各方互相尊重,以礼相待,任何一方都不能仗势欺人,以强凌弱,把自己的意志强加于人。平等原则是商务谈判的基础。

自愿原则是指谈判的当事各方是处于自身利益目标的追求和互利互惠的意愿来参加谈判的,而非由于外来的压力和他人的驱使。自愿原则是平等原则的延伸。自愿原则表明,谈判各方都具有独立的行为能力和决策能力,能够按照自己的意志自由地决定是否参与某次谈判以及在谈判中就有关交易条件做出决策,谈判协议是各方自愿达成的结果。

2.客观诚信原则

谈判的客观性原则是指谈判者必须尊重客观事实,理性评价各方的谈判实力和确定自己的利益目标,从客观情况出发,而不是仅凭自己的意志、感情主观地去谈判。由于谈判的冲突性,谈判者处于相互对立的局面,在自身利益和感情支配下,容易形成偏见、一厢情愿和固执己见的错误心理,以至于不顾客观情况,远离事实真相,一意孤行,从而抓不住达成协议的有利时机。

谈判的诚信原则是指谈判者在谈判中要以诚相待,不欺诈对方;要讲信用,不出尔反尔。诚信是谈判各方商务往来的基础。讲究诚信,能给对方以安全感,愿意同自己洽谈生意;还有利于消除疑虑,促进成交,进而建立长期的合作关系。讲求诚信,并不意味着把自己的谈判底线毫无保留地告诉对方,也不意味着不使用谈判策略和技巧。总之,要以信用为本,言行一致,取信于人。

3.互利合作原则

互利原则是指谈判达成的协议对于各参与方都是有利的。如果谈判结果只对某一方有利,不利一方就会退出谈判,谈判自然会破裂,谈判的胜利方也就不会存在。商务谈判不是竞技比赛,不能一方胜利一方失败,而必须是双赢,谈判各方都能实现自己的利益目标。要想实现互利,就必须要合作,没有合作,互利就不可能实现。谈判各方在追求自身利益的同时,也要尊重对方的利益需求,协商合作,争取互惠双赢,这样才能实现各自的利益目标,获得谈判的成功。

商务谈判讲求互利原则,并不意味着各方在经济利益上均等获利,只能说谈判各方在经济利益上均衡获利。各方获得利益的多少是以其谈判实力为后盾的,无论一方获得利益是多还是少,只要谈判各方共同认可,这样的谈判就是公平的、互利的。如果谈判各方秉持整合谈判的思想,通力合作,努力寻求共同利益,"将整个蛋糕做大",这样,尽管各方获得利益的相对份额不变,但是各自的所得却增加了。一个优秀的谈判人员不仅要认识到谈判的冲突性,更应该注重谈判的合作性,追求谈判结果的互惠双赢。

[案例1—8]

"旅店大王"希尔顿

美国"旅店大王"希尔顿曾经有过这样一件他终生引以为豪的事情。当年,希尔顿计划在达拉斯建造一座耗资数百万美元的新旅店,以实现他的"以得克萨斯州为基地,每年增加一座旅馆"的发展计划。但由于资金短缺,不得不中途停工。

希尔顿决定去见卖给他地皮的大商人杜德,他开门见山地告诉杜德,饭店工程无法继续。杜德听后不以为然,认为此事与他无关。希尔顿说:"杜德先生,我来找您是想告诉您,饭店停工对我来讲固然不是一件好事,但您的损失会比我更大。""我不明白您在说什么。"杜德说。希尔顿向他解释其中的道理:"如果我公开透露一下,饭店停工是因为我想换一个地方盖饭店,那么饭店周围的地价一定会暴跌,这样的结果对您是不利的,您看是不是呢?"

杜德听后,经仔细权衡利弊,最终同意了希尔顿的要求。由杜德出钱将那家饭店盖好,然后交给希尔顿,待赚了钱再分期偿还给杜德。两年后,由杜德出钱盖成的达拉斯希尔顿大饭店正式营业,使希尔顿又向"旅店王国"迈进了一大步。

4. 求同存异原则

在商务谈判中,各方之间既存在着共同性利益,又存在着冲突性利益。二者是对立统一的关系,缺少任何一方面利益,谈判就不会存在。求同原则是指谈判中面对利益分歧,从大局着眼,努力寻求共同性利益;存异原则是指要承认谈判各方冲突性利益的存在,正是由于需求的差异和利益的不同,才可能产生需求的互补和利益的契合,进而形成共同性利益。

求同原则要求谈判各方要把谈判对象当作合作伙伴,共同解决所面临的问题,以便最终达成一项成功的协议;存异原则要求谈判各方又要把谈判对象视为对手,在谈判中尽可能多地为自己获取利益。在谈判实践中,有些谈判人员只注重了谈判各方的共同性利益,竭力维护各方的合作关系,面临对方进攻时,往往一味地退让,尽力避免冲突,而不是积极为己方争取利益;与此相反,另一些谈判人员只看到冲突性利益的存在,而忽视了各方友好合作的积极意义,他们认为谈判非输即赢,输赢分明,被击败的必须是对方,胜利的只能是自己,由于无视对方的利益而导致谈判破裂,最终也损害了自己的利益。这两种做法都违背了求同存异原则。

5. 讲求效益原则

商务谈判是一种经济活动,对经济活动来讲,必须要遵循效益原则。商务谈判首先要实现各方的经济利益目标,这是谈判活动成功的前提。其次,商务谈判要讲求效率,以最短的时间,最少的人力、物力和财力投入,达到预期的谈判目标。这都是商务谈判效益原则的体现。贯彻效益原则,要求谈判者不能过多地占有谈判的利益,也要满足对方的利益要求;要抓住有利时机促成谈判快速成功,不能无休止地与对方讨价还价。讲求效益是商务谈判活动的必然要求。

6. 合法原则

合法原则是指商务谈判必须遵守国家的法律、法规和政策。国际商务谈判还应当遵守国际法、国际贸易惯例和对方国家的有关法律。商务谈判的合法原则,具体体现在三个方面:一是谈判主体合法,即谈判参与的各方组织及其谈判人员具有合法的资格;二是谈判议题合法,即谈判的内容、交易项目具有合法性,对于法律规定禁止的交易项目,如买卖毒品、贩卖人口、走私货物等,其谈判活动显然违法;三是谈判手段合法,即应通过公正、公平和公开的手段达到谈判目的,而不能采用某些不正当的手段,如行贿受贿、暴力威胁等手段达到谈判目的。坚持合法原则,商务谈判及其协议才具有法律效力,当事各方的权益才能受到法律的保护。因此,合法原则是商务谈判的根本。

五、商务谈判成功的价值评判标准

人们参与谈判是因为谈判能够满足自己的某些需要,每一个谈判者都希望谈判能够取得满意的结果。参与谈判的人们可能有着不同的需求,但追求谈判的成功则是所有谈判者共同的愿望。那么,什么谈判才可以称为成功的谈判,评价商务谈判成功的标准是什么?美国谈判学会会长杰勒德·I.尼尔伦伯格认为:谈判不是一场棋赛,不要求决出胜负;也不是一场战争,要将对方消灭或置于死地。恰恰相反,谈判是一项互利的合作事业。谈判中的合作是互利互惠的前提,只有合作才能谈及互利。从这个意义上讲,我们可以把评价商务谈判是否成功的价值标准归纳为以下三个方面:

1. 商务谈判目标的实现程度

人们参加商务谈判是为了获得一定的经济利益,因此商务谈判的目标是谈判人员预期从谈判中获得的经济利益。当谈判结束时,看看实际利益获得了多少,在多大程度上实现了预期的谈判目标,这是衡量谈判是否成功的首要标准。由于谈判存在着利益界限性,任何一方都有一个最高利益点和最低利益点,因此谈判目标有最高目标和最低目标,预期目标就在最高目标和最低目标之间。在谈判中,如果一味地追求最高目标,使对方无利可图进而导致谈判破裂,就不能实现谈判的预期目标;相反,如果为了达成协议己方一味地让步而未能守住最低目标,也不能实现谈判的预期目标。因此,成功的谈判应该是既达成了协议,又尽可能接近己方所追求的最高目标。

2. 谈判效率的高低

人们参加商务谈判是为了获取某种收益,但是商务谈判是一项经济活动,参与方肯定要付出一定的成本。谈判所获收益与所耗费成本之间的对比关系就是谈判效率。谈判效率的高低是衡量商务谈判成功与否的又一重要标准。如果谈判收益很大,而所耗费成本却较低,则谈判是高效率的、成功的;反之,如果谈判收益很小,而所耗费成本却较大,则谈判是低效率的、失败的。

谈判所获收益就是谈判结束后实际获得的利益。谈判成本包括以下三部分内容。

一是谈判桌上的成本。即为了达成协议所作出的所有让步之和,其数值等于该次谈判预期收益与实际收益之差值。

二是谈判过程的成本。即在整个谈判过程中所耗费的各种资源之和,其数值等于为该次谈判所付出的人力、物力、财力和时间的经济折算值之和。

三是谈判的机会成本。即由于该次谈判占用的企业资源失去了用于其他经济活动获利的机会而可能造成的收益上的损失。

对这三项谈判成本,人们往往比较关注第一项成本,即对谈判桌上的得失较为敏感,而对第二项成本常常比较轻视,对第三项成本,则考虑得更少。当人们致力于降低谈判桌上的成本时,孰不知却增加了谈判的总成本。

3. 互利合作关系的建立和发展程度

商务谈判既是人们获得利益的过程,同时又是人们之间协商合作,共同完成某项任务的过程。因此,商务谈判的结果不仅仅体现在利益的分配,以及与此相关的各项交易条件上,它还应该体现在人们之间的相互关系上,即谈判是建立和发展了各方的互利合作关系,还是削弱甚至破坏了各方的友好合作关系。商务谈判实践告诉我们,一个优秀的谈判人员往往不过分计较一时的得失,放弃某些可以得到的眼前利益,建立和维护与对方的良好合作关系,为未来的合作奠定基础,以谋取长远更大的利益。因此,谈判结束后,谈判各参与方之间的互利合作关系,也是衡量商务谈判成功与否的重要标志。

总之，一场成功或理想的谈判应该是：通过谈判，双方的需求都得到了最大限度的满足，而且这种较为理想的结果是在高效率的谈判中完成的，同时双方的友好合作关系得以建立或进一步发展和加强。

第三节 商务谈判的过程和内容体系

一、商务谈判的过程

商务谈判是谈判各方为了经济利益通过协商而争取达成协议的一个过程。任何谈判,不论持续的时间长短,总要耗费谈判各方一定的时间,在不同的时间段内,谈判人员的工作和谈判内容是不相同的。一般来说,比较正式的商务谈判过程,可以分为六个阶段。

(一)探询阶段

探询阶段是谈判者为了实现本方既定的计划目标或完成自己的使命而探求解决问题的办法,确定或寻找谈判对象,以及为此进行工作组织、资料准备的阶段。

探询阶段是谈判过程的前提,但并不意味着探询阶段会必然发展为正式的谈判过程。当己方的计划目标确定后,谈判者首先应当考虑是否有比通过谈判来实现计划目标更好的方法。只有当有必要进行谈判时,谈判者才会面临寻求谈判对象和收集谈判信息的问题。探询阶段的表现形式多种多样,可以是访问考察、技术交流、学术会议、人员互访、广告招商、新闻发布、委托第三方代理等。探询阶段的主要作用是收集各种谈判信息,寻求和选择谈判对象。探询阶段的工作组织、信息搜集的多少会直接影响到后续的谈判工作。

当寻求和选择好谈判对象后,谈判即进入了准备阶段。

(二)准备阶段

准备阶段是指从确定好谈判对象到谈判双方正式见面开始谈判之间的时间和过程。一次谈判能否实现预期的利益目标,不仅要靠谈判桌上谈判人员灵活运用和发挥各种谈判艺术,还有赖于谈判前充分细致的准备工作。俗话说:"不打无把握之仗",谈判前准备阶段的工作做得如何,对谈判的顺利进行和取得谈判成功至关重要。谈判前准备阶段的工作主要包括以下五项。

1.选择谈判对象

选择谈判对象也就是选择谈判对手。当决定进行某项商务谈判时,首先要做的准备工作就是选择谈判对象。选择谈判对象,应根据己方的谈判目标和相互间建立商务关系的可能性,从探询阶段寻求的谈判对象中认真寻找,在若干候选对象中进行分析、比较和谈判可行性研究,找到己方目标和谈判对象条件的最佳结合点,以实现优化选择。

2.收集谈判信息

在商务谈判活动中,谈判人员对信息的收集、分析和利用的能力,对整个谈判活动有着极大的影响。在谈判信息方面占据优势的一方往往总能把握谈判的主动权。"知彼知己,百战不殆。"因此,在确定了谈判对象的基础上,对与本次谈判活动有关的各种信息都要进行认真的收集和研究。收集的信息主要分为三大类:己方的信息、对方的信息和谈判环境的信息,谈判双方的信息包括组织的信息和谈判人员的信息,环境的信息包括宏观环境的信息和微观环境的信息。

3. 组建谈判队伍

商务谈判是一项有目标、有计划、有组织的经济活动,不论是谈判前认真细致的准备工作,还是谈判中艰苦的讨价还价和最后达成协议的过程,都必须依靠具体的谈判人员去实现。所以,组建好谈判队伍是谈判前最重要的准备工作。在很多情况下,某些组织在即将进行的谈判中其实具有相当的优势,但由于缺乏优秀的谈判人员和协调有序的谈判队伍,反而招致了谈判的失败。因此,组建好谈判队伍是谈判取得成功的组织保证。一般来说,优秀的谈判队伍的组建和运作,要抓好三个环节:一是人员个体素质优化,即按照一定的思想品德、知识、能力、心理和身体素质等方面的要求,做好对谈判人员的选择;二是谈判队伍规模和结构要适当,即一方面要根据谈判的客观需要和组织的资源条件,使谈判队伍规模适当,另一方面应从知识、经验、性格和年龄等构成方面,使谈判队伍结构合理、珠联璧合;三是实现谈判队伍的有效管理和控制,即通过对谈判队伍负责人的挑选和履行其职责,通过确定谈判方针和上级领导的适当干预,实现对谈判队伍间接和直接的有效管理。

4. 制订谈判方案

谈判方案是谈判人员在收集和分析有关信息资料的基础上,对谈判目标、谈判议程、谈判策略、谈判人员等预先所做的设计和规划。在了解谈判环境、谈判对手和自身情况后,正式进行激烈的谈判交锋前,谈判人员需要制订出一个周全而又明确的谈判方案。谈判方案是谈判人员行动的纲领,在整个谈判过程中起着非常重要的指导作用。谈判方案是谈判的重要文件,应注意它的保密性,最好仅限于主管领导和谈判队伍成员才可参阅。制订谈判方案,应当简要、明确和灵活。谈判方案应经谈判队伍全体成员集思广益,报主管领导审批确定。谈判方案的主要内容一般包括:谈判主题和目标、谈判人员、谈判策略、谈判议程和备选方案等。

5. 模拟谈判

模拟谈判是正式谈判前的"彩排"。它是将己方谈判人员分为两部分,一部分扮演对方角色,模拟对方的立场、观点和谈判风格,与另一部分己方人员交锋,预演谈判过程。模拟谈判可以帮助己方谈判人员从中发现问题,对既定的谈判方案进行修改和加以完善,使谈判方案更加有效。同时,还可以使谈判人员获得实际的谈判经验,培养谈判能力,从而提高谈判的成功率。

谈判准备阶段的各项工作完成后,便可以按照谈判方案的时间和地点开始双方正式接触的谈判阶段。

(三) 开局阶段

开局阶段是指谈判双方从见面开始,在进入具体交易条件磋商之前,相互介绍、寒暄以及就谈判内容和谈判事项进行初步交谈的时间和过程。开局阶段所占用的时间较短,一般占总谈判时间的5%左右,涉及的内容与谈判主题关系不大甚至根本无关,但这个阶段却非常重要,因为它奠定了整个谈判的基调,关系到谈判的发展趋势。开局阶段的主要工作有三项:

1. 营造气氛

通过谈判双方的相互介绍、寒暄,以及双方接触时的表情、服饰、言行等方面,营造一种和谐、友好的谈判气氛。谈判气氛会直接影响到谈判者的心理和行为,进而影响谈判的发展。开局阶段所建立的气氛是最关键的,它会影响整个谈判的进程,一般很难改变。

2.协商通则

协商通则即明确谈判的具体事项,是指谈判各方相互介绍谈判人员,以及就本次谈判的目的、谈判计划和谈判进度相互协商,达成共识,为整个谈判准备一个各参与方都要遵守的日程安排。

3.开场陈述

谈判各方陈述各自的观点和愿望、己方期望的利益和谈判的立场,同时阐明己方对本次谈判的理解。通过开场陈述,可以初步达到谈判双方的相互摸底。

各方明确谈判的具体事项,开场陈述后,谈判即进入实质性磋商阶段。

(四)磋商阶段

磋商阶段也称讨价还价阶段,是指开局阶段结束以后,到最终签订协议或败局为止,双方就交易的内容和条件所进行谈判的时间和过程。磋商阶段是谈判过程中费时最长、困难最多,直接影响谈判结局的最重要的一个阶段。磋商阶段包括:

1.报价

报价是指在开场陈述的基础上,谈判中的一方向对方报出全部的交易条件的过程。报价是报价方立场和利益需求的具体体现。报价既要考虑对己方最有利,又要考虑为对方接受的可能性。报价是整个谈判过程中必不可少的核心环节。没有报价,就没有谈判。

2.讨价还价

对方向己方报价后,己方不还价而让对方改善报价,这是讨价;对方向己方报价后,己方向对方也报出了自己的交易条件,这是还价。讨价还价意味着谈判双方正式开始了交锋。在这个阶段,谈判双方为了实现各自的谈判目标和获得最大的利益,通常针锋相对,据理力争,斗智斗勇,力争说服对方接受己方的条件。

3.成交

在讨价还价过程中,为了使谈判成功,谈判双方不可能无休止地争论和坚持己见,都要做出不同程度的让步。为了寻求可以接受的条件和共同利益,适当的让步是必需的。当双方的让步相互进入对方可接受的交易条件时,谈判就走向了成交。

(五)小结或休会阶段

小结或休会在谈判中是非必然的过程,并不是所有的谈判一定要经历这个阶段。只有当谈判过程需要清理局面,或需要营造气氛,或需要各方修改交易条件,或需要第三方介入调解等情况时,这个阶段才有意义。

1.小结

通过小结,既可总结前面已经达成共识的积极成果,并适时地加以引导,又可清理某些混乱的局面。在谈判过程中,因为各方的立场对立,或翻译人员的误导,或文字交流的歧义,或谈判人员的言行,或谈判形式的影响,都可能会使谈判复杂化,这时就需要通过及时的小结来进行清理。另一方面,只要进行谈判,只要双方有合作的诚意,无论谈判多么复杂,总会取得某项成果,有经验的谈判人员会抓住那些谈判中已经形成的共识,及时总结引导,既为后续谈判打好基础,又可通过清理把对方的承诺记录下来成为文字化的成果。

2.休会

有时谈判各方在某些问题上不能达成一致意见,又无权修改自己提出的条件;或谈判过程中出现了新的形势或新的问题,谈判者不能控制或无权解决;或谈判陷入僵局,各方按现行办法行事无法打破或摆脱僵局;或一轮正常谈判结束后,无论其有无成果,双方都需要向上级汇报等。在这些情况下,谈判需要一个暂停的时间,休会是暂停谈判较好的形式。休会以后,双方可以依照约定的时间另行复会,也可以宣布无限期休会,待将来形势变化或条件成熟后再复会。休会期间,谈判者必须积极地寻求解决问题的新办法,而不应被动地等待环境的变化,比如举行更高级别的领导人的会晤,或引入第三方,或更换谈判人员,或改变谈判环境条件等。

(六)终结阶段

终结阶段是谈判的最后阶段,它标志着谈判即将结束。终结阶段的到来有一些特别的信号如交易条件、谈判时间、谈判策略等会发生与前面磋商阶段不同的某些变化,谈判者要善于识别并抓住这些信号的变化,促成谈判的成功飞跃。

从形式看,终结可以表现为成交、破裂、中止三种。成交是谈判各方都希望的,它意味着谈判的成功。破裂是谈判各方都不愿意看到的,它意味着谈判失败。中止是一种特殊情况,是指谈判各方交易条件差距太大,而又难以互相让步,各方又都意识到谈判不能破裂或不愿破裂,或者由于某些特殊困难(如许可证、外汇、政治或人事的重大变故等),而谈判双方又有成交的诚意等情况时,谈判一方或各方会将谈判的现状冻结起来,既不回避它,也不讨论它,谈判各方会以礼貌的态度保持彼此间个人的关系,设法或等待谈判形势的某些变化,寻求解决问题的新办法或新途径。在这种情况下,可以认为谈判终结阶段已经到来,未来是否还能重开谈判或就此作为终局而结束,就要看形势的变化和谈判者对这些变化的把握。

二、商务谈判的内容体系

从20世纪以来,随着谈判理论的深入研究和谈判实践的积极探索,谈判学已发展为一门重要的学科。商务谈判作为谈判学的一个重要分支,也形成了较为完整的内容体系。纵观各种版本的商务谈判教材和读物,我们概括了商务谈判的内容体系,将商务谈判的内容分为四部分:商务谈判概论、商务谈判科学、商务谈判艺术和商务谈判文化,同时这也反映了本书的总体知识框架,如图1—2所示。

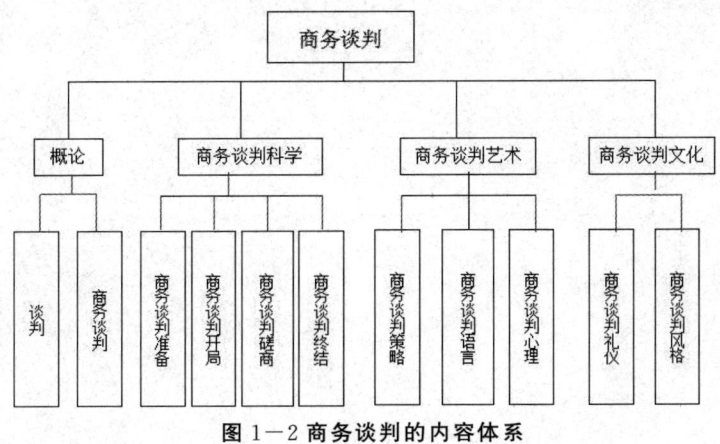

图1—2 商务谈判的内容体系

首先,任何一门课程都有其基本理论,商务谈判也不例外。商务谈判是谈判的一个重要分支,要学习商务谈判,必须要先大体了解谈判的有关知识,如谈判的概念、特点和构成要素等。商务谈判有其自己的研究领域、特点和规律,因此,要重点学习商务谈判的基本理论知识,如概念、特点和分类以及商务谈判成功的价值评判标准等。商务谈判理论是商务谈判实践的高度概括和总结,又反过来指导商务谈判实践的进行和发展。深刻领会商务谈判理论,是学习和实践商务谈判的必要条件。本书第一章商务谈判概论将重点介绍这一部分内容。

商务谈判是一门科学,有着其独特的过程和规律。商务谈判的过程包括准备、开局、磋商和终结等阶段,每一阶段都有着独特的规律。准备阶段重点应是制订好商务谈判方案和组建好商务谈判队伍,开局阶段要营造一种和谐、友好的谈判气氛,磋商阶段是商务谈判的重点阶段,价格谈判是此阶段的焦点,双方就实质性交易条件展开激烈的交锋,最后是终结阶段——商务谈判结束,此时双方要抓住有利时机促成谈判成功飞跃,并签订协议。任何谈判人员都要尊重商务谈判的科学性,依照谈判的规律进行谈判活动,否则要么谈判破裂,要么不能实现己方谈判的目标。商务谈判的科学性是商务谈判内容的主体,有关内容将依次在本书第二章、第三章、第四章、第五章和第六章介绍。

商务谈判又具有艺术性。同样的谈判,不同的人去磋商,结果往往是不一致的,这反映了商务谈判的艺术性。商务谈判的艺术性体现了谈判人员主观能动性的发挥。谈判人员在谈判过程中,要灵活地使用谈判策略、语言技巧以及谈判心理和思维的艺术等,给对方施加影响和压力,为己方争取尽可能多的利益。谈判目标的实现要求谈判人员不但要遵循谈判的科学规律,而且要讲求谈判艺术性的运用和发挥,两方面缺一不可。本书第七章、第八章将讨论这方面的内容,谈判策略将穿插在谈判的过程中介绍。

商务谈判是一种人际交往活动,而文化对人的影响是潜移默化的,但又是十分深远的。因此,文化对谈判的影响是不可忽视的。在文化中,礼仪更是直接影响谈判成功的关键因素。遵守礼仪规范,尊重对方是从事商务谈判工作的基本要求。另外,经济活动的全球化,导致了谈判活动的国际化。处于不同文化背景下的商务人员分别具备不同的谈判风格,最典型的是东西方商人谈判风格的不同。因此,了解不同国家和地区商人的谈判风格,有助于国际商务谈判的顺利进行。本书第九章和第十章将介绍这一部分内容。

第四节 商务谈判理论

本节介绍的是商务谈判原则中的原则,商务谈判原因中的原因。这是整个教程中非常重要的内容,也是最难运用的内容。假如你能深刻理解本节内容,并能根据谈判的实际情况灵活运用各种谈判理论,不想成为谈判高手都难。

一、谈判需要理论

需要是人类行为的原动力。人们不仅有物质方面的需要,也有精神方面的需要。当得不到满足时,需要就会成为促使人们做出某一行为的动力。商务谈判活动是建立在人们需要的基础之上的。正是由于都存在着尚未被满足的需要,谈判各方才会坐下来进行谈判,因此谈判的实质是各参与方都想得到某些能够满足自己需要的东西。所以,谈判者不仅要明确己方的需要,而且也要了解对方的需要,这是谈判取得成功的前提条件。

(一)马斯洛的需要层次论

人类的需要多种多样,划分人类需要的方法也有很多,其中比较著名的是美国人本主义心理学家亚伯拉罕·H.马斯洛提出的需要层次论。马斯洛认为,人类有五种基本需要,分别是生理需要、安全和寻求保障需要、爱和归属需要、尊重需要、自我实现需要,如图1-3所示。在商务谈判中,我们用马斯洛的需要层次论来解释谈判人员的个体需要。

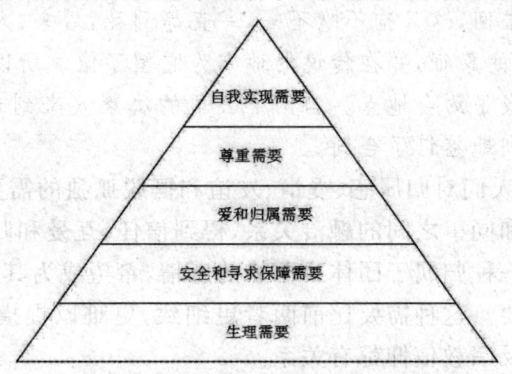

图1-3 马斯洛的需要层次结构图

1.生理需要。即人们维持生活如衣、食、住、行等方面所必需的各种物质上的需要。这是人类最原始、最迫切,也是最基本的需要。这些需要如果不能满足,人类就难以生存下去。从这个意义上讲,它是推动人们行动的最强大的动力。

在谈判中,谈判人员的生理需要主要体现在衣、食、住、行等基本生活方面的需求。商务谈判是一项劳动强度很大的活动,需要耗费大量的脑力和体力,谈判人员必须及时得到休息和能量的补充。否则,就会极大地影响谈判人员的精力和情绪,从而导致很难取得理想的谈判结果。

2.安全和寻求保障需要。即人们对安全感、稳定性和摆脱恐惧、焦虑的需要。当人的生理需要得到基本满足后,就希望满足安全和寻求保障的需要,例如希望解除对生病、失业、职业危害、意外事故、养老等方面的担心。安全和寻求保障的需要是多方面的,如心理安全、劳动安全、职业安全、环境安全、经济安全等。

在谈判中,谈判人员的安全和寻求保障的需要主要体现在人身安全、地位安全、利益安全等方面。谈判人员的人身安全需要在客场谈判中表现得特别明显,作为东道主的谈判一方,应该尽量在谈判之余多陪陪对方,如专车接送谈判人员、陪同其参观游览等,消除对方的陌生感和孤独感,这无疑对谈判是有利的。地位安全需要是指谈判者总是把谈判看作一项任务,能否顺利地实现谈判目标,往往会影响到谈判者原有职位的保持和晋升,因此,有时会发生"签订一个坏的协议总比没有签协议空手而回要好"的情况,就说明了谈判者存在地位安全的需要。利益安全需要是指谈判人员觉察到交易中存在风险而避免己方利益受到损失的需要。对谈判对手资信情况的审查就是为了验证对手的可靠性,消除交易的风险,保证己方的利益安全。有时谈判已到了合理的成交价位,但对方还是要求更优惠的条件,真正的原因可能是对方担心利益上的安全,因为对方可能缺乏判断的标准,生怕吃亏。对于利益安全比较敏感的谈判者,宁可放弃很有吸引力的大笔交易,而选择比较稳妥保险的小额交易,甚至放弃交易。为了谈判取得成功,谈判人员应该提供有关证明和信息,以消除对方的疑虑,满足对方利益安全的需要。

[案例1—9]

忠犬八公

一家日本公司与另一家公司共同承担风险进行投资经营,但是双方都不了解对方的信誉。为了解决这个问题,有关人员请两家公司的决策者在一个特别的地方会面商谈。这是个小火车站,车站门口有一座狗的雕像,周围站满了人,但几乎没有人看这座雕像,只是在等人。

为什么要在这儿等人呢?原来这儿有个传说故事。故事中有一只犬叫"八公",对主人非常忠诚,有一次主人出门未回,这只狗不吃不喝,一直等到死,后来,人们把它称为"忠犬八公",把它当成了"忠诚和信用"的象征,并在传说的地方为它塑了像。所以,许多人为了表示自己的忠诚和信用,就把这儿当成了约会地点。当两个公司的决策人来到这里时,彼此心领神会,没有太多的语言交流,就顺利地签订了合同。

3.爱和归属需要。即人们对归属感、爱情、友谊和摆脱孤独的需要。它包括希望得到别人的安慰与支持,获得伙伴和同事之间的融洽关系,得到信任、互爱和归属感。马斯洛认为,人是社会的动物,每个人都有一种归属于团体或群体的感情,希望成为其中的一员并得到关心和照顾,因此有爱和归属的需要。这种需要比前两者更细致,更难以捉摸,它和个人的性格、经历、教育、所属国家和民族以及宗教信仰都有关系。

在谈判中,谈判人员的爱和归属的需要主要体现在两个方面:第一,谈判人员与谈判对方建立友好关系的希望。由于涉及利益的划分,谈判双方的关系经常处于紧张和对立的状态中。但是,在一般情况下,人们不愿意在紧张对立的环境中开展活动,希望在友好合作的气氛中共事。谈判人员应该抱有一种友好合作的心态,利用一切机会促成和发展与对方的友谊,比如,为对方举行家宴、邀请对方联欢、赠送对方礼品等。一旦谈判双方产生了友情,就为谈判的顺利进行和达成协议奠定了坚实的基础;第二,谈判人员对谈判小组的依赖并希望加强小组内部的团结和凝聚力。谈判小组内部成员之间必须保持高度的团结协作,才有可能实现谈判目标,这是每一个谈判人员必须要牢记的。谈判负责人要尽可能协调统一本方成员的思想和意见，保持内部的高度团结协作。如果谈判小组内部在某些问题上达不成一致意见，可以让个别人保留不同的意见，但是在与对方谈判过程中决不允许表现出来。如果某个成员出现了过失，千万不要相互指责和埋怨，而应迅速研究补救办法。在谈判中，内求团结，外讲友好，这样才能满足谈判人员对爱和归属的需要。

[案例1—10]

明星球员的选择

90年代初期，美国职业橄榄球大联盟订出了一项新规则，球员可以自由地跟不同球队签约。这个规则一出，大家都认为不可行，因为他们担心，所有好的球员都会加入纽约或洛杉矶队，只有他们才付得起最优渥的薪资条件，小球队则会陷入找不到球员的窘境。

然而，后来的结果却不是这样。当时的明星球员怀特（Reggie White）跟原有球队的合约到期，大家都预期他会跳槽到知名大球队，但是最后他却选择了小球队绿湾队（Green Bay）。怀特之所以作出这个跌破眼镜的选择，原因之一是，位于威斯康星州偏远地区的绿湾队，附近有一家教堂，怀特本身是一位牧师，他很希望能在那家教堂布道。对他来说，这是比签约金额更重要的事情。

4. 尊重需要。尊重需要可分为内部尊重需要和外部尊重需要。内部尊重需要是指一个人希望在各种不同情境中有实力、能胜任、充满信心、能独立自主，即人的自尊。外部尊重需要是指一个人希望有地位、有威信，受到别人的尊重、信赖和高度评价，即他人的尊重。马斯洛认为，尊重需要得到满足，能使人对自己充满信心，对社会满腔热情，体验到自己存在的价值。

在谈判中，谈判人员的尊重需要具体体现在不仅要在人格上得到尊重，而且要求在地位、身份、学识与能力上得到尊重和欣赏。谈判中对人格的尊重主要是言辞要有礼貌，不能使用侮辱性的语言；谈判中的问题是对事不对人，不能对谈判对手进行人身攻击。对身份、地位的尊重主要是处事、接待的礼节要符合一定的规格和要求，特别是在双方谈判人员的级别职务上要讲究对等。对学识和能力的尊重是要承认对方的学识和能力不比自己差，不要有意或无意地指责甚至讥讽对方学识浅薄、能力低下或胡搅蛮缠。一个人受到尊重会竭力保持自尊，他会受到"尊重"的束缚而不能去做不受人尊重的事情，而这些事是他本来想做的。有时，如果对方受到很好的尊重，当面对某些他本来可以拒绝的要求时，为了受人尊重而不得不接受。

5. 自我实现需要。即人们对实现自己的潜能、创造力、理想和信念的需要。它要求最充分地发挥自身的潜力，实现个人理想和抱负，能做自己认为有意义、有价值的事情。这种需要包括：胜任感——表现为出色完成任务的欲望，喜欢承担具有挑战性的工作等；成就感——表现为进行创造性的活动并取得成功。

在谈判中，自我实现需要体现在追求谈判目标的实现，为己方争取尽可能多的利益，以在谈判中取得的成就来实现自己的价值。从谈判的角度看，要在谈判中满足对方的自我实现需要是比较困难的，需要较高的谈判艺术和技巧。因为对方是以其在谈判中取得的成就来体现和评价其自我实现需要是否得到满足及满足的程度。而谈判中的成就，实际上就是通过谈判获得的利益。成就大意味着所获利益多，反之则意味着获得的利益少。在对方通过谈判取得较多利益，或者实现了其既定利益目标时，对方的自我实现需要得到了满足；而当其通过谈判没有达到既定的利益目标时，那么其自我实现需要就只得到部分满足。从另一个角度看，满足对方的自我实现需要与己方利益的获得是矛盾的。争取尽可能多的利益是每一个谈判人员追求的目标。在一般情况下,除了策略上的需要外,任何人都不会放弃自己的利益去满足对方自我实现的需要。

如何在己方获得较多的利益,对方只获得较少利益的情况下,满足对方自我实现需要呢?很显然,这是一个难题,解决它需要深入地进行理性分析,也需要一定的艺术技巧。

人们的自我实现需要也就是要体现自己的价值,而价值能否得当体现,取决于他人和社会对其价值的认识和评价。对商务谈判而言,企业和上司对谈判人员的评价,不仅要看到他通过谈判争取到多少利益,还要看他是在什么情况下争取到的。比如,一个工人在昨天身体健康的状态下,一天生产了9单位的产品,而在今天身体生病的情况下,生产了8单位的产品,你能说他今天的成绩不如昨天吗?

由此,我们可以想到,在对方通过谈判只获得较小利益情况下,己方可以通过强调种种客观上对其不利的条件,赞赏他出色的能力和主观上勤奋努力,从而使他在面子上和内心里得到平衡,满足其自我实现的需要,而己方的利益并没有受到什么损失。这可以说是一个圆满的解决办法。

马斯洛认为:人一定的行为来自一定的需要,而需要具有层次性,由低到高分为生理需要、安全和寻求保障需要、爱和归属需要、尊重需要、自我实现需要。人们对上述五种需要是按其顺序渐次展开的,需要的实现和满足具有顺序性,即由低到高逐级实现。除了第一种基本需要外,其他每一种需要一般都是在前一种需要得到基本满足之后才出现的。这种需要阶梯对大多数人而言可能适应,但是,这一顺序也绝非一成不变,并且也并非意味着人们必须在前一种需要得到全部满足之后才会出现后一种需要。不同的人,各层次需要的强烈程度不同。人的思想和行为取决于其主导需要是否满足。

掌握马斯洛的需要层次理论,谈判人员可以发现谈判双方的需要,进而选择合适的方法去尽量满足或者改变双方的需要。须知,谈判的目的实质上是满足双方的需要,只有那些在整个谈判过程中,能及时发现、全面掌握、恰当解决双方需要的谈判者,才会掌握谈判的主动权,才会取得谈判的成功,也才能真正满足自己的需要。

(二)尼尔伦伯格的谈判需要理论

美国谈判学会主席杰勒德·I.尼尔伦伯格运用行为科学和心理学等知识,总结了自己不下数千次的谈判经验,系统地提出了谈判的需要理论。谈判的需要理论认为:谈判的前提是,谈判各方都希求从谈判中得到某些东西,否则各方彼此会对另一方的要求充耳不闻,熟视无睹,各方当然不会再有必要进行什么谈判了。即使谈判仅是为了维持现状的需要,亦当如此。

1.谈判层次

谈判的需要理论将谈判分为三个层次:个人与个人之间的谈判、组织与组织之间的谈判、国家与国家之间的谈判。个人与个人之间的谈判构成了这三个层次的基础。

在任何一种非个人的谈判中,实际上有两种需要在同时起着作用:一种是该组织或国家的需要,另一种是该谈判者个人的需要。由于自居的心理作用,在某些情况下,个人将会在一定程度上失去其作为自然人的特征,而在精神上成为某一组织、群体的一部分,这时,组织或群体的需要在表面上将会显得高于其个人的需要。谈判的需要理论强调,在自居作用出现时,并不意味着个人的需要不再起作用了,认识并抓住这一点,谈判者应努力通过一定的方式和方法,发现和诱导个人的需要,进而影响其立场、观点和看法,以使谈判向有利于实现己方目标的方向发展。

作为一个企业的谈判人员,有自己的个人需要是正常的,企业也应该尽可能地通过各种手段和措施,确保企业需要和个人需要的协调,力争既能实现企业的需要,也能满足谈判者个人的需要。但是,谈判人员必须清醒地认识到,不能因为个人需要没有很好地满足,而利用谈判来报复企业,更不能因为要满足个人的需要而出卖企业的利益。谈判人员应该始终把企业的利益放在第一位,个人的需要必须服从于企业的需要。

2.谈判适用方法

谈判的需要理论将对待谈判需要的谈判方法或策略分为六种类型:

(1)谈判者顺从对方的需要

谈判者在谈判过程中站在对方的立场上,为对方着想,满足对方需要和利益,从而最终达成一致。这种谈判最容易取得谈判的成功。当然,顺从对方的需要,不是损害自己的利益,而是利用双方需要的必然联系,以此来同时满足双方的利益。

(2)谈判者使对方服从其自身的需要

这是一种定向诱导的谈判策略。商店的营业员与顾客之间的"谈判"普遍使用这种方法,营业员表面上用种种热情的方法满足顾客的需要,实际上是为了推销商品,从而实现自身的利益。此种类型的谈判,双方都能得到利益,每一方都是胜利者。

(3)谈判者同时服从对方和自己的需要

谈判双方从彼此的共同利益出发,为满足双方每一方面的共同需要进行洽谈磋商,进而采取符合双方共同需要和利益的谈判策略。例如,双方进行货物买卖谈判,买方要求将商品品质、规格、数量和交货日期写进合同中,而卖方则要求合同签订后买方交付20%的订金等。尽管双方可能以前进行过多次交易,但双方这样做都是出于利益安全的需要。

(4)谈判者违背自己的需要

谈判者为了争取更大或长远利益的需要,抛弃某些眼前或无关紧要的利益与需要而采取的一种谈判方法。谈判者违背或者损害自己的需要似乎荒谬,但这并不是一种非理性的行为,而是经过深思熟虑,为了实现预定的目标而采取的一种有效的谈判手段。例如,某些商业企业有意识地违背自身收入增长的需要,采取薄利多销的营销手段招揽顾客,以此扩大影响,提高企业的品牌价值,从而为自己争取长远或更大的利益奠定基础。

(5)谈判者不顾对方的需要

谈判者只顾自己的利益,不顾他人的需要和利益动机,这是一种你死我活的谈判方法。采用这一方法的谈判者往往凭借自身的强者地位,以强凌弱,这不仅违背了平等互利的谈判原则,而且会导致激烈的对抗,最终使谈判陷入僵局或破裂。

(6)谈判者同时损害对方和自己的需要

谈判者为了达到某种特定的预期目的,完全不顾双方的需要和利益,实施一种双方"自杀"型的谈判方法,最终导致双方利益受损。例如,在国家和国家之间发生贸易争端时,如果双方坚持互不让步,通过协商不能解决问题,将会陷入报复和反报复的贸易战局面,结果双方利益都会受到重大损失。

一般来说,对于上述六种不同的谈判方法,当人们运用它们去实现某种目的时,谈判的控制力量从第一种到第六种依次逐渐减弱,而谈判桌上的危机则逐渐加重。在把握与运用需要理论与谈判策略的关系上,首先我们应该认识到人们的需要及其转换关系,要了解人的各种不同需要在时间上是继起的,在空间上是并存的,在现实上是可交换的。总而言之,需要理论与谈判策略之间有着多重的联系。熟练地掌握相关的理论,并有效地运用到谈判的实践活动中去,这对于提高谈判能力、增强谈判效果无疑是十分重要的。

二、谈判技巧理论

英国谈判学家比尔·斯科特在谈判研究中,十分注重技巧性,并有一套独特的谈判技巧理论。他通过总结来自不同国家、不同企业的四百多位从事商贸谈判的专家的亲身经历和经验,认为谈判技巧就是谈判者在长期的商务实践中逐渐形成的以丰富实践经验为基础的本能的行为或能力。谈判技巧理论将谈判方针归纳为三种:谋求一致的方针、皆大欢喜的方针、以战取胜的方针。在不同的条件下应当采取不同的谈判的方针,这些方针的实施也需要相应的技巧的配合。

1.谋求一致的方针

谋求一致的方针是为了谋求各方共同利益,创造最大可能一致性的一种建设性的积极的谈判方针。由于商务谈判各方大部分的谈判目的是达成某种协议,因此谋求一致的方针力主各方通过共同努力,以寻求互利互惠的最佳谈判结果。这种谈判方针可比喻为谈判各方共同努力将蛋糕做得更大,然后各方分享的就越多。

2.皆大欢喜的方针

皆大欢喜的方针主要是以谋求谈判各方都可以接受的、折中的谈判结果为目的的谈判方针。这种方针认为,谈判各方由于各种原因去追求各自的利益目标,绝不意味着要去损害他人的利益,以他方的损失为代价。努力使谈判的各方分清这一界限,有助于在理解互谅的基础上取得各方都能够接受的结果。与谋求一致的方针相比,这种谈判方针不是把蛋糕做得尽可能大,而是根据不同的利益目标和谈判实力,谈判各方分割既定的一个蛋糕。

3.以战取胜的方针

以战取胜的方针主要是以战胜对方为目的的谈判方针。谈判者除了会遇到在各方协调一致的基础上达成满意的协议和在合作性机会很少的情况下达成各方能够接受的公平交易的谈判外,有时还会遇到第三种情况,即通过一场尖锐的冲突,以一方失败另一方胜利而告终(如民事纠纷、经济制裁等)。奉行以战取胜的谈判方针的人,其实质是牺牲他人的利益,获取自己最大的利益。这是一种陈旧的谈判方针,把谈判看成一场尖锐的冲突,施展各种手腕和诡计,争个你死我活,结果往往是两败俱伤,因此谈判高手很少使用。遇到这种谈判,谈判者必须小心谨慎并掌握识别和应对的技巧。

斯科特认为,由于技巧的运用反映着一个谈判者个人能力的水平,还由于在谈判者个人之间存在着个性和谈判风格等方面的差异,谈判者应该尽量具备一套符合自己特点的技巧,最大限度地发挥自己的能力,不必非要去掌握那些不习惯或不愿意具备的技巧。他极力推崇,不论以什么样的技巧来配合实施谈判方针,谋求一致的谈判方针都应该是优先考虑的。

初涉谈判领域的人往往热衷于谈判技巧或策略的学习,认为掌握了谈判技巧或策略就能成为一个谈判高手了。这种认识是完全错误的。任何一种技巧或策略的运用,都离不开当时当地特定的谈判背景,时过境迁之后,即使"再现"这种背景,再有效的谈判技巧或策略也只能成为参考了。技巧或策略绝不同于那种支离破碎的"小聪明"或"阴谋诡计",谈判学问的研究和经验的成熟绝不可以指望书本知识或技巧的积累,我们应注重对谈判技巧或策略的"悟性"

而不是单纯地"拿来"。谈判技巧或策略运用的依据和成功的基础是谈判实力,建立并加强自己谈判实力的基础又在于对谈判的充分准备和对对方的充分了解,谈判者必须注意从一开始就探索彼此的力量,采取一切可能的措施增强己方的实力,这样,就为技巧或策略更加有效、灵活的运用打下基础。

三、博弈论与谈判

如果注意发生在身边的一些事情,如下棋、打牌这种休闲娱乐活动,我们会发现,许多游戏都有这样一个共同点,即策略或计谋起着举足轻重的作用。因为当确定了游戏规则后,参与游戏各方的策略选择将成为左右游戏结果的最关键因素。再观察现实社会,我们平时不以游戏相称的许多重要活动,如经济活动中的经营决策、政治活动中的竞选、军事领域中的战斗等,如果抽象出它们的本质,也都与一般游戏一样,是在一定规则之下参与各方的决策较量,这就是博弈现象。近年来,将博弈论应用到谈判活动中越来越引起了人们的关注和兴趣。博弈论有多种形式,这里主要借助于博弈论,来分析建立谈判合作的基本模式。

(一)以博弈论解释谈判

博弈论中最广为人知的例子是"囚徒困境"。假设有两个嫌疑犯被分别关在隔离的房间里受审,他们彼此之间无法交流和通气。警察分别向两名嫌疑犯表明:如果一个人招供,而同伙不招供,招供者会被关押半年,而同伙将被关押 10 年;如果都招供,将被各判 5 年徒刑;如果都不招供,将被各判 1 年徒刑。我们知道,对这个博弈来讲,两个嫌疑犯最佳的策略选择是双方都不认罪,但这需要两个囚徒有足够的机会串供,而且彼此相信对方绝不会背叛自己。而隔离审讯破坏了他们取得相互信任的机会,最后导致明知可能有更好的选择,却不得不放弃的"囚徒困境"。由于"囚徒困境"的存在,理性的囚徒都会选择不合作的方式,即招供,这样,双方都坦白认罪,结果是各监禁 5 年,见表 1—1 所示。

表 1—1   囚徒困境

		囚徒Ⅱ	
		不坦白	坦白
囚徒Ⅰ	不坦白	1,1	10,0.5
	坦白	0.5,10	5,5

"囚徒困境"是一种典型的非合作性的博弈状况。囚徒Ⅰ和囚徒Ⅱ在事件中都是存在个人利益的当事人,他们的利益既相互依存又相互冲突。由于二者缺乏信任和合作,为使个人利益最大化,导致了"囚徒困境"的出现。商务谈判中的谈判双方也是存在单方利益的当事人。所不同的是,囚徒二人被相互隔离,没有串供和取得相互信任的机会。而在谈判中,谈判双方有沟通交流并取得相互信任的机会,这样,谈判结果就与谈判双方在谈判中的策略选择相关了。

(二)在博弈基础上建立谈判程序

首先建立一个谈判模型。王二有一辆修理一新的旧车,他拥有并使用这辆车的利益为 3000 元;李三一直渴望买一辆旧车,他年终发了 5000 元奖金,便决定从王二那里买这辆车。

当他检查了这辆车后,认为这辆车值4000元。若两人要进行交易,王二的要价在3000元以上,而李三愿付4000元以内。双方之间有个差额,这就是谈判的余地。假设交易完全是自愿的,交易就会在3000~4000元之间的某个点上成交,假设成交价为3400元。从合作博弈的角度讲,交易双方都能从合作行为中得到利益。因为这个交易使某个资源从对它评价较低的所有者手里转移到对它评价较高的人那里。

通过上述模型,我们可以在博弈基础上建立谈判程序:

1.建立风险值。风险值是指打算合作的双方对所要进行的交易内容的评估确定。对上述模型来说,王二对旧车3000元的估价和李三对该车4000元的估值就是二人各自确定的交易风险值。在实际谈判中,风险值并不仅仅指价格条件,还包括非价格条件如产品质量、技术水平等。而且,由于涉及长远利益和短期利益、谈判双方是竞争者还是合作者,风险值的确定是很复杂的。

2.确定合作剩余。风险值确定后,会形成双方合作的剩余。确定合作剩余的根本原因是如何分配参加博弈的各方的利益。就上述模型来说,王二和李三交易成功和没有进行交易时双方的利益总值分别是:

合作时的利益总值:3000(王二对车的估值)+400(王二多获得的)+4000(李三对车的估值)+600(李三少付出的)=8000元

不合作时的利益总值:3000(王二对车的估值)+4000(李三对车的估值)=7000元

这样,双方交易成功多出的1000元就是双方的合作剩余。上述成交价假设是3400元,只要是在3000~4000元之间任何一点上成交,合作剩余都是1000元。

3.达成分享剩余的协议。确定合作剩余后,如何分配合作剩余是最为关键的问题。在谈判中双方斗智斗勇,讨价还价,就是为了己方能够尽可能多地获得剩余。关于剩余的分配,没有一个统一的标准。双方剩余分配的多少完全取决于双方谈判实力的对比,即各方所在企业的实力大小、谈判人员谈判艺术的运用水平和谈判环境因素对哪一方更有利,谈判实力是影响谈判各方获得多少合作剩余的各种因素的总和。

在谈判过程中,就价格问题的协议来讲,每一方都必须接受至少等于己方风险值的价格,但在这种情况下合作没有利益可言。因此谈判的成交点一定是每一方所接受的价格等于该方风险值+/-合作剩余的分配值。就上述模型而言,作为买方的王二所接受的价格为3000(王二的风险值)+400(王二合作剩余的分配值)=3400元,而作为卖方的李三所接受的价格为4000(李三的风险值)-600(李三合作剩余的分配值)=3400元。

四、公平理论和谈判

谈判是一种不确定性的行为,即使谈判是可能的,也无法保证谈判会成功。如果谈判不能进行下去,各方就不能进行有效的合作,也就无法创造新的价值,实现更大的利益。阻止谈判顺利进行和各方合作的最大障碍就是谈判各方难以在分割或分享价值的问题上达成一致,也就是说谈判各方或某一方认为获得的利益对己方是不公平的。就公平理论来讲,有许多分配利益方法,如果谈判各方对某种分配方法达成共识和认可,那么谈判顺利进行和双方达成协议是完全可能的。

公平理论的建立,主要是从人们认知的心理感觉出发。其基本观点是:当一个人做出了成绩并取得报酬以后,他不仅关心自己所得报酬的绝对量,而且关心自己所得报酬的相对量。因此,他要进行种种比较来确定自己所获报酬是否合理,比较的结果将直接影响其今后工作的积极性。

当事人将自己获得的"报酬"(包括金钱、工作安排以及获得的赏识等)与自己的"投入"(包括教育程度、工作的努力程度、用于工作的时间和精力等)的比值与某参照对象进行比较,只有比值与参照对象相等时,他才认为公平,如下述公式所示。

$$Op/Ip = Or/Ir$$

Op:当事人对自己所获报酬的感觉

Ip:当事人对自己所做投入的感觉

Or:当事人对参照对象所获报酬的感觉

Ir:当事人对参照对象所做投入的感觉

当上式为不等式时,可能出现以下两种情况:

1.$Op/Ip < Or/Ir$。在这种情况下,当事人可能要求组织增加自己的收入或减少自己今后的努力程度,以便使公式左边增大,趋于相等;或者可能要求组织减少参照对象的收入或让其今后增大努力程度,以便使公式右边减少,趋于相等。此外,当事人还可能改变参照对象,以便达到心理上的平衡。

2.$Op/Ip > Or/Ir$。在这种情况下,当事人可能会要求减少自己的报酬,或者开始时主动多做一些工作,但久而久之,他会重新估计自己的工作情况,当他觉得确实应当得到那么多的报酬时,工作状态便又回到过去的水平了。

在 $Op/Ip < Or/Ir$ 的情况下,人们会产生不公平的感觉,这可能导致其工作积极性的下降。不公平感主要是由人们的自我认知形成的,因此对不公平感的消除在很大程度上取决于人们认知水平。人们消除不公平感的方法有三种:扩大自己的所得或增大参照对象的贡献,减少自己的付出或减少参照对象的所得;改变参照对象,以避开不公平;退出比较,以恢复平衡。在现实生活中,人们不公平感的产生,多是在与参照对象的比较下形成的,所以消除不公平感的最简单方法,就是退出比较,当参照对象消失后,不公平感也随之消失。

除了心理因素,西方学者还对公平的判定标准进行了研究,并指出公平是一个有多重标准的概念。以穷人和富人如何公正地分配200美元为例说明。

方法一:以心理承受的公平为标准,按150:50的比例分配,富人拿多的一份。因为在心理上,50美元对穷人来说是一个大数目,穷人失去50美元相当于富人失去150美元。

方法二:以实际需要的补偿原则为标准,还是按150:50的比例分配,不过让穷人拿多的一份。这种分配对双方的实际需要来说是合理的,穷人需要的更多,即对弱者实行补偿。

方法三:以平均分配为标准,按100:100的比例分配,穷人和富人各得200美元的一半。这种分配方法不考虑其他因素,在现实生活中,简便易行,是最常见的分配方法。

方法四:以实际所得平等为标准,按142:58的比例分配,富人在拿到142美元后需纳税84美元,最后实际所得58美元,与穷人不纳税实际所得58美元正好相等。

由以上四个分配方法可以看出,人们选择的标准不同,导致了分配比例结果的不同。显然,公正是有多重标准的。同样是上述200美元的例子,人们还可以用年龄大小、地位高低、饥饿程度、先后时序、资历深浅等作为标准进行分配。问题的关键在于,参与分配的双方要对公正的标准事先形成共识和认可。

公平理论对人们参与谈判活动的重要启示：

第一，由于人们选择的标准不同，对于公正的看法和所采取的分配方法会有很大的差异，完全绝对的公正是不存在的。谈判成功后，人们对获得的利益感到公平，关键在于参与分配的双方事先找到了一个共同认可的利益分配标准。

第二，公平感是一个支配人们行为的重要心理现象，它会极大地影响人的行动积极性。在谈判中，任何一方产生了不公平感，谈判就很难顺利进行下去。即使勉强达成协议，也会导致协议的消极履行。

第三，无论选择什么公平分配方法，心理因素的影响越来越重要。有时谈判中的一方作出了很小的让步，但其却觉得不公平；而有时一方作出了很大的牺牲，但其觉得很公平。一个高明的谈判者必须及时觉察谈判对手的心理变化，借助各种谈判技巧和策略，使谈判各方处于有助于达成协议的积极的心理状态。

五、原则谈判法

从20世纪60年代末开始，许多谈判专家出于对未来发展的考虑，一方面致力于研究能够使谈判者在更加理性、更为公平的环境中简单而有效地进行谈判的新的谈判方法；另一方面出于对不择手段的诡辩伎俩和过分依赖谈判者个人能力的传统谈判思维方式的抛弃，谈判者也亟须更为高明和更加实用的理论来指导实践。经过数年的探索，哈佛大学法律学院教授罗杰·费希尔等人于20世纪70年代末期提出了一种普遍适用的谈判理论，这种理论主张不从传统的角度去研究谈判过程，不采用诡计，也不故作姿态，而是根据价值和公平的标准达成协议。它使谈判者既能得到希望的结果，又能不失风度。这种理论的雏形为价值谈判法，后经费希尔、尤瑞、雷法等人发展完善为原则谈判法。该理论有四个基本要点。

（一）人（关系）与问题（利益）分开

在商务谈判中，谈判所涉及的只是关系到双方利益的问题，如商品的价格、质量等，而不是谈判人员，谈判人员只是表达问题的载体，谈判桌上发生冲突的是关系双方利益的问题。由于参加谈判的是有感情、有自尊心和有自我价值观的活生生的人，所以当双方互不了解，互相猜疑和仇视，争执不休，会将谈判问题与个人的关系纠缠在一起，产生沟通障碍，从而导致双方误解加深，成见强化，最后使谈判破裂；而当双方之间互相信任、理解、尊敬和建立起良好的关系时，双方的沟通和交流会非常顺畅，谈判会顺利进行直至成功。所以在谈判中，要将人和问题分开，也就是说要将谈判双方之间的关系和谈判所涉及的问题或利益分开。对问题或利益，要强硬，当仁不让，坚持原则；对每一个谈判人员，则应友好，尊敬，关系融洽。

把人和问题分开，并不意味着可以完全不考虑有关人性的问题。对这一要点，我们的理解有以下三方面。

第一，绝对不能因为问题、利益而破坏了人和人之间良好的关系。这也是人和问题分开的真正含义。在谈判桌上谈判双方可以为利益和问题而争执不休，但绝不能进行人身攻击。如果不能真正做到这一点，至少也要象征性地做到。如果谈判双方之间的关系恶化了，谈判会更加艰难甚至破裂。谈判桌上是对手，谈判桌下是朋友。

第二，要利用谈判双方之间良好的关系促进问题、利益分配的解决。我们说将人和问题分开，并不是说不能利用人和人之间的关系促进谈判的顺利进行。谈判是谈判双方一个个谈判人员的行为,谈判问题和谈判人员是分不开的。谈判双方人员之间的关系如何,将会直接影响到谈判问题的解决。

第三,一场成功的谈判,必须兼顾利益和关系。谈判的结果有两个,一是实现了利益目标,二是建立和发展了谈判双方的关系。这也是衡量商务谈判是否成功的价值评判标准。不过,关系始终应是为利益服务的,谈判者对此应保持清醒的认识。

原则谈判法认为,要做到人和问题分开,应从三方面着手:

第一,理解对方。人们对事物所持的观点或看法,都有其特定的背景和动因。谈判者站在对方的立场上而不是自己的立场上去看待对方的观点,就不难发现在他们观点的背后,包含了多少理性的思考和感情的成分。

第二,控制情绪。人们总是在一定的情绪和情感状态下参与谈判,人们的情绪和情感又随谈判行为的发展而变化。任何一方都不能无视对方的感情体验,任何一方都应该对他方的感情做出积极的反应。控制自己的情绪和了解对方的情绪,有助于谈判防止陷入毫无成效的相互指责中。

第三,真诚沟通。双方都应该以积极的姿态来对待对方,认真地听取对方的陈述,互相交流对问题的看法,寻找彼此的共同点,而不是指责对方。沟通的目的是讲清双方的利益关系,共同讨论和解决谈判问题。

[案例1—11]

奥巴马的人品

2008年9月,美国大选正在进行激烈的大选争夺战,两方阵营的幕僚们恨不得挖地三尺找出对方候选人的缺失和弱点,以击倒对方在选民中的形象。就在这个时候,媒体曝出一个惊人事件:共和党副总统候选人佩林的19岁女儿未婚先孕。这个丑闻无疑给佩林的脸抹上了一层尴尬的灰土,因为佩林一直声称是反对早孕的人。而作为一个副总统候选人,居然连自己的孩子都没管好,如何去管理国家呢?

这个时候,民主党的支持者都认为这是上天赐予奥巴马的宝贵机会。

这一天,记者终于截住了奥巴马,拥到他的身边都急着问同一个问题:"请问奥巴马先生,对佩林19岁的女儿怀孕一事有何评价?"这时,奥巴马的一句话就可能成为给对手的致命一击。但是奥巴马只是轻轻地摇摇头微笑着说:"我想说的是,我妈妈18岁时便生下了我!"

喧闹的现场一阵沉默!谁都没有想到,奥巴马会给出这样一个仁慈、朴实和高尚的回答,现场的沉默终于被一阵热烈的掌声打破。远处传来"奥巴马"、"奥巴马"的呼喊声⋯⋯

就在政治评论家和分析师们目瞪口呆甚至扼腕叹息的时候,奥巴马的支持率却猛地攀升起来。据调查,很多中间选民开始倒向奥巴马,因为奥巴马的人品打动了他们,他们认为只有宽厚的人才能胜任美国总统。最后,美国人民把他抬上一个最高的舞台,成就了美国历史上第一位黑人总统。所谓的"仁者无敌"大概就是这个意思吧。

(二)着眼于利益而非立场

在商务谈判中,谈判者为了实现既定的利益目标,往往会坚守某一立场和交易条件而不改变,从而导致谈判难以取得圆满的结果。原则谈判法认为,在谈判中要着眼于利益而非立场,这是因为:

第一,立场通常只是一定利益的外部表象,谈判者的利益是使其采取某一立场的根本原因,也就是说,立场以利益为根本。谈判者追求某一利益的意愿,可以通过不同的立场来体现。例如,某商家追求的利益是获得尽可能多的销售收入,其谈判立场可能是坚持在价格上不让步或少让步,也可能是坚持要对方在己方认可的某一较低的价格上增加订货量。上述两种立场都是增加销售收入利益目标的体现,都能满足商家对利益的追求。如果谈判者过于注重立场,如在价格上坚决不让步,而忘记了立场背后的真正利益所在,就很可能动摇双方合作的基础,从而丧失原本可以获得的利益。

第二,每一种利益从满足的途径和方式来讲是多方面的,调和利益比调和立场更容易找到为各方所愿接受的方案。在谈判中,双方的立场往往是对立、泾渭分明的,更多地表现为双方的矛盾和冲突,很难调和;而对利益来说,双方不仅存在着冲突性利益,更重要的是存在着共同性利益,而且同一利益存在着多种可以实现的方案,因此调和利益比调和立场更容易达成共识。

第三,在对立立场的背后所存在的共同性利益,常常多于冲突性利益,而这些利益之间的互补性,就成为达成一项明智协议的诱因。在谈判中要避免一种错觉:当对方的立场与己方的立场完全对立时,往往会错误地认为,对方的利益与己方的利益也是完全对立的,这样,双方就会陷入立场争论,阻碍了谈判的顺利进行,严重时会导致谈判破裂。识别出双方之间存在的共同性利益,有利于谈判尽快达成协议。

[案例1—12]

图书馆开窗

有两个读者在图书馆里吵架,一人想把窗户打开,而另一人则坚持不能开窗。图书馆员问其中一人为什么要开窗户?"呼吸一些新鲜空气。"问另一人为什么要关窗户?"不让风把书吹乱了。"图书馆员考虑了一下,把对面房间的窗户打开了,结果室内既有了新鲜空气,风也没有吹乱书,双方的要求都得到了满足。

(三)提供多种可供选择的谈判方案

在很多时候,谈判者往往自以为是地认为自己才知道解决谈判问题的正确答案,或认为自己提出的谈判方案才是合理的。更有甚者,顽固地认为一切解决问题的方案都存在于己方的立场和对方的立场之间,解决办法无非就是双方折中而已。这种认识是完全错误的。我们知道,对于同一利益,存在着许多不同的可以实现的方案。"不要在一棵树上吊死",对双方都有利的方案最容易为各方所接受,如果能在保护己方利益的前提下,提供多种可能的谈判方案供双方选择,就能增加谈判达成协议的可能性。

在谈判中,谈判者要提出多种解决方案并不是一件容易的事情,除了要克服某些障碍因素之外,还要掌握正确的方法。

1.把方案设计与方案评价分开,进行头脑风暴,构思多种方案

许多谈判者经常不经过深思熟虑,总觉得新方案有这样那样的缺陷,从而导致每种新方案一提出即遭"枪毙"。把创造方案和评价方案分开,先进行头脑风暴,构思各种方案,然后再决定是否采用。谈判者提出多种选择方案是不容易的,要大胆提出各种设想,鼓励不成熟的方案,防止互相批评、指责,避免干扰正常的创造性思路。

2.扩大选择的范围,不要只寻求单一答案

许多谈判者认为,双方要达成协议已经非常不容易,如果再增加新方案,那不是更麻烦,更

难达成一致了吗?这些谈判者固执地认为,谈判的最终目的只是要一个答案罢了,那么,只要去追求那个单一且是最好的答案不就行了吗?这种思想会严重地束缚多种方案的提出。谈判者应尽量开拓广阔的谈判空间,提出多种多样的设想,双方可由这些构想中,共同挑选、加工出切合实际的方案。很多时候,谈判双方能否达成协议的关键就在于有无多种多样的选择方案供双方多角度的评估和判断。

3. 寻求满足双方利益的方案

一些谈判者认为谈判就好比在分一个大小固定的蛋糕,一方分得多,另一方就必然分得少,谈判者毫无其他选择的余地。这种要么赢,要么输的思想阻碍了新方案的提出。须知,谈判更重要的是要争取一个你赢我胜的结果。谈判者要想使己方得到某种利益上的满足,就必须要让对方也能获得利益上的某种程度上的满足。只有这样,才能圆满地解决双方共同面对的问题。从双方的共同利益着手,是寻求满足双方利益方案的捷径。

4. 使对方易于决策

在谈判中,要使对方同意达成一项满足己方利益的协议,这一协议也要必须满足对方的利益要求。然而,很多谈判者习惯于只以自身利益来思考问题,很少考虑到那些适合双方利益的方案。他们认为,他们自己的问题就已经够多了,对方的问题应当由对方自己解决。谈判者要克服这种只注意自己利益的目光短浅的思想,让自己试着站在对方的立场上,研究出对方易于做出决策的方案,使对方做出己方所预期的决定。

[案例1—13]

大英图书馆搬家

相传,大英图书馆老馆年久失修,在新的地方建了一个新的图书馆,新馆建成以后,要把老馆的书搬到新馆去。这本来是一个搬家公司的活儿,没什么好策划的,把书装上车,拉走,运到新馆即可。问题是按预算需要350万英镑,图书馆没有这么多钱。眼看雨季就要到了,不马上搬家,这损失就大了。怎么办?馆长想了很多方案,但一筹莫展。

正当馆长苦恼的时候,一个馆员找到馆长,说他有一个解决的方案,不过仍然需要150万英镑。馆长十分高兴,因为图书馆有能力支付这笔钱。

"快说出来!"馆长很着急。

馆员说:"好主意也是商品,我有一个条件。"

"什么条件?"

"如果150万英镑全部花完了,那权当我给图书馆做贡献了;如果有剩余,图书馆要把剩余的钱给我。"

"那有什么问题?350万英镑我都认可了,150万英镑以内剩余的钱给你,我马上就能做主!"馆长坚定地说。

"那我们签个合同。"馆员意识到发财机会来了。

合同签订了,不久实施了馆员的新搬家方案。150万英镑连零头都没用完,就把图书馆给搬了。

原来,图书馆在报纸上刊登了一条惊人的消息:"从即日起,大英图书馆免费、无限量向市民借阅图书,条件是从旧馆借出,还到新馆去。"

(四)坚持客观标准

在商务谈判中,虽然能够构思出令各方满意的能够满足各方利益的解决方案,但是,谈判各方的利益冲突是始终存在的。即使双方的合作关系非常好,利益分割也是任何一方谈判的焦点和分歧所在。解决利益冲突的理想的方法就是独立于双方的意志之外,以客观标准来评判各方的利益得失。

客观标准是指独立于谈判各方意志之外的合乎情理、切实可用的评判各方利益得失的准则。它具有公平性、有效性和科学性的特点。根据谈判内容的不同,客观标准可能是:国际惯例、谈判的先例、科学的依据、法律规定、公认的计算方法、市场价值等。例如,在谈判中谈到价格时,双方应撇开各方的主观要求,而选择市场价格和成本等作为客观标准进行谈判,从而保证双方获取公平合理的利益。

坚持客观标准的基本要点有:

第一,双方要以理性的态度共同寻找和确定客观标准。客观标准是独立于各方意志之外的准则,因此各方在寻求客观标准时要理性,要合情、合理和合法,不能由某一方说了算,而且客观标准的确定要经过双方的认可和接受。否则以客观标准裁决的谈判结果会没有说服力,引起更大的纠纷。

第二,把每项问题都以双方共同确定的客观标准来决定。客观标准的引入就是为了解决双方面对的谈判问题,只要出现问题,产生分歧,就以客观标准来衡量解决,这样双方就不能固执地坚持自己的立场,避免任何一方向另一方屈服,双方都能服从于公正的解决办法。

第三,绝不屈服于压力,而只屈服于原则。谈判中的压力有许多,如威胁、贿赂、拒绝让步等。对付这些压力的对策就是向对方说明理由,与对方一起共同寻求和确定客观标准。除非以客观标准为基础,否则绝不让步,绝不屈服于对方的压力。

有时,谈判各方为客观标准的确定争执不休,不能达成一致,或者找不到一个客观标准,这时,谈判就出现了标准难题。当出现这种谈判情况时,谈判双方可以建立一个公平的利益分割程序。使用这个程序分割利益后,双方获得的利益是公平的。CC程序就是一个公平的利益分割程序。为了解决利益多少分配不均的问题,一个切,另一个优先挑选,这样双方由于认为程序是公正的,所以分配结果也会感到公平。还有另外一些被公认为公平的利益分割程序,如轮换法、抽签法、掷币法、第三者选择法(仲裁)和按顺序等。

[案例1—14]

地基问题

就地基问题,业主与承包商各执己见,承包商认为地基4米深就足够了,而业主认为至少6米。承包商讲:"我用钢筋结构来做房顶,地基没有必要做那么深。"业主却不肯让步。如何才能保证房屋坚固?业主可以用一些有关的安全标准来进行讨价还价。业主可以这样讲:"哦,也许我是错的,4米的地基就可以了;但我所坚持的是地基要坚实牢固,深度要足以使房子安全。政府对此类土地的地基有没有安全标准?这一地区的其他建筑物的地基深度如何?这一地区的地震风险有多大?"遵循这些客观的标准来解决地基深度问题,很可能就是谈判的出路。

原则谈判理论坚持实质利益原则、多种选择方案原则以及客观标准原则,它使谈判者在一系列问题上逐渐与对方达成共识,避免了死守单一立场和方案不放而导致谈判破裂的不良后果,从而提高了谈判效率。更重要的是,它改变了谈判理论以往过于强调战术技巧或诡计的传统思路,使谈判原理更有实际意义,更容易为人们掌握和运用。

实训项目:撰写谈判剧本

一、实训目的

1.体验谈判无处不在。

2.此剧本范围为生活中的谈判,回忆你曾经和父母、朋友、同学、小商贩……的一次记忆深刻的谈判。

3.以角色扮演和对话的形式进行撰写。

二、实训背景

简单介绍发生谈判的时间、地点、人物及原因。

三、实训要求

采取分小组角色扮演形式,表演撰写的剧本,要求生动形象,自然真实。

(资料来源:雷娟、全婧.商务谈判.西安交通大学出版社,2015.)

本 章 小 结

关于谈判,学者们的定义多种多样。谈判是人们为了协调彼此之间的关系,满足各自的需要,通过协商而争取达到意见一致的行为和过程。本书赞同谈判的这一定义。谈判的特点有:相互性、目的性、协商性、利益界限性、科学性和艺术性。谈判由谈判主体、谈判客体、谈判目的、谈判行为、谈判环境和谈判结果六要素构成。

商务谈判是指在经济领域中,两个或两个以上从事商务活动的组织或个人,为了满足各自的经济利益,进行意见交换和磋商,谋求取得一致和达成协议的行为和过程。商务谈判除了具备谈判的一般特征外,还具有自身的个性特征:以经济利益为目的、核心议题是价格、注重合同条款的严密性和准确性、谈判对象具有可选择性。商务谈判按照不同的分类标准可划分不同的类型,主要有:主场谈判、客场谈判和中立地谈判;软式谈判、硬式谈判和价值式谈判;纵向谈判和横向谈判;实质性谈判和非实质性谈判;零和谈判和整合谈判等。商务谈判人员应当遵守的谈判原则有:平等自愿、客观诚信、互利合作、求同存异、讲求效益、合法原则。一场成功的谈判应该是双方都实现了谈判目标,而且谈判是在高效率中完成的,同时双方的友好合作关系得以建立或发展。

比较正式的商务谈判过程分为六个阶段:探询阶段、准备阶段、开局阶段、磋商阶段、小结或休会阶段和终结阶段,谈判人员在每个阶段有不同的工作内容。商务谈判的内容体系分为四部分:概论、谈判科学、谈判艺术和谈判文化,同时这也反映了本书的总体知识框架。

谈判理论是谈判实践的研究成果。谈判需要理论包括马斯洛的需要层次论和尼尔伦伯格谈判的需要理论。为了能与对方达成协议,马斯洛的需要层次论解释了谈判人员有什么需要并说明如何满足它。尼尔伦伯格谈判的需要理论被许多谈判书籍参考和援引,用于分析谈判心理活动并指导谈判者的具体行为。谈判技巧理论将谈判方针归纳为三种:谋求一致的方针、皆大欢喜的方针和以战取胜的方针。原则谈判法是一种普遍适用的谈判理论,该理论有四个基本要点:人与问题分开、着眼于利益而非立场、提供多种可供选择的谈判方案、坚持客观标准。另外，用博弈论和公平理论来解释谈判活动，可以帮助我们更好地研究谈判，掌握谈判的规律。

基本概念

谈判→商务谈判→软式谈判→硬式谈判→价值式谈判→纵向谈判→横向谈判→零和谈判→整合谈判→原则谈判法→客观标准

思考题

1. 简述谈判的存在基础、构成要素和谈判的特点。
2. 简述商务谈判的特征。
3. 横向谈判和纵向谈判各有什么优缺点？
4. 如何评价一场谈判是否成功？
5. 论述谈判的过程和每一阶段的工作内容。
6. 论述马斯洛的需要层次论在谈判中的具体应用。
7. 简述原则谈判法的基本要点。
8. 简述在博弈基础上的谈判程序。

❖ 案例分析题

案例　2018年中美贸易摩擦之美方谈判条件

2018年3月3日至4日，在中美贸易摩擦愈演愈烈之际，美国派出了一个高级别代表团前往北京与中方就贸易问题举行磋商。美国代表团包括美国财政部部长姆努钦、美国商务部部长罗斯、美国贸易代表莱特海泽、总统贸易与制造业政策顾问纳瓦罗、美国驻华大使布兰斯塔德和总统国际经济事务幕僚艾森斯塔。中方领队为主席高级经济事务顾问、副总理刘鹤。谈判将讨论如何解决当前的贸易争端。

5月4日《华尔街日报》披露了美方代表团的谈判框架，并在免责声明中声称，下面所提供的美国代表团的谈判框架草案仅仅是为了帮助双方坦诚地、建设性地交换意见。这个文本不是一个国际合同文本，有待进一步审查。由于时间关系，出于对双方即将磋商事务严肃性的考虑，本文件在访问前发表，同时对文本的审查还在继续。美方代表希望本周末在北京讨论该草案以及相关的议题。

平衡美利坚合众国与中华人民共和国之间的贸易关系

　　美国和中国需要立即减少美国与中国的贸易赤字，保证在公平及无歧视的前提下中国市场向美国的贸易商和投资者开放。

第一条：减少贸易赤字

美国希望中国从2018年到2020年将两国贸易赤字至少减少2000亿美元。自2018年6月1日起12个月内减少中美贸易顺差1000亿美元；自2019年6月1日起12个月内再减少1000亿美元中美贸易顺差，使得到2020年末，中美贸易顺差至少减少2000亿美元。中方承诺的自2018年6月1日起的12个月内自美新增进口1000亿美元中，至少75%是购买美国商品;中国承诺,自 2019 年 6 月 1 日起 12 个月内的另外 1000 亿美元,至少 50％是购买美国商品。

第二条:保护美国技术与知识产权

中国立即停止提供扭曲市场的补贴和其他类型的政府支持,这些补贴可能有助于引发中国制造 2025 年工业计划所针对行业的过剩产能;2019 年 1 月 1 日之前,取消有关技术转业的特定政策和做法;采取直接、可核查的措施,确保中国停止侵入美国商业网络窃取美国公司持有的知识产权、商业机密和机密商业信息;加强知识产权保护和执法力度;2019 年 1 月 1 日之前,取消对"技术进出口管理条例"以及"中华人民共和国境内中外合资经营企业法实施条例"的规定;2018 年 7 月 1 日前,撤回向 WTO 提交的关于中国某些商品的关税措施的磋商请求,并且不就此采取进一步行动。该文件还呼吁中国对美国采取或将采取的行动不采取报复行动。

第三条:对敏感技术投资的限制

中国确保不要反对、挑战或以其他方式报复美国限制中国对敏感技术部门或者对关乎美国国家安全的部门的投资。

第四条:美国在中国的投资

中国不要通过投资限制来扭曲贸易,中国施加的任何投资限制或条件都必须是有限、透明的。

美国在华投资者必须获得公平、有效和非歧视性的市场准入和待遇,包括取消外国投资限制和外国所有权/持股要求。为了推进这些原则,中国要在 2018 年 7 月 1 日之前发布一个改进的全国范围内的外国投资负面清单。在中国发布这一负面清单后的 90 天内,美国将确认现有的拒绝美国投资者市场准入的投资限制,在收到美国确定的限制名单后,中国按双方确认的时间表取消所有已确定的投资限制。

第五条:关税和非关税壁垒

2020 年 7 月 1 日前,中国把非关键部门所有产品的关税降至不高于美国相应关税的水平;取消特定的非关税壁垒,并承认美国可以对关键部门的产品实施进口限制和关税,其中包括"中国制造 2025"工业计划中确定的部门。

第六条:美国服务和服务供应商

为了实现对美国服务和服务供应商的公平待遇,中国承诺以特定的方式改善其市场准入。

第七条:美国农产品

为了实现对美国农产品的公平待遇,中国以特定方式改善其市场准入。

第八条:执行

中美每季度召开一次会议,审查在实现商定的目标和改革方面取得的进展。

如果美国认为中国未能遵守任何框架内的承诺，美国将有可对中国产品征收额外关税或限制其他服务的供应。不反对、挑战或采取任何形式的行动来反对美国施加额外关税或限制。撤销 WTO 关于美国和欧盟将中国列为非市场经济国家的申诉，而且未来不再上诉。在收到关于某个可能通过一个或多个国家转运的禁运产品的书面通知后 15 天内，提供每批货物的全部详细信息。拒绝执行将会引发关税。如果中国不履行承诺，美国将对来自中国的进口产品征收关税，并没收假冒和盗版商品或征收关税，以弥补技术和知识产权的损失。中国不得采取任何报复措施。

◇问题：

(1)你认为美方在贸易谈判中体现的最重要利益是什么？

(2)在贸易争端背后美方谋求的长期利益是什么？

(3)美国在这个谈判框架中不仅对中方提出数量要求、日期要求还有政策、法律方面的要求，还有对中方的审查规定，你如何看待美方提出的这些要求？

(4)从美方提出的条件中你对美国人的谈判方法、美国政府和特朗普在谈判中的行为有了怎样的了解？

(资料来源：白远.国际商务谈判－理论、案例分析与实践.中国人民大学出版社,2019.)

第二章 商务谈判准备阶段

商务谈判是关系到企业生存和发展的一项重要活动,其影响因素有很多。"凡事预则立,不预则废",谈判者要想在错综复杂的局面中控制谈判的局面,使谈判顺利进行,并最终取得令人满意的结果,就必须在谈判之前认真地做好谈判的准备工作。商务谈判的准备工作主要有三个方面:谈判信息的调研、谈判方案的制订和谈判队伍的组织。

第一节 谈判信息的调研

一、谈判信息

谈判信息是指与谈判活动有密切联系的各种情况、条件及其属性的客观描述,是一种特殊的人工信息。"知彼知己,百战不殆。"在商务谈判中,谁掌握的信息越多,谁就越能在洽谈中占得主动和优势。谈判前信息的调研是了解对方,确定谈判目标和谈判策略,制订谈判方案的前提。谈判前信息的调研集中在三个方面:知情、知彼和知己,即通过信息的调研,应分别掌握谈判环境、谈判对手和己方的信息,据此判断谈判双方实力的强弱,制订切合实际的谈判方案。谈判信息是影响商务谈判成败的因素之一,具体说,谈判信息在商务谈判中的作用有以下几个方面:

1. 谈判信息是制订谈判方案的依据

谈判方案是指导谈判人员行动的纲领性文件。谈判方案的正确与否,在很大程度上决定着谈判的得失成败。而要使制订的谈判方案切合实际,必须依赖大量可靠的谈判信息;否则,制订谈判方案就是闭门造车。在商务谈判中,谁拥有足够可靠的信息,谁就越能做好充分的谈判准备,并在谈判中占据主动地位。因此,只有收集了大量可靠的信息,才能制订出正确有效的谈判方案,并为谈判取得成功奠定基础。

2. 谈判信息是谈判双方相互沟通的纽带

在商务谈判中,尽管每次谈判的标的和具体内容不同,但都是一个相互沟通和交流信息的过程。没有谈判信息作为谈判双方沟通的中介,谈判就无法排除许多不确定因素和相互猜疑,也就无法协调和平衡双方的利益,谈判也就不能进行下去。因此,掌握一定的谈判信息,就能够从虚虚实实的信息中发现机会和风险,捕捉达成协议的契机,使谈判活动从无序走向有序,消除不利于双方的因素,促进协议的达成。

3. 谈判信息是控制谈判过程的手段

人们参与谈判活动是为了实现一定的目标,谈判信息是指导谈判者朝着谈判目标迈进的尺子。没有谈判信息,谈判者就无法控制和引导谈判过程,谈判也就可能失去目标和方向。在实际谈判中,谈判者通过信息传递和信息反馈,相互交锋和妥协,最终实现双方的谈判目标。

[案例2—1]

中荷精密仪器的谈判

荷兰某精密仪器生产厂与中国某企业打算签订某种精密仪器的购销合同,但双方在仪器的价格条款上未达成一致,因此,双方就此问题专门进行了谈判。谈判一开始,荷方代表就将其产品的性能、优势,以及目前在国际上的知名度做了一番细致的介绍,同时说明还有许多国家的企业欲购买他们的产品。最后,荷方代表带着自信的微笑对中方代表人员说:根据我方产品所具有的以上优势,我们认为一台仪器的售价应该在4000美元。

中方代表听后十分生气,因为根据中方人员掌握的有关资料,目前在国际上此种产品的最高售价仅为3000美元。于是,中方代表立刻毫不客气地将其掌握的目前国际上生产这种产品的十几家厂商的生产情况、技术水平及产品售价详细地向荷方代表全盘托出。荷方代表十分震惊,因为根据他们所掌握的情况,中方是第一次进口这种具有世界一流技术水平的仪器,想必对有关情况还缺乏细致入微的了解,没想到中方人员准备得如此充分。荷方人员无话可说,立刻降低标准,将价格调到3000美元,并坚持说,他们的产品是世界一流水平的,是物有所值。

事实上,中方人员在谈判前就了解到,荷兰这家厂商目前经营遇到了一定的困难,陷入了巨额债务的泥潭,对他们来说,回收资金是当务之急,正四处寻找其产品的买主,而目前也只有中国对其发出了购买信号。于是,中方代表从容地回答荷方:我们也绝不怀疑贵方产品的优质性,只是由于我国政府对本企业的用汇额度有一定的限制。因此,我方只能接受2500美元的价格。荷方代表听后十分不悦,他们说:"我方已经说过,我们的产品是物有所值,而且需求者也不仅仅是你们一家企业,如果对方这样没有诚意的话,我们宁可终止谈判。"中方代表依然神色从容地说:"既然如此,我们很遗憾。"

中方人员根据已经掌握的资料,相信荷方一定不会真的终止谈判,一定会再来找中方。果然,没过多久,荷方就主动找到中方,表示价格可以再谈。在新的谈判中,双方又都作了一定的让步,最终以2700美元成交。

(资料来源:刘园.国际商务谈判.中国人民大学出版社,2007.)

二、谈判环境信息的调研

商务谈判是在一定的社会环境中进行的,社会环境中的因素,如政治因素、经济因素、社会文化因素、市场行情等都可能会直接或间接地影响到谈判。谈判人员必须要对社会环境中的各种因素进行全面系统的调研,才能制订出正确的、有针对性的谈判方案。具体地讲,谈判环境信息调研的内容有：

(一) 政治经济因素

通常情况下，商务谈判出于纯经济目的。但有时候如果政府参与其中，那么政治因素将影响甚至决定谈判的结果，而商业等其他因素将处于次要地位。涉及关系国家大局的重大项目，都会受到政治因素的影响。经济环境是指与谈判活动相关的经济形势的变化情况，如谈判前通过对当前经济周期发展情况的了解，有助于谈判者客观地把握经济形势和谈判双方的需要，选择不同的谈判策略。

(二) 法律制度因素

谈判的内容只有符合法律的规定，才能受到法律的保护。因而，在谈判前，谈判人员必须对与谈判内容有关的各项法律规定的变化情况进行了解，并就这些变化对谈判的影响进行分析，以便根据这些变化来确定谈判方案。如果是国际商务谈判，不仅要了解本国，还应了解对方国家与本次谈判有关的法律规定。

(三) 社会文化因素

商务谈判中要和许多不同文化背景和宗教信仰的人交往，他们的价值观、道德规范，以及世代相传的风俗习惯都有所不同。如果我们在谈判前对谈判对手的文化背景、宗教信仰等社会文化方面有所了解，有利于在谈判中尊重对方的宗教信仰和风俗习惯，促进彼此之间的沟通，同时可以了解对方的谈判风格，施展不同的谈判策略。

(四) 科学技术因素

科学技术因素是指与谈判标的物有关的科技资料，如新技术研究和运用的状况，产品的技术水平和技术指标；新产品的开发和更新；新工艺的运用；技术专利转让方面的情况等。由于谈判的内容不仅仅是有形的产品，还包括无形的技术交易，在引进和转让技术产品时，科学技术是影响谈判成功与否的关键因素。

(五) 市场行情因素

市场行情是商务交易的微观环境因素，它反映了市场活动特征及其发展变化的状况。市场行情因素具体包括产品的国内外市场分布、消费需求、产品销售以及产品竞争、产品分销渠道等方面的信息。这些信息对交易条件的影响一般比较直接，对谈判双方了解各自的实力与优劣势，并以此为依据制定相应的谈判策略来说都是必不可少的。

三、谈判对手信息的调研

在正式谈判前，谈判者不仅要对谈判环境因素进行信息调研，更重要的是要对谈判对手进行信息调研。谈判对手是己方面对面交锋的对象，如果对谈判对手一无所知或知之甚少，则谈判对己方是极为不利的。

(一)贸易界客商的类型

为了更好地研究谈判对手,首先应对贸易界客商的情况有所了解,以便判断对手的身份类型。目前,贸易界客商的类型可以归纳为以下几种情况:

1. 世界上享有声誉的跨国公司

这类公司资本雄厚,机构健全,讲信誉,办事讲原则,商情掌握准确,工作效率和各方面要求高。对待这类谈判对手,谈判前一定要做好准备,谈判中要有高超的谈判技巧和充足的自信心,不能一味地迎合对手而损害自己的利益。这类公司是很好的合作对象。

2. 享有一定知名度的客商

这类客商资本比较雄厚,产品在国内外市场上有一定的竞争力。此类谈判对手比较讲信誉,技术服务和培训工作比较好,占领我国市场比较迫切,对我方在技术方面和合作生产的条件比较易于接受,是较好的贸易伙伴。

3. 没有任何知名度的客商

对待这类客商,首先要审查其法人资格条件,深入了解其资产、技术和产品等方面的情况。因为其知名度不高,谈判条件不会太苛刻,他们也希望与我方合作,只要其能证明自己合法,也是较好的合作伙伴。

4. 专门从事交易中介的客商

这类客商俗称中间商,没有法人资格,因而无权签署合同,他们只是为了赚取佣金而为交易双方牵线搭桥。对待这类客商,要搞清楚其所介绍的客商的资信情况,防止他们打着中介的旗号进行欺骗活动。

5. "借树乘凉"客商

这类客商实属知名的母公司下属的子公司或分公司。我们不要被其母公司的光环所迷惑,对待这类客商应持慎重态度。母公司与子公司完全是两个自负盈亏的法人实体,根本无任何连带责任关系,要警惕子公司打着母公司的招牌虚报资产和声誉的现象。如果是分公司,它不具备独立的法人资格,其资产属于母公司,无权签订合同。

6. 利用本人身份搞非其所在公司的经营贸易业务的客商

这类客商在某公司任职,但往往是以个人身份进行活动,关键时刻打出其所在公司的招牌,干着纯属自己私人的买卖,以牟取暴利或巨额佣金。这类客商国内外都有,必须严加提防,否则一旦上当,追悔莫及。

7. 实属骗子的客商

这类客商无固定职业,专门靠拉关系、行贿、请客送礼等手段实施欺骗活动。这类客商实际上是骗子,我们要辨别其真实面目,杜绝与其商业往来。

(二)谈判对手信息的调研

调研谈判对手,主要是要明确谈判对手的合法资格和资信状况及其谈判人员的信息。调研谈判对手的合法资格和资信状况是谈判准备工作中非常重要的一步。如果谈判对手主体资格不合法,或不具备合同要求的基本履约能力,那么所签订的协议就是无效协议或者是没有履行保障的协议,谈判者将会遭受巨大损失。

1.客商的合法资格

对客商合法资格的审查是谈判准备工作的重要内容,是己方决定与其谈判的前提条件。审查主要包括两个方面的内容:

(1)对客商法人资格的审查

作为参加商务谈判的企业组织必须具有法人资格。法人应具备三个条件:一是法人必须有自己的组织机构、名称和固定的营业场所;二是法人必须有自己的财产;三是法人必须具有权利能力和行为能力。满足了这三个条件后,在某个国家进行注册登记,即成为该国的法人。

对谈判对手法人资格的审查可以分为四个步骤:一要求对方提供证明自己具备法人资格的文件,如法人成立地注册登记证明、法人所属资格证明、营业执照,然后通过一定的手段和途径验证其真伪性,详细掌握对方企业的名称、法定地址、成立时间、注册资本、经营范围等。二要查明客商法人的组织性质:是有限责任公司还是无限责任公司;是母公司还是子公司或分公司。公司性质不同,其承担的责任是不一样的。三搞清对方的法定名称、管理中心地点及其主要的营业场所。有些公司注册地点和实际营业地点是不同的,发生经济纠纷时可能找不到对方的行踪,这是有前车之鉴的。四要确认对方的法人国籍,即其应受哪一国家的法律管辖。这同样涉及事后发生矛盾时,应该运用哪国法律来约束对方。

(2)对前来谈判的客商人员的代表资格或签约资格的审查

一般来讲,前来谈判的客商可能是企业的董事长或总经理,但更多情况下,则是企业内部某一部门的负责人。从法律的角度来讲,只有董事长和总经理才能代表其企业对外进行谈判和签约,企业对其内部人员超越授权范围或根本没有取得授权对外所签订的合同是根本不负责任的。如果来者是对方企业内部的某一部门负责人,则存在一个代表资格和签约资格的问题。该谈判人员要有相应的企业授权书或委托书等证明材料。这就要求我们严格把关,防患于未然。

在对方当事人找到保证人时,还应对保证人进行调查,了解其是否具有担保资格和能力;在对方委托第三者谈判或签约时,应对代理人的情况加以了解,了解其是否有足够的资格和权利代表委托人谈判或签约。

2.谈判对手的资本、信用及履约能力

对谈判对手资本状况的审查主要是审查客商的注册资本、资产负债表、收支状况、销售状况和资金状况等有关文件。这些文件既可以是由公共会计组织审计的年度报告,如会计事务所所出示的审计报告,也可以是由银行、资信征询机构出具的证明材料等。

对谈判对手的商业信誉和履约能力的审查,主要是调查该企业的经营历史、经营作风、产品的市场信誉、与金融机构的财务状况,以及在以往商务谈判中是否具有良好的信誉等。

3.对手参与谈判的具体人员

参与谈判的具体人员是影响商务谈判顺利进行和谈判结果的关键性因素。对对方参与谈判的具体人员的调研也是商务谈判准备工作中的重要内容。首先,要了解前来谈判的人员的身份和权限,这关系到对方是否有足够的决策权、独立做出决定和让步的权力大小的问题。因为谈判绝对不能与没有足够决策权的人进行。其次,要注意收集谈判对手的谈判时限信息,谁可供谈判的时间越长,谁就越占有谈判的主动权。最后,谈判对手人员的其他情况也要注意收集和掌握,如对手谈判队伍的组成情况,主谈和其他成员的个人情况(资历、性格、能力、谈判风格、爱好和禁忌等),他们之间的关系如何等。

[案例 2—2]

迪巴诺推销面包

迪巴诺面包公司是纽约一家有名气的面包公司,但是纽约一家大饭店却从未向它订购过面包。四年来,公司经理迪巴诺每星期拜访大饭店经理一次,也参加他所举行的会议甚至以客人的身份住进大饭店。不论他采取正面攻势,还是旁敲侧击,这家饭店仍是丝毫不为所动。这反而更加激起了迪巴诺推销面包的决心。

通过调查,迪巴诺发现,饭店的经理是美国饭店协会的会长,热心协会的工作,凡是协会召开的会议,无论在何地,他都一定参加。这样,迪巴诺去拜访他时,便大谈起协会的有关事情,果然引起了经理的兴趣,饭店经理滔滔不绝地讲起了协会的各种情况,声称协会给他带来了无穷的乐趣,并邀请迪巴诺参加。在两人交谈中,丝毫也未涉及购买面包的事宜。

四、己方信息的调研

商务谈判能否成功,不仅取决于能否正确地了解谈判对手,还取决于对己方是否作出了客观的了解和判断。对己方进行信息调研,要实事求是,排除情感因素的影响,客观地调查本企业在市场中的地位、产品的竞争情况以及企业的优势和劣势等,还要了解己方谈判队伍成员的特点等。谈判者一定要客观准确地评估自己,既不能过低评估自己的实力,看不到自身的优势,也不能过高估计自己的实力,看不到自身的劣势。客观地了解自己是科学地确定谈判目标和制订谈判方案的基础,也是谈判取得成功的保证。

五、谈判双方谈判实力强弱的判定

谈判实力是指影响谈判双方在谈判过程中的相互关系、地位和谈判最终结果的各种因素的总和,以及这些因素对各方的有利程度。谈判实力与企业实力不同。企业实力是指从总体上看一个企业的规模、技术水平、人员素质和市场占有率等方面处于何种水平。企业实力是形成谈判实力的潜在基础,但不一定直接构成谈判实力。例如,如果谈判的内容正好是实力很强的某一企业的薄弱之处,那么这个企业的谈判实力是弱而不是强。就一般情况而言,企业实力强有利于形成和强化其谈判实力,而谈判实力较强的企业却不一定就说明企业实力一定很强。

在对谈判环境、谈判对手和自身的情况调研后,根据获取的信息,可以初步判断谈判双方谈判实力的强弱。谈判实力的强弱关系是确定谈判目标和谈判策略,制订谈判方案的前提。一般来讲,分析谈判双方谈判实力的强弱可以从以下方面入手:

1. 交易内容对双方的重要程度

商务谈判的成功意味着谈判双方都获得了一定的利益,但这并不说明交易内容对各方的重要程度相同。实际上,交易内容对双方来讲,其重要程度往往是不同的,这就决定了双方谈判实力上的差异。一般来说,交易对某一方越是重要,也就是说该方越希望成交,那么该方在谈判中的实力就越弱;反之则越强。例如,在货物买卖谈判中,如果是商品供不应求,则对卖方来讲,其谈判实力就强,因为卖方不愁产品卖不出去,反而是买方着急买不到产品,显然买方谈判实力弱。

2. 双方对交易内容和交易条件的满足程度

商务谈判双方对交易内容和交易条件的满足程度是存差异的。某一方对交易内容和交易条件满足的程度越高,那么该方在谈判中就越占有优势,即该方的谈判实力越强。在货物买卖谈判中,如果卖方的货物在质量、数量、交货时间等条件上越能够满足买方的要求,那么卖方的谈判实力就越强,因为买方在这种情况下无法提出使卖方让步的要求。

3.双方竞争的形势

在业务往来过程中,很少出现一个买方对应一个卖方的一对一现象,经常是存在多个买方对应多个卖方的情况。很显然,如果多个买方对应较少的卖方时,即形成了卖方市场,这时无疑是卖方谈判实力强,而买方谈判实力弱;反之,如果多个卖方对应较少的买方时,即形成了买方市场,这时无疑是买方谈判实力强,而卖方谈判实力弱。

4.双方对商业行情的了解程度

谈判某一方如果对交易本身的商业行情了解得越多、越详细,那么该方在谈判中越处于有利地位,也就相应提高了己方的谈判实力;反之,如果对商业行情了解甚少,其谈判实力显然较弱。商业行情是非常宝贵的资源,它可以转化为财富,这在业务洽谈过程中表现得非常明显。我们只有在掌握了充分的市场行情信息的前提下,才能制订出有针对性的谈判方案和谈判策略,在谈判中占有优势。

5.双方所在企业的信誉和实力

企业的实力越强,商业信誉越高,社会影响越大,则该企业的谈判实力越强;反之,则相反。另外,从谈判实践看,实力强的企业拥有和掌握着比较多的人力、物力和财力资源,能够承受得住旷日持久的磋商谈判,而且一旦发生纠纷,也能承受得住法律诉讼,因而这类企业比一般企业的谈判实力要强。

6.谈判时间对双方的限制

谈判的某一方如果特别希望早日结束谈判,双方达成一致,那么时间因素的限制就将大大削弱该方的谈判实力。因为由于时间限制,为了尽快达成协议,该方就不得不做出某些对己方不利的让步,导致自己的利益受损。例如,当买方急于购进卖方的商品,否则买方生产就会停工待料或产品脱销断档时,买方谈判实力就会降低;卖方急于销售商品、回笼资金时,卖方的谈判实力就会降低。时间是谈判双方不可忽视的一个客观因素。

7.双方谈判艺术与技巧的运用

在谈判实践中,经常出现这样的现象,即一方本来在该交易谈判中并不占优势,最后反而出乎意料地取得了很好的谈判结果,这是由于该方在谈判艺术和技巧方面运用得当的结果。事实上,谈判人员如果能充分调动有利于己方的因素,尽可能避免不利的因素,那么己方的谈判实力就会增强。谈判艺术与技巧越是高超,谈判实力就越强。

第二节 商务谈判方案

一、谈判方案概述

谈判方案是谈判人员在收集和分析有关谈判信息资料的基础上,对谈判目标、谈判议程、谈判策略、谈判人员等所做的设计和规划。谈判方案是指导谈判人员行动的具体纲领。它是保证谈判顺利进行的必要条件,也是谈判取得成功的基础。制订商务谈判方案是谈判准备工作的主要内容之一。一个科学的谈判方案对商务谈判有以下三方面的重要意义:

1. 谈判方案是谈判人员行动的指针和方向

谈判方案对各个阶段的谈判目标、人选、议程和策略等作了周密的安排,使谈判者对谈判工作能够展开有效的组织和控制,既能保持谈判向预定的目标前进,又能灵活地处理错综复杂的谈判局势。有了谈判方案,就会使参加谈判的人员胸有成竹,打有准备之仗,按照计划的要求去进行谈判工作。

2. 制订谈判方案有助于谈判人员扎实地做好谈判准备工作

谈判准备工作做得是否良好,直接影响到谈判的成败。衡量准备工作做得好坏的标准就是看谈判者能否制订出一个科学正确的谈判方案。在收集有关信息资料后,谈判人员经过认真的分析和研究,内部经过充分的讨论和沟通,对谈判预先作出客观合理的设计和安排,形成一个书面文件,这就是谈判方案,因此制订谈判方案有助于谈判人员扎实地做好谈判准备工作。

3. 谈判方案是检查和衡量谈判工作效果好坏的尺度

谈判结束后,每一方都要对谈判的得失进行总结。对照谈判方案进行总结,可以发现谈判中存在的问题和取得的成绩,检查和衡量谈判工作的效果。同时,谈判人员可以增加经验,吸取教训,提高谈判水平。

二、商务谈判方案内容

经过对谈判环境、谈判对手和自身情况进行认真的调研后,谈判者下一步要制订谈判方案。谈判方案的主要内容有谈判目标、谈判人员、谈判策略、谈判议程、模拟谈判和备选方案等,其中谈判人员在下一节商务谈判组织和管理中介绍。

(一)谈判目标

谈判目标是指谈判人员希望谈判活动实现的目的或达到的结果。它指明谈判的方向以及企业对本次谈判的期望水平。谈判目标是谈判活动的出发点和归宿点。没有目标或目标不明确,谈判就失去了方向和动力,也就意味着谈判失败。

1.谈判目标的层次性

作为一种预测性和决策性的指南,谈判目标必须具有弹性,谈判者才能根据谈判的实际情况随机应变,灵活应对;增加谈判成功的可能性。一般情况下,根据谈判目标的实现程度可以将谈判目标分为三个层次:

(1)最低限度目标

最低限度目标是谈判者必须实现的最基本的谈判要求。任何谈判者面对最低限度目标条件都没有退让的余地。对谈判者来说,宁愿谈判破裂,放弃宝贵的市场机会,也不能接受比最低限度目标更低的条件。因此,可以说最低限度目标是谈判者必须坚守的最后一道防线。

(2)最高期望目标

最高期望目标是谈判者所追求的最有利的理想目标,也往往是谈判对手所能忍受的最大限度。实现这个目标,将最大化地满足己方的利益。在实际谈判中,最高期望目标一般是可望而不可即的理想目标,很少有实现的可能性。但是,确立最高期望目标是很有必要的,它能激励谈判人员尽最大努力向最高期望目标前进。在价格谈判时,以最高期望目标作为报价或还价的起点,则会带来对己方较为有利的谈判结果。

(3)可以接受的目标

可以接受的目标是谈判人员根据各种主客观因素,经过对谈判对手的认真评价,对企业利益的全面考虑,科学论证后所确定的谈判目标。这个目标介于最低限度目标和最高期望目标之间,是一个区间或范围,是谈判者努力争取或做出让步的范围。谈判中的讨价还价就是在争取实现可以接受的目标,所以可以接受的目标的实现,往往意味着谈判取得了成功。

[案例2—3]

谈判目标的确定

在某个资金供求谈判中,需求方实际只想得到70万元,但谈判一开始,需求方经过各方面的衡量可能报价100万元,这100万元就是需求方的最高目标。

但是供给方不会做出立刻提供100万元资金的慷慨之事。供方根据自己掌握的信息,明知对方只需要70万元,为了使得谈判主动权掌握在自己手中,就故意压低对方报价,只同意提供40万元。经过几轮往返折中,讨价还价,最后结果既不是100万元也不是40万元,而是70万元左右。

2.确定谈判目标需注意的要点

(1)谈判目标要有层次性,即谈判目标要有弹性,定出上、中、下限目标,根据实际情况灵活应变。如果目标毫无弹性,死守一个目标不变,双方磋商就没有了机动变化的余地,谈判就很难顺利进行下去,也不利于调动谈判人员的积极性和创造性。

(2)最低限度目标要严格保密,绝对不能透露给谈判对手,这是商业机密。在许多重要经济贸易谈判中,有些商人不惜重金聘请商业间谍刺探对方底价,可见这个问题的重要性。如果一旦疏忽大意透露出己方的最低目标,就会使对方主动出击,己方陷于被动,给己方造成不应有的损失。

[案例2—4]

狡猾的采购商

事情发生在美国一家生产家用厨房用品的工厂和他的采购商之间。合同即将签订,一切都仿佛可以顺利进行了。然而有一天,工厂接到了采购负责人打来的电话:"真是很遗憾,事情发生了变化。我的老板改变了主意,他要和另一家工厂签订合同,如果你们不能把价格降低10%的话,我认为就会毁掉我们双方所付出的努力,真是有些不近情理。"

工厂慌了手脚,经营状况不佳,已使他们面临破产的危险,再失去了这个客户就像濒于死亡的人又失去了他的救命稻草。他们不知道在电话线的那一方采购负责人正在等着他们来劝说自己不要放弃这笔生意,工厂的主管无可避免地陷入了圈套,他问对方能否暂缓与另一家工厂的谈判,给他们时间进行讨论。采购负责人很"仗义"地应允下来。工厂讨论的结果使采购负责人达到了目的,价格被压低10%。

如果我们能看清这场交易背后的内幕,就会发现工厂付出的代价原本不应该是这样的。采购方到底是如何把这笔金额从工厂那里卷走而只留给他们这笔损失的呢?

事情还要追溯到合同签订的前一个月,工厂的推销员在一次和采购负责人的交谈中无意地给工厂泄了底。他对精明的采购人说他们的工厂正承受着巨大的压力,销售状况不佳,已使他们面临破产。对于他的诚实,采购负责人并没有对他们寄予同情,而是趁机压榨了一番,因为他已经知道工厂在价格问题上硬不起来。

(3)最高期望目标是报价起点,很难得到实现,但是,最高期望目标设置的目的完全是保护最低目标和可以接受的目标。在实际谈判中,通过对最高期望目标的反复讨价还价,最终可能达到一个超过最低限度目标的目标。这是一种谈判策略。

(4)谈判目标往往不止一个,存在着多重目标。对于这类谈判,首先确定要达到的所有谈判目标,然后按其重要性排序,判断哪些必须要实现,哪些能够争取达到,哪些可以舍弃,明确谈判的重要目标和次要目标。另外,还要考虑谈判的长期目标和短期目标的关系问题。最终确定各个目标的主次关系和连带关系,使各目标之间在内容上保持协调性和一致性,避免互相抵触和发生矛盾。

(二)谈判策略

谈判策略是指为实现谈判目标所采用的各种方法、手段和技巧等,以及达到谈判目标的途径。制定商务谈判策略应综合考虑双方的关系和谈判实力的强弱、对方的谈判风格和特点以及谈判时间等因素。为谈判的每个部分制定一个总的策略是必不可少的工作环节。

谈判策略根据谈判的过程和内容,可分为开局策略、报价策略、讨价还价策略、成交策略、让步策略、打破僵局策略、进攻策略、防守策略等,要根据谈判过程可能出现的情况,事先有所准备,做到心中有数,在谈判中灵活运用。

针对不同的谈判主题或谈判对手,也需要设计不同的谈判策略。例如,在某一特定条件下,可以采取拖延时间的策略、长期施加压力的策略;而在另一特定条件下,可以采取速战速决的闪电策略。谈判策略的制定和运用是谈判艺术性的体现。

(三)谈判议程

谈判议程即谈判的议事日程安排,它是决定谈判效率高低的重要一环,是商务谈判方案中的重要内容。谈判议程的安排对双方非常重要,议程本身就是一种策略,因为掌握了议程就掌握了谈判的主动权,谈判者必须高度重视这项工作。谈判议程可由一方准备,也可双方协商确定。

1.通则议程和细则议程

谈判议程可分为通则议程和细则议程两种,前者由谈判双方共同使用,后者供己方使用。

(1)通则议程。通则议程是谈判双方共同遵守使用的日程安排,一般要经过双方协商同意后方能正式生效。在通则议程中,通常应解决以下问题:

①谈判总体时间及分段时间的安排;

②双方谈判讨论的中心议题,尤其是第一阶段谈判的安排;

③列入谈判范围的各种问题,问题讨论的顺序;

④谈判中各种人员的安排;

⑤谈判地点及招待事宜。

(2)细则议程。细则议程是己方参加谈判的具体安排,只供己方人员使用,具有保密性。其内容一般有:

①谈判中的统一口径:如发言的观点、文件资料的说明等;

②对谈判过程中可能出现的各种情况的对策安排;

③己方发言的策略:何时提出问题?提什么问题?向何人提问?谁来提问?谁来补充?谁来回答对方的问题?谁来反驳对方?什么情况下要求暂时中止谈判等;

④谈判人员更换的预先安排;

⑤己方谈判时间的策略安排、谈判时间期限。

[案例2—5]

一则报道

2008年新华网墨西哥城4月2日电(记者胡红蕾)据巴西当地媒体报道,巴西政府正寻求将乙醇纳入世界贸易组织谈判议程,以便在这个世界多边贸易体系中为乙醇争取到更优惠的贸易条件。

报道称,巴西外交部谈判专家已提出将乙醇问题纳入正在进行的多哈回合谈判的要求,并试图将该问题作为其在多哈回合谈判中作灵活性让步的条件。报道还称,世界贸易组织总干事拉米已经表示,尽管面临重重困难,但是乙醇问题成为世贸组织讨论的议题是不可避免的。

分析人士认为,巴西此举是试图利用多边谈判场所迫使美国在乙醇进口关税问题上让步。尽管美国是目前最大的乙醇生产国,但是巴西的乙醇出口却高居世界第一,且主要出口市场为美国。但是,目前美国对大部分进口燃料乙醇征收每升0.143美元的关税,而且对本国生产的玉米燃料乙醇提供优惠,从而阻碍了巴西乙醇进一步开拓美国市场。

2.谈判议程的内容

谈判议程的内容涉及谈判时间、谈判地点和谈判议题等谈判事项,具体来讲,谈判议程的内容包括:

(1)谈判时间的安排

首先要确定谈判何时开始,为期多久,何时结束。若是谈判需要分阶段进行,还应对各阶段的谈判时间做出安排。谈判时间的安排是否恰当有时会对谈判结果产生很大的影响。例如,一个谈判小组长途跋涉到达谈判地点后,如果马上投入紧张的谈判中去,就很容易由于旅途劳累而导致精力下降,思维活动迟钝而误入对方的圈套。所以,应对谈判时间的选择予以高度重视,力争选择适当的时间谈判。一般来说,选择谈判时间应考虑以下几方面的因素:

①谈判准备的程度

俗话说"不打无把握之仗"。如果已经充分做好了谈判的准备,谈判时间安排得越早越好,而且也不怕马拉松式的长时间谈判;如果没有做好谈判的准备工作,不宜仓促上阵,以免谈判失败。

②谈判人员的身体和情绪状况

谈判是一项精神高度集中,体力和脑力消耗都比较大的工作,要尽量避免在身体不适、情绪不佳时进行谈判。还要留意谈判者的生理时钟,避免在身心处于低潮时进行谈判。另外要考虑谈判人员的年龄,中年以上的人要注意他们的身体状况能否适应较长时间的谈判。

③市场形势的紧迫和竞争程度

如果所谈项目与市场形势密切相关,瞬息万变的市场形势不允许稳坐钓鱼台式的长时间谈判,谈判就要早开始,快结束。卖方要避开买方市场谈判,买方要避开卖方市场谈判。

④谈判议题的需要

对于议题较多的大型复杂的谈判,不可能在短时间内解决问题,所需谈判时间相对长一些;对于单项议题的小型谈判,没有必要耗费很长时间,力争在短时间内达成一致。

在枯燥的谈判过程中适当安排一些文娱活动,既可活跃谈判气氛,增进友谊,又可松弛神经,消除疲劳,是非常必要的。但是文娱活动的安排不能过多,如果谈判进行一周的话,安排一两次文娱活动就可以了,且最好安排在谈判的第二天以及商谈焦点性问题的当天。此外,安排的活动内容不要重复,要尽量丰富一些;要注意不能使文娱活动成为谈判对方借此疲劳己方,实现其谈判目标或达到其他目的的手段。

(2)谈判议题的确定

谈判议题的确定即确定谈判双方要讨论的问题。议题的确定可以分三步进行:

①根据谈判目标,将与本次谈判相关的、需要双方展开讨论的所有问题都罗列出来,尽量不要遗漏。

②根据己方利益保障原则,按照对己方有利和不利的程度,将这些问题进行分类和排序。

③尽可能地将对己方有利的问题或者只选择那些对己方不利但危害不大的问题列入谈判议题,而将对己方不利的问题和危害较大的问题排除在外。

例如,在技术转让谈判中,转让方把接收方关于技术的使用、产品的销售和技术转让费的支付问题一一列入谈判议题,这些问题显然都属于接收方的责任和义务,将之列入谈判议题无疑是对转让方有利的;同时,技术转入方却竭力将其应承担的责任,如技术保证条款等内容不列入谈判议题,目的是在谈判中规避责任。

(3)各议题讨论的先后顺序

安排各议题讨论的先后顺序的方法多种多样,可根据情况而定:

①先易后难。即先讨论容易解决的问题,后讨论分歧很大的问题,这样可以创造良好的谈判气氛,为争议较大的问题解决打好基础。

②先难后易。即先集中时间和精力讨论重要的困难问题,把这些问题谈透,突出重点,以主带次,推动其他问题的解决。

③先原则问题后细节问题。即先讨论一般原则性问题,达成原则性一致意见后,再讨论细节问题。原则性问题达成一致为细节性问题的解决提供了方向和遵循的原则。

④逻辑顺序。如果各议题之间存在着逻辑上的关系,比如不解决A问题,就不能谈B问

题;只有在 A 和 B 问题达成一致后,才能谈 C 问题,这样议题讨论的先后顺序必须依照逻辑上的先后顺序,否则谈判无法进行。

安排各议题讨论的先后顺序是一项策略和艺术,它对于在谈判中掌握主动权具有不可忽视的作用。有争议的问题最好不要放在开头,这样会影响以后的谈判,可能要占用较多的时间,也可能影响双方的情绪。一开始就"卡了壳",对于整个谈判没有好处。谈判开始时应选择一个对自己不甚重要的问题进行谈判,在这个问题上给与对方优惠或较大的让步,借以表明通融合作的诚意。谈判最后也不要安排有争议的问题,因为放在最后可能讨论时间不充分,而且在结束谈判前可能会给双方都留下不好印象。有争议的问题,最好放在谈成几个问题之后,在谈最后一两个问题之前。谈判结束前最好安排一两个双方都满意的特别是己方能做较大让步的问题,以作为最后的姿态,充分显示己方对达成交易的诚意。同时,也可以使对方在一定程度上得到心理上的满足,以便在结束时创造一个良好的气氛,给双方留下一个好的印象。

(4)各议题讨论的时间安排

议题排好顺序讨论后,双方就要开始讨论每个议题的时间安排问题。议题讨论的时间安排应视议题的重要性、复杂程度和双方分歧的大小来确定。谈判者应贯彻一个原则:尽量给予对己方有利的议题更多的时间,尽量给予对己方不利的议题较少的时间。当然,整个谈判议程往往是双方讨论而定的,不能由一方做主,因此,议题讨论的时间安排往往也是双方协商妥协的结果。一般来说,议题讨论的时间安排应讲究以下策略:

①对于主要的议题或争执较大的焦点问题,最好安排在总谈判时间五分之三时提出来。这样既经过一定程度的意见交换,有一定的共识,又不会拖得太晚而显得仓促。

②合理安排好己方各谈判人员发言的顺序和时间,尤其是关键人物关键问题的提出应该选择最成熟的时机。当然也有给对方人员足够的时间表达意见和提出问题。

③对于不太重要的议题,容易达成一致的议题可以放在谈判的开始阶段或即将结束阶段,并且要尽量在短时间内容解决,避免无谓的争辩,而应把大部分时间用在关键性问题的磋商上。

(5)谈判地点和现场的安排

谈判地点和现场的安排也是谈判议程内容的重要内容之一,包括谈判地点的选择、洽谈室的布置和谈判座位的安排。

①谈判地点的选择

谈判地点的选择有主场谈判、客场谈判和中立地谈判三种。不同的地点会对谈判产生不同的影响。一般情况下,谈判者应争取主场谈判,占据地利优势。但是,谈判地点不论设在哪一方都会有利有弊,谈判者要根据谈判的实际情况,选择对己方更有利的地点进行谈判。

②洽谈室的布置

较为正规的商务谈判活动通常需要两个房间,一是主谈判室,二是秘密会谈室。如果条件允许,还可安排一个供双方人员休息用的休息室。

主谈判室应宽大舒适,光线充足,色调柔和,空气流通,温度适宜;主谈判室一般不要安装电话,也不要安装录音设备;谈判桌应置于房间中央,一般是长方形或椭圆形,桌面上可根据需要放置一些必要的具有象征意义的东西,或摆放一些饮料。

秘密会谈室是供谈判双方内部协调机密问题单独使用的房间。它最好靠近主谈判室,有较好的隔音性能,室内配备黑板、桌椅、笔记本等,窗户上有窗帘,光线不宜太亮。东道主绝不允许在秘密会谈室内安装微型录音设备;己方在客场谈判使用秘密会谈室时,一定要提高警惕,防止泄密。

休息室是供谈判双方在紧张的谈判间隙休息用的。休息室应布置的轻松、舒适,室内最好布置一些盆景或鲜花,放一些轻松的音乐,准备一些茶点,以便调节心情,缓和气氛。

③谈判座位的安排

谈判中座位安排很有讲究,不同的座位安排对谈判气氛,对谈判各方在谈判过程中的内部交流和控制都有重要影响。谈判座位的安排要遵循国际惯例,讲究礼节。通常可以安排三种方式就座:

最常见的座位安排方式是谈判双方各居谈判桌一边,相对而坐,谈判桌一般采用长方形或椭圆形。这种座位安排方式的优点是双方相对而坐,中间有桌子相隔,有利于各方谈判人员内部信息交流和保密,同伴相互接近可以产生心理上的安全感和凝聚力,对谈判利于协调和控制;缺点是人为地造成双方对立,易形成紧张和冲突的谈判气氛,对融洽双方关系有不利的影响,需要运用语言、表情等手段缓和谈判气氛。

另一种座位安排的方式是谈判各方围绕着圆形谈判桌就座,能够很容易地看到每个参与谈判的人的脸,彼此感到气氛较为融洽,容易达成共识;缺点是不利于各方谈判人员内部协商沟通和信息保密,难以对谈判实施有效的控制。在圆桌上谈判不能乱坐,两个人在圆桌上谈判时,应当在中间空一个座位,这样既显得亲密,又各自的空间,不会让人不舒服;如果多人在圆桌上谈判,则应己方的人挨着坐,在营造和谐气氛的同时注意团队的合作和默契。

不就座或不设谈判桌也是一种座位安排方式,双方成员自由交换意见。这种方式适用于双边合作关系十分友好或持久的状况,且应限制在小范围内。不拘一格的谈判气氛有利于轻松友好地达成协议。不过,如果参加谈判的人数较多,所谈问题重要,或双方关系一般乃至对立,则不能采用这种座位安排方式。

(四)备选方案

在条件许可的情况下,谈判方案还应包含谈判备选方案。备选方案是对谈判方案的补充。当谈判情况发生较大变化或大大出乎己方的意料,而原来的谈判方案无法实施时,及时启动备选方案,是谈判最好的选择。有了备选方案,谈判时不至于准备不足而使己方陷入被动。

(五)模拟谈判

模拟谈判是指从己方人员中选出或指定某些人在尽量了解和掌握对方信息资料的基础上,扮演谈判对手的角色,从对方的立场、观点、条件、个性、心理等出发,与己方谈判人员展开谈判,预演可能的谈判过程,检验己方谈判方案的可行性。

模拟谈判可以使己方谈判人员获得实际性经验,提供实践能力和应变能力;模拟谈判过程是事先控制过程,有助于检查、修改和完善谈判方案,从而使谈判方案更具有可行性。

模拟谈判的主要方式是小组对抗,即组成代表对手的谈判小组与己方谈判小组模拟正式的谈判。它要求模拟小组成员必须具有专业知识、丰富经验和个人观点,才能使模拟谈判有声有色,真正起到检验己方谈判方案的可行性,找出其漏洞和解决办法的作用。

模拟谈判的另一形式是即兴讨论会。参加即兴讨论会的人也必须具有专门的知识、经验和看法。即兴讨论会要开宗明义地提出问题,广泛征求大家的意见,与会者畅所欲言,标新立异,百无禁忌。会议主持者将这些意见详细、完整地记录下来,仔细研究,择其有价值部分修订、补充己方的谈判方案。

[案例2—6]商务谈判方案实例

一、谈判主题

解决汽轮机转子毛坯延迟交货索赔问题,维护双方长期合作关系

二、谈判团队人员组成

主谈:张欣,公司谈判全权代表

决策人:林雨飞,负责重大问题的决策

技术顾问:沈佳,负责技术问题

法律顾问:刘云,负责法律问题

记录:赵一凡

三、双方利益及优劣分析

1. 我方核心利益

①要求对方尽早交货

②维护双方长期合作关系

③要求对方赔偿,弥补我方损失

2. 对方利益

解决赔偿问题,维护双方长期合作关系

3. 我方优势

我公司占有国内电力市场1/3的份额,若对方与我方无法达成合作将对其造成巨大损失。

4. 我方劣势

①法律上在有关罢工属于不可抗力范围这点上对对方极为有利,对方会据此拒绝赔偿。

②对方延迟交货对我公司已带来的利润和名誉上的损失。

③我公司毛坯供应短缺,影响恶劣,迫切与对方合作,否则将可能造成更大损失。

5. 对方优势

①法律优势:有关罢工属于不可抗力的规定。

②对方根据合同,由不可抗力发生的延迟交货行为不适用处罚条例。

6. 对方劣势

属于违约方,面临与众多签约公司的相关谈判,达不成协议将可能使其陷入困境。

四、谈判目标

1. 战略目标

体面、务实地解决此次索赔问题,重在减少损失并维护双方长期合作关系。

制定这一战略目标的原因是:让对方尽快交货远比向对方提出更多的索赔重要,因为我们迫切要求维护与对方的长期合作关系。

2. 索赔目标

(1)报价

①赔款:450万美元

②交货期:两月后,即11月

③技术支持:要求对方派技术顾问小组到我公司提供技术指导

④优惠待遇：在同等条件下优先供货
⑤价格目标：为弥补我方损失，向对方提出单价降5%的要求
(2)底线
①获得对方象征性赔偿，使对方承认错误，挽回我公司的名誉损失
②尽快交货以减少我方损失
③对方与我方长期合作

五、谈判程序及具体策略

1.开局阶段策略

(1)开局策略设计

方案一：感情交流式开局策略。通过谈及双方合作情况形成感情上的共鸣，把对方引入较融洽的谈判气氛中。

方案二：进攻式开局策略。营造低调谈判气氛，强硬地指出对方因延迟交货给我方带来的巨大损失，开出450万美元的罚款，以制造心理优势，使我方处于主动地位。

(2)提出对对方根据有关罢工属于不可抗力的规定拒绝赔偿的对策

①借题发挥的策略。认真听取对方陈述，抓住对方问题点进行攻击和突破。

②法律与事实相结合对策。提出我方法律依据，并对罢工事件进行剖析对其进行反驳。

2.磋商阶段策略

(1)红脸白脸策略。由两名谈判成员中的一名充当红脸，另一名充当白脸辅助协议的谈成，适时将谈判话题从罢工事件的定位上转移至交货期及长远利益上来，把握住谈判的节奏和进程，从而占据主动。

(2)层层推进、步步为营的策略。有技巧地提出我方预期利益，先易后难，步步为营地争取利益。

(3)把握让步原则。明确我方核心利益所在，实行以退为进策略，退一步进两步，进行迂回补偿，充分利用手中筹码，适当时可以退让赔款金额来换取其他更大利益。

(4)突出优势。以资料做支撑，以理服人，强调若与我方达成协议会给对方带来的利益，同时软硬兼施，暗示对方若与我方达不成协议将会对其带来巨大损失。

(5)打破僵局。合理利用暂停，首先冷静分析造成僵局原因，然后运用肯定对方形式、否定对方实质的方法解除僵局，即适时运用声东击西策略，打破僵局。

3.休会阶段。如有必要，可根据实际情况对原有方案进行调整。

4.最后谈判阶段

(1)把握底线、适时运用折中调和策略。严格把握最后让步的幅度，在适宜的时机提出最终报价，使用最后通牒策略。

(2)埋下契机。力争谈判中形成一体化谈判，以期建立长期合作关系。

(3)达成协议。明确最终谈判结果，出示会议记录和合同范本，请对方确认，并确立正式签订合同时间。

六、准备谈判资料

1.相关法律资料。相关法律文件包括：《中华人民共和国民法典》《国际合同法》《国际货物买卖合同公约》《经济合同法》等。

2.合同范本、背景资料、对方信息资料、技术资料、财务资料等。

七、制定应急预案

双方是第一次进行商务谈判,彼此不太了解。为了使谈判顺利进行,有必要制定应急预案。

1.对方承认违约,愿意支付赔偿金,但对赔偿50万美元表示异议

应对方案:就赔偿金额进行价格谈判,运用妥协策略换取在交货期、技术支持、优惠待遇等方面的利益。

2.对方使用权力有限策略,声称金额受限制,拒绝我方的提议

应对方案:了解对方权限情况,首先"白脸"据理力争,适当运用制造僵局策略,然后"红脸"再以暗示的方式揭露对方的权限策略,并运用迂回补偿的技巧或声东击西策略来突破僵局。

3.对方使用借题发挥策略,对我方某重要问题抓住不放

应对方案:可转移话题避免不必要的解释,必要时可点破对方的策略实质,并声明对方的策略影响谈判进程。

4.对方依据法律上有关罢工属于不可抗力的规定从而按照合同条款坚决拒绝赔偿

应对方案:应考虑到我方战略目标是减少损失,并维护双方长期合作关系,采取放弃赔偿要求,换取其他长远利益。

5.若对方坚持在"按照合同坚决拒绝赔偿"一点上不做出任何让步,且在交货期上也不做出积极回应,我方则要先突出对方与我方长期合作的重要性,并暗示与我方未达成协议对其将造成恶劣影响,然后发出最后通牒。

(资料来源:张翠英.商务谈判理论与实训.首都经济贸易大学出版社,2008.)

第三节 商务谈判的组织与管理

商务谈判是一项有目标、有计划、有组织的活动,必须依靠具体的谈判人员去实现,所以起决定作用的是谈判人员。要使谈判取得成功,不仅要选择高素质的谈判人员,组建一支优秀的谈判队伍,还要对谈判队伍进行有效的管理,发挥团队力量提高谈判队伍的战斗力。因此,商务谈判离不开周密的组织和科学的管理。

一、谈判人员的素质

谈判人员的素质是指从事谈判的人的思想品德、心理素质、知识结构、工作能力和身体素质的总和。谈判人员的素质直接影响到整个谈判过程的发展,最终影响到谈判双方利益的分割。谈判人员的素质是决定谈判结果的关键因素。

(一)思想品德

高尚的思想品德是一个谈判人员必须具备的首要条件。它包括三方面:

1.忠于职守,遵纪守法,坚决维护国家和企业的利益

谈判人员是作为特定组织的代表出现在谈判桌前的。商务谈判人员不仅代表企业的利益,而且还肩负着维护国家利益的责任和义务。因此,忠于职守,廉洁奉公,坚决维护国家和企业的利益是谈判人员必须具备的首要条件。作为谈判人员,首先在思想上要自觉站在国家和企业的立场上,严守企业机密,决不能见钱眼开,收受贿赂,出卖国家和企业的利益。

商务谈判的内容和过程往往涉及许多法律和政策,商务谈判必须在国家法律、法规和政策所允许的范围内进行。否则,双方达成的协议将没有法律效力,得不到国家的应有保护。所以谈判人员必须树立正确的法制观念,严格遵守国家的法律和政策,这是谈判顺利进行,实现谈判目标的前提条件。

2.具有团队精神和合作的思想

商务谈判多为集体谈判,每一方都是由几个人组成的小组或团队。参加谈判的人员,无论是谈判队伍的负责人,还是团队的其他成员,都必须具有团队精神和合作的思想。集体的利益高于个人的利益。谈判组织的成员除负责好分内工作以外,还必须齐心协力,一致对外,为己方在谈判中争取更多的利益。否则,即使不出现内部摩擦,也会造成每个人孤军奋战,被对手轻松地一一击破的局面,使团队削弱甚至丧失谈判的力量,损害国家和企业的利益。

3.具备良好的职业道德,讲究礼、诚、信

谈判人员还应该具备良好的职业道德。谈判职业道德可以简单概括为三个字:礼、诚、信。礼是礼貌待人,尊重对方,与人为善,这是谈判基本的职业道德,也是谈判人员的基本素质要求之一。诚是诚心实意,光明正大,遇到问题时要光明磊落,不损人利己、嫁祸于人,不损公肥私、中饱私囊,全心全意地为己方企业服务。信是言而有信,言必行、行必果,绝不信口开河,轻言

寡信,自相矛盾。

(二)心理素质

谈判过程不是一帆风顺的,往往会遇到各种对抗、阻力和挫折,也会发生各种突变,谈判人员只有具备良好的心理素质,才能承受住各种压力和挑战,取得最后的成功。商务谈判人员应具备的良好心理素质主要是三心——自信心、耐心、诚心。

1. 自信心

自信心是谈判人员应具备的最重要的心理素质。所谓自信心,是指谈判人员相信自己的实力和能力,相信集体的智慧和力量,相信谈判双方的合作意愿和光明前景。自信心是谈判人员充分施展自身潜能的前提条件。缺乏自信心往往是商务谈判遭受失败的重要原因。没有自信心,就难以勇敢地面对压力和挫折;面对艰难曲折的谈判,只有具备了必胜的信心,才能使谈判者百折不挠地走向胜利的彼岸。自信心的获得是建立在充分调查研究的基础上,建立在对谈判双方实力科学分析的基础上,而不是盲目的自信和唯我独尊。

2. 耐心

耐心是谈判者心理成熟的标志。耐心是谈判时抵御压力的必备心理素质和争取机遇的前提条件。在谈判较量中,谁缺乏耐心和毅力,谁就将失去谈判的主动权。有了耐心,可以控制自己的情绪,不被对手所牵制和影响,使自己能始终理智地把握谈判。有了耐心,可以有效地倾听对方的诉说,观察对方的举止行为和各种表现,获取更多的信息。耐心也是对付意气用事的谈判对手的策略武器,它能取得以柔克刚的良好效果。此外,当谈判陷入僵局后,一定要有充分的耐心以等待转机,谁有更大的耐心、更沉得住气,谁就可能在打破僵局后获得更多的利益。

3. 诚心

诚心不但是商务谈判的心理前提,也是商务谈判人员应具备的心理素质之一。谈判需要诚心,诚心是双方合作的基础,没有诚心,谈判是根本无法取得成功的。有了诚心,谈判者才能坦率地表明自己的立场和观点,赢得对方的信任和了解,真诚地与对方合作。要做到有诚心,在谈判中,对于对方提出的问题,要及时答复;对方的做法有问题,要适时恰当地指出;自己的做法不妥,要勇于承认和纠正;不轻易许诺,承诺后要履行诺言。诚心能使谈判双方实现良好的心理沟通,保证谈判气氛的融洽,建立良好的互信关系,提高谈判效率,使谈判顺利地进行。

(三)知识结构

商务谈判涉及的知识领域很广,不仅包括商务谈判的专业知识,而且还需要各种人文知识。因此,要求谈判人员要具有 T 型知识结构,即广博的知识面和纵深的专业知识。广博的知识面涉及文学知识、历史知识、法律知识、经济知识和社交礼仪知识等;纵深的专业知识是指商务谈判需要的各种业务知识,如市场营销知识、商品知识、法律和贸易惯例知识、财务知识以及商务谈判知识等。这些知识是谈判者工作能力的潜在基础,也是谈判人员素质的重要组成部分。

[案例2—7]

知识就是力量

法国是盛产葡萄酒的国家,外国的葡萄酒想打入法国市场是很难的。20世纪80年代,四川农学院留法研究生李华博士经过几年的努力，终于使中国葡萄酒奇迹般地打入了法国市场。可是，中国葡萄酒从香港转口时，港方要按照土酒征80%的关税、洋酒征300%的关税规定，中国的葡萄酒要按洋酒征税。

面对这一困境，李华沉稳地吟出了一句唐诗："葡萄美酒夜光杯，欲饮琵琶马上催。"并解释说，这是中国流传广泛的一句唐诗，从中说明中国唐朝就能生产葡萄酒了。唐朝距今1300多年了，英国和法国生产葡萄酒的历史要比中国晚几个世纪，怎能说葡萄酒是洋酒呢？李华用一句唐诗驳得港方哑口无言，只好承认葡萄酒按土酒征税。

（四）工作能力

谈判人员应具备的工作能力有以下方面：

1.洞察能力

敏锐的洞察力是其他能力如分析力、判断力、想象力和预见力的基础。具有洞察力，才能及时地注意谈判形势的细微变化，捕捉到有价值的谈判信息；才能敏锐地观察对方的言谈举止，探测对方的真实意图；才能根据谈判的内外部环境和主客观条件正确判断谈判的发展趋势。

2.决策能力

决策能力是谈判人员比较重要的一种能力。谈判人员必须熟悉谈判的情况，根据形势的变化，抓住时机，对交易条件果断地作出正确决策，促成谈判顺利进行。特别是当谈判就交易的内容和条件充分磋商讨论后，进入拍板阶段，是成交还是拒绝，需要谈判人员迅速地作出决策。决策能力不单单是人的某一方面的能力的表现，从某种程度上说，它是人的各种能力的综合体现。它是建立在人们观察、分析和思考的基础上，运用推理和判断作出决断的能力。谈判人员必须有意识、有目的地培养和锻炼各种能力，促进决策能力的发展。

3.社交能力和表达能力

谈判是一种重要的社交活动。谈判人员不仅仅要在谈判桌上行动，而且要参加各种社交场合，如宴会、舞会等，因此谈判人员要善于与不同的人打交道，灵活应对各种社交场合。谈判人员要有良好的个人形象，熟悉社交礼仪知识，掌握各种社交技巧，为谈判创造有利的条件。

谈判是一种语言的艺术。在谈判中，谈判者要口齿清楚，思维敏捷，语言准确严密，而且生动形象，富有感染力和说服力。谈判者必须非常娴熟地驾驭语言。优秀的谈判者能准确无误地表达自己的思想和观点，使对方正确领悟所要传递的信息。优秀的谈判者应当精通语言，通过语言的感染力来强化谈判的艺术效果，将谈判升华为一门艺术。

4.逻辑思维和判断能力

面对错综复杂的谈判形势，特别是谈判对手故意掩盖或混淆有关问题时，谈判人员要发挥逻辑思维和判断能力，拨开表面的现象和细枝末节的问题，抓住谈判的主要矛盾不放，向谈判目标迈进。在既定的客观条件下，如何正确地分析研究谈判对手的实力、谈判策略和谈判心理，以及在谈判中提出的每一项建议和要求；如何发挥己方的优势，避开不利的因素，争取谈判的优势，这一切都需要谈判者具备较高的逻辑思维和判断能力。

5.组织协调和应变能力

谈判是一项需要密切配合的集体活动，每一个成员都有不同的分工和作用，这就需要协调内部成员的观点分歧，统一思想，一致对外，发挥团队的合力优势。谈判中会发生各种突发事件和预料之外的情况,面对突变的谈判形势,谈判人员必须要冷静地思考,快速地分析形势变化的原因,正确地作出判断,调整谈判的战略战术,以控制谈判的局势。

6.创新能力

谈判人员要具备丰富的想象力和创造力,勇于开拓创新,拓展商务谈判的新思路和新模式,创造性的提出新的谈判方法和谈判方案。

(五)身体素质

谈判是一项既消耗体力又消耗脑力的人类活动。无论谈判者拥有多么丰富的知识,多么出色的谈判能力,没有健康的身体都无法胜任谈判工作。事实上,谈判的复杂性和艰巨性也要求谈判者必须有一个良好的身体做基础。在谈判中,只有精力充沛、体魄健康才能适应心理紧张、思维活跃、注意力高度集中的谈判工作,也才能顺利地完成谈判。

总之,一名优秀的谈判人员必定具备上述的多种素质和能力。弗雷德·查尔斯·艾克尔在其《国家如何进行谈判》一书中写道:一个完美的谈判者,应该心智机敏,且具有无限耐心;能巧言掩饰,但不欺诈行骗;能取信于人,而不轻信于人;能谦恭节制,但又刚毅果断;能施展魅力,而不为他人所惑;拥巨富,藏娇妻,而不傲。

二、谈判小组的组织

商务谈判是一项非常复杂的活动。它所涉及的知识领域包括商业、贸易、金融、技术、法律等多方面的内容,它所处的环境是错综复杂、瞬息万变的,需要谈判者收集和研究各种信息资料,这些都是个人的精力和能力难以胜任的。因此,在大多数情况下,商务谈判采用小组谈判。小组谈判不仅涉及谈判人员的选择,更重要的是涉及谈判队伍的组织问题。

(一)商务谈判人员的配备

小组谈判的好处在于可以组织许多具备不同知识和能力的人参与谈判,分工合作,扬长避短,发挥团队的力量。从国内国际的贸易实践来看,根据谈判需要的知识,一般情况下,商务谈判应配备以下人员:

1.商务人员。由熟悉商业贸易、市场行情、价格形势的贸易专家担任。商务人员要负责合同条款和价格条件的谈判,整理和确定合同文本,负责商业贸易的对外联络工作。

2.技术人员。由熟悉生产技术、产品标准和科技发展动态的工程师担任。技术人员负责生产技术、产品性能、质量标准、产品验收和技术服务等问题的谈判,也可为商务谈判中的价格决策做技术顾问。

3.财务人员。由熟悉财务会计业务和金融知识,具有较强的财务核算能力的财会人员担任。主要职责是对谈判中的价格核算、支付条件和支付方式、结算货币等与财务相关的问题把关。

4.法律人员。由精通各种经济贸易的法律和法律执行事宜的专职律师或人员担任。职责是做好合同条款的合法性、完整性和严谨性的把关工作,也负责涉及法律方面的谈判。

5.翻译人员。由精通外语、熟悉业务的专职或兼职翻译担任。主要负责口头和文字翻译等双方的沟通工作,配合谈判运用语言策略。在涉外商务谈判中,翻译的水平将直接影响到谈判双方的有效沟通和磋商。

上述几类人员应尽量选择全能型的专家,即不仅精通自己本领域的知识,还通晓商务谈判所需的其他领域的知识。商务谈判还可根据实际需要配备一些辅助人员,如记录人员记录整个谈判过程,但是人员数量要适当,要与谈判规模和谈判内容相适应,尽量避免不必要的人员设置。

(二)组建谈判小组和人员配备的原则

谈判是一个艰难的讨价还价过程,它需要全体谈判人员的共同参与和合作。谈判小组组建不合理,往往会给谈判带来负面影响。

1.根据谈判项目的需要确定谈判人员的数量

组建谈判小组,首先要考虑的是人数问题。如果谈判小组人数过多,协调难度就会增加;谈判小组人数过少,又会疲于应付,对谈判不利。谈判小组由多少人组成,一般是根据谈判项目的大小、难易和重要程度来确定。

当谈判项目所涉及的问题相对容易解决时,谈判队伍人数可以适当减少,甚至可以是一对一谈判;当谈判项目内容复杂、技术性强,重要程度和难度相对较大时,谈判人数可以适当增加。

2.根据谈判分工合作的特点配备谈判人员

谈判小组应当由哪些人组成,是非常重要的问题。由于商务谈判往往涉及多方面的专业知识,仅靠某些方面的专家难以取得较好的效果。因此,配备谈判人员,既要有通晓全面知识的企业管理者,还要有具备不同领域专业知识的各种专业人员,以及翻译和记录等辅助人员。各种人员分工合作,协调一致,这样才能组成一支强有力的谈判队伍。

3.考虑谈判成员在性格和能力上的互补性

组建谈判小组时,应当考虑到具体成员在能力上的互补性。善于逻辑思维的人和善于发散思维的人组成谈判搭档,既可以减少谈判中的失误,又有利于对方案进行调整,或提出新的合作模式。此外,有些人善于表达,有些人善于观察,有些人善于思考,安排恰当的人组合,使他们在能力上互补,往往会产生一加一大于二的效果。

现实生活中,人们的性格千差万别。有些人冷漠固执,有些人和蔼可亲;有些人亢奋激动,有些人沉着冷静;有些人谦逊随和,有些人争强好胜;有些人敏感多疑,有些人客观理智;有些人老于世故,有些人坦诚率直。有着不同性格的人组成团队参加谈判,可以有效地避免单个成员某些性格上的弱点,使谈判顺利完成。

总之,一个合格的谈判小组应该是谈判成员之间知识互补、个性协调、分工明确、合作统一的谈判团队。谈判专家根据影响谈判小组规模的因素和谈判实践经验,一般认为3~5人组成一个谈判小组比较合适。当然,这只是就一般情况而言的。无论什么样的谈判,归结到一点就是要求谈判小组既能实现谈判目标,又必须高效率完成谈判工作。

三、谈判队伍的分工与配合

在挑选了合适的谈判人员,组成了谈判小组后,就要对谈判小组的成员进行分工,明确各自的任务和职责,而且,还要确定他们之间的配合关系,做到协调一致。具体地讲,就是要确定谈判小组负责人、主谈人、辅谈人和场外人员以及他们之间的配合关系。

1. 谈判小组负责人

谈判小组负责人是直接领导和管理谈判队伍的人,一般由企业高层管理人员或某方面的专家担任。谈判小组负责人应具有较全面的知识、较强的组织管理能力和果断的决策能力,具备一定的权威地位;其职责是组建和管理谈判队伍,制订谈判方案,总管谈判进程,全面实现谈判目标。谈判负责人不一定是主谈人,但也有权发言,其内容可以是补充主谈人的论述,也可以独立回答或驳斥对方;职位一般比主谈人略高,表达能力可比主谈人略差,但决策和领导能力应比主谈人强。

2. 主谈人

主谈人是场内谈判代表,是谈判桌上的主要发言人,也是现场谈判的组织者。所谓主谈是指在谈判的某一阶段,或针对某一个或几个方面的议题,由他为主进行发言,阐述己方的观点和立场。主谈人一般应精通商务或其他业务,有娴熟的谈判技能,知识广博,思维敏捷,表达能力强,善于随机应变。其职责是将事前本方研究的谈判目标和策略在谈判桌上组织实施,并根据临场的变化和己方事先的安排及时对谈判策略进行调整。一般的谈判应确定一名商务主谈和技术主谈,商务谈判主谈人一旦确定,则己方的意见、观点等应由主谈人一人来表达,以一个口径对外,其他成员不能随意发表个人意见或与主谈人不一致的观点。

谈判负责人和主谈人都是重要的谈判组织者(前者在谈判桌下,后者在谈判桌上),当这两个角色由不同的人担任时,两者的配合非常重要。原则上,整个谈判小组的所有活动应由谈判负责人负责,如谈判前谈判方案的制订,谈判桌上协助主谈人实现谈判方案,谈判后组织分析和总结,及时向上级汇报和请示等。主谈人在方案准备过程中,应服从谈判负责人的领导,其主要职责是每场谈判的主要发言人,谈判桌上的组织者,也是预定方案的执行者。无论出现什么情况,在谈判桌上,两者要互相尊重,不得任意越俎代庖。谈判负责人要尊重主谈人在谈判桌上的指挥权和组织权,若无十分明显的错误,谈判负责人不应草率否定主谈人的论述;同时,主谈人要接受谈判负责人的领导,对谈判负责人提出的干预性意见应表示尊重。二者绝不可在谈判桌上相互抨击或发泄不满。

3. 辅谈人

辅谈人也是场内谈判代表,通常不充当本方的发言人,只是作为谈判的参与者发挥其协助作用。其职责是在谈判中回答主谈人的咨询,提供信息和参考意见,详细记录谈判双方的主要情节,协助主谈人完成谈判任务。协谈人应该是与本次谈判有关的某一方面的专家,知识面广,专业功底深厚,对问题的理解力强,善于分析和判断。

在谈判桌上,主谈人和辅谈人应分工明确,配合默契。当主谈人发言时,辅谈人应自始至终给予支持。这种支持可以是口头上的附和,如"对、没错、正是这样"等,或者是动作姿态上的赞同,如目视主谈人点头等。辅谈人的赞同和附和对主谈人是一种非常有力的支持,会大大加强主谈人说话的力量和可信度。相反,主谈人讲话时,其他成员东张西望,心不在焉,或者坐立不安,交头接耳,这些无疑会削弱主谈人讲话的力量,破坏己方的整体形象。

4. 场外人员

场外人员主要是指主管该项谈判业务的企业领导,以及谈判队伍中不上谈判桌,但要为谈判准备资料的人员。其职责是指导、支持和配合场内谈判代表在谈判桌上的工作,做好谈判的有关准备,直至完成预定的谈判目标。

[案例2—8]

主谈和辅谈的配合

法国某公司向我国某企业出售某种类型计算机的生产技术。中方主谈人要求法公司将每个品种的技术费用标价,法公司拒绝,认为难以分开。中方主谈人又从技术规格入手,要求法公司解释各品种的生产工艺及结构差异,提出"中方公司不了解产品的生产工艺和结构差异,如何购买呢?"这时,一名辅谈人说:"我们不清楚贵产品的技术规格,我们怎能向上级汇报?上级也不会批准这个合同。"

某大学(买方)与一软件公司(卖方)就教学软件的价格进行谈判时,买方的主谈人说:"我们学校预算是有限的,如果你们坚持这个价格,我们只好放弃了。"而这时买方另一人立刻用提醒的口吻说:"如果不买,下学期学生就无法上课使用了,市教委可能还要把这项经费收回去呢。"

谈判桌上不主张民主。主谈是谈判小组与对方进行谈判意志和力量较量的代表者,己方的一切重要观点和意见都应由主谈表达,特别是一些关键的评价和结论更需主谈阐述,辅谈决不能轻易谈个人意见或与主谈不一致的观点。辅谈应自始至终地支持和配合主谈。

实训项目:拟订商务谈判计划书

一、实训目的

掌握商务谈判前期的信息准备的内容和信息收集的方法,制定商务谈判计划书。

二、实训背景资料

长沙真彩办公用品有限公司是一家专业经营文具办公、日常生活用品。先后与家乐福、沃尔玛、新一佳、步步高等一些极具信誉和实力的连锁卖场、百货公司建立了合作关系。并成为长沙市政府采购中心文具办公、生活用品指定供应商。主要服务对象为各百货公司、机关、学校、医院、企事业单位及各厂矿公司。已先后为湖南省内各百货公司、省委、工商局、税务局、湘雅医院、涉外学院等几十家机关及公司供应文具办公等用品。公司本着"让价格说话、用质量发言、靠诚信诠释"的经营理念,一直为提供优质的服务和高质量的产品而不懈努力。主营产品:文具;办公用品;生活用品;清洁用品;一次性用品;鞋套机;办公文具;主营行业:组合文具;考勤机;打印、复印纸;办公文教用品。假如你是长沙真彩办公用品有限公司的销售经理,你已经被委派去完成公司的下一个重点开发的目标市场——广东省办公用品市场。今天你是第一次去和广州百货股份有限公司谈判,你的老板急于希望你能拿下这次的订单,这样就意味着你们公司已经正式进入到一个新的市场。由于你们公司在这个省内还从未销售过,完全是新市场,所以公司就把最低的底价给你了,无论如何,你不能低于这个价:复印纸每盒8元,回形针每盒0.48元,橡皮每块0.70元,打字机色带每个10.40元,笔记本每1.20元,运输费每项0.03元。最近你公司的产品曾出现过一些质量问题,你们计划明年在质量上有所改善。你希望能签到一个4~5年的合同。当然,你也有权签订低于此年限的合同。

三、实训要求:请模拟长沙真彩办公用品有限公司谈判代表,拟写一份商务谈判计划书。

谈判在开始之前,每一方都要认真地做好谈判的准备工作。商务谈判的准备工作主要包

括三个方面:谈判信息的调研、谈判方案的制订和谈判队伍的组织。谈判前信息的调研集中在三个方面:知情、知彼和知己,即应分别了解和掌握谈判环境、谈判对手和己方的信息,据此判断谈判双方实力的强弱,制订切合实际的谈判方案。

谈判方案是谈判人员在收集和分析有关谈判信息资料的基础上,对谈判目标、谈判议程、谈判策略、谈判人员等所做的设计和规划。谈判方案是指导谈判人员行动的具体纲领。谈判方案的主要内容有谈判目标、谈判人员、谈判策略、谈判议程、模拟谈判和备选方案等。其中谈判议程是谈判方案的重要内容,分为通则议程和细则议程两种,前者由谈判双方共同使用,后者供己方使用。谈判议程的内容涉及谈判时间、谈判地点和谈判议题等谈判事项。谁掌握了议程的设置权谁就掌握了谈判的主动权。

商务谈判的组织与管理包括选择高素质的谈判人员,组建一支优秀的谈判队伍,还要对谈判队伍内部成员确定分工和配合关系。一名优秀的谈判人员应具备高尚的思想品德、良好的心理素质、T型知识结构、出色的工作能力和健全的体魄等多项素质。根据谈判需要的知识,商务谈判应配备商务人员、技术人员、财务人员、法律人员和翻译人员等。一个合格的谈判小组应该是谈判成员之间知识互补、个性协调、分工明确、合作统一的谈判团队。谈判专家一般认为3~5人组成一个谈判小组比较合适。谈判队伍的分工与配合是确定谈判小组负责人、主谈人、辅谈人和场外人员以及他们之间的配合关系。

基 本 概 念

谈判信息→谈判方案→谈判目标→谈判议程→通则议程→细则议程→模拟谈判小组负责人→主谈人→辅谈人

思 考 题

1. 谈判对手是谈判前重点调研的对象,如何调研谈判对手的信息?
2. 如何判断谈判双方谈判实力的强弱?
3. 论述谈判方案的内容和谈判议程的内容。
4. 一个优秀的谈判人员应具备哪些素质和能力?
5. 较大型的商务谈判队伍应配备哪些人员?谈判队伍内部如何进行分工和配合?

❖ 案例分析题

案例1 奥迪汽车

20世纪80年代我国准备开拓轿车生产,以赶上世界轿车技术的发展。1986年,国家批准第一汽车制造厂(以下简称"一汽")生产轿车的计划。厂领导经过研究认为首先要解决发动机制造技术,在这方面比较领先的是美国克莱斯勒汽车公司,于是决定由耿昭杰带领一个考察团去美国考察。

考察团到达美国后立即去克莱斯勒公司参观。克莱斯勒公司非常热情,他们早已获悉"一汽"要生产轿车的信息,因此,总裁亚柯卡亲自带领一大批高级技术人员向中方详尽解释各种发动机的性能与造型。经过比较和讨论,考察团选中了一种轻轿结合的发动机与克莱斯勒公司谈判。由于双方都非常希望能做成这笔交易,因此谈判比较顺利,很快签署了从克莱斯勒公司引进这种发动机技术和生产线的协议。在考察中,考察团对克莱斯勒公司的轿车车身也很感兴趣,因为那种车身比较长,比较气派,跑起来相当稳当,坐在里面很舒适。考察团言定回去商讨后再来谈判引进车身问题,克莱斯勒公司承诺给予优惠。

不久,"一汽"即开始克莱斯勒汽车发动机的试生产。这种发动机功率大,耗油相对较小,技术上使人相当满意。耿昭杰决定尽快引进克莱斯勒的轿车车身,他委派代表团再去底持律。然而克莱斯勒公司的接待虽然仍很热情,但谈判桌上的态度却完全不同于上次,他们提出的输出条件非常苛刻,要价也异乎寻常的高昂。克莱斯勒公司知道,他们的发动机与他们的车身是适配的,"一汽"既已用了他们的发动机,就不可能不使用他们的车身。因此,他们有待无恐,想在这次交易中大捞一把。自然,这次谈判双方僵持不下,很不愉快。无奈之下代表团回国。克莱斯勒公司认为,"一汽"要搞轿车,迟早还会来找他们。

"一汽"真的进退两难:进吧,美国人卡着,没有合适的车身;退吧,克莱斯勒的发动机已经在生产,损失将是很大的。正当山穷水尽疑无路的时候,德国大众汽车公司闻讯以参观的名义前来寻求机会。董事长哈思博士在参观中对"一汽"所具备的生产条件颇为赞叹,与"一汽"人的自豪感十分吻合。在融洽的气氛中,耿昭杰试探性地提出轿车车身生产问题,哈恩立刻接过话头,表示愿意为克莱斯勒发动机量身定制一个合适的车身。

哈恩回去后不到1个月就打电话给耿昭杰,车身已经完成,并装上了克莱斯勒发动机。大众公司的认真和效率显示了他们与"一汽"合作的诚意,耿昭杰立刻让代表团飞赴德国朗堡大众汽车公司。此时,美国方面也得到了消息,赶紧放下姿态,向一汽提议和解。他们大大降低了要价和各项交易条件,企图把一汽拉回到他们一边来。

根据赴德代表团的汇报和克莱斯勒公司的最新提案,耿昭杰会同领导班子其他成员,对美、德两方的技术、交易条件、合作诚意等方面进行了综合分析与评估,最后决定选择德国大众汽车公司为合作伙伴,并把"一汽"生产的这种轿车正式定名为"奥迪"。

两年以后,奥迪轿车走上市场,随即风靡中国。

(资料来源:龚荒.商务谈判与沟通—理论、技巧、案例.中国工信出版集团,2018.)

◇问题:结合案例阐述商务谈判中信息准备工作的重要性

案例2 中海油参与并购优尼科的得与失

2005年初,美国第九大石油公司优尼科挂牌出售。这家公司在泰国、印尼、孟加拉等亚洲国家拥有良好的油气区块资源。近年来优尼科由于经营不善等原因导致连年亏损,并申请破产。

优尼科挂牌后,中海油有意对优尼科进行收购。同时对此表示出浓厚兴趣的还包括壳牌、戴文能源公司和西方石油公司在内的国际石油巨头们。

3月,中海油开始与优尼科高层接触。并向优尼科提交了"无约束力报价"。优尼科当时的市值还不到百亿美元,但很快,国际原油价格飙升,优尼科股价迅速上涨,中海油内部对这一收购看法出现分歧。在中海油意见还没有统一之时,美国第二大石油公司雪佛龙4月宣布以160亿美元加股票的形式收购优尼科,收购计划包括25%的现金(44亿美元)、75%的股票交换,以及接收优尼科的16亿美元债务。

6月10日,美国联邦贸易委员会批准雪佛龙的收购计划,此时,中海油失去了第一次竞购机会。

但是,根据美国法律规定,该交易还需要美国证券交易委员会(SEC)批准,只有在批准之后优尼科董事会才能向股东正式发函,在此后 30 天由全体股东表决。实际上,中海油还有最后一次机会,即在发函之前提出新的收购方案,若被优尼科董事会认可,就有收购成功的可能。

7月 20 日,优尼科董事会决定接受雪佛龙公司加价之后的报价,并推荐给股东大会。据悉,由于雪佛龙提高了报价,优尼科决定维持原来推荐不变。

对此,中海油深表遗憾。但中海油认为 185 亿美元的全现金报价仍然具有竞争力,优于雪佛龙现金加股票的出价。中海油表示:为了维护股东利益,公司无意提高原报价。2005 年 8 月 2 日,中国海洋石油有限公司宣布已撤回其对优尼科公司的收购要约。此时中海油报价仍然超出雪佛龙公司目前竞价约 10 亿美元。

从有关方面获得的信息显示,一家美国民意调查公司,每天抽样调查 500 位美国人对收购优尼科的反映。其中 3 天的调查结果显示,绝大多数美国民众并不知道中海油,甚至很多人也不知道优尼科,原因是优尼科的资产主要在海外,在美国影响有限。在抽样调查中,当受访者被问道"是否同意将优尼科出售给中国"时,52%的人反对,仅有 12%的人支持;当继续被问道"如果这项并购将不会造成美国人失业"时,在加州 30%继续反对,47%的人转为支持。而全国反对的人为 35%,支持的人为 41%;调查员提出第三个问题"如果兼并后在美国的石油资源将继续供应美国"后,反对的人只剩下 20%,而支持者高达 60%。

尽管在美国民间中海油的支持率在增高,然而令众多国内外能源领域专家学者不解的是,在美国政府,本该是一个双赢的、简单的企业并购行为,却被无端政治化了。法国《解放报》发表的文章说,中国海洋石油总公司公开出价收购美国优尼科公司一事再次唤醒美国的反华阵线。一些国会议员已经提出应该以国家安全为由阻止这一收购行动。马里兰大学的一位经济学教授指责说:"中国人显然已经决定到美国投资。他们的目的是获取技术,扩大影响力并削弱反对他们的力量:他们是想腐蚀美国的政治制度。"

美国《纽约时报》发表的文章认为,大多数并购案都可以由价格来决定:出价最高的竞购者获胜。但从华盛顿的强烈反应来看,优尼科并购案可没有这么简单。如今,石油价格达到每桶 60 美元,能源储备日益升值,而美国也对自己的石油和天然气资源感到担心。优尼科公司的外国竞购者正是在这个时候意外出现的。与此同时,美国政府需要在贸易和货币问题上与中国合作,它对中国与日俱增的经济实力也感到越来越担心。

面对这些,中海油表示,这项交易不会对美国石油和天然气市场带来任何不利影响,因为优尼科在美国境内所生产的石油和天然气将继续在美国市场销售。优尼科在美国油气的产量只占全美石油和天然气消耗量的不到 1%。

其实,中国和美国的经济依存程度比通常想象的更高,根据美国海关统计,2004 年中美双边贸易额为 2314.2 亿美元,同比增长 28%,中国成为美国第五大出口市场,第二大进口市场。在全球化的今天,贸易使国家之间紧密融合,美国并不会因为阻止中海油的收购而得到什么特别的好处,所以中海油竞购优尼科不是对中国企业的考验,而是对美国政府智慧的考验。

◇问题:中海油在谈判前是否做好了充分准备?为什么?

第三章 商务谈判开局阶段

商务谈判经过前期的认真准备,组建好谈判队伍后,各参与方就开始面对面谈判了。谈判开局是整个谈判过程的开始,俗话说:"良好的开端是成功的一半",开局虽然没有涉及实质性交易条件的磋商,但它直接关系到谈判的未来发展。因此,商务谈判人员必须要重视开局阶段的工作,为谈判的成功奠定良好的基础。

第一节 商务谈判的开局

开局阶段也称非实质性谈判阶段,主要是指谈判双方进入具体交易内容的洽谈之前,彼此见面、互相介绍、寒暄以及就谈判内容和谈判事项进行初步接触的过程。

谈判开局是双方刚开始接触的阶段,是实质性谈判的序幕。谈判开局的好坏将直接左右整个谈判的格局和前景。开局阶段所占用时间较短,一般占总谈判时间的5%,讨论的内容除去阐明议题和有关程序外,大多与谈判的主题关系不大或根本无关。但是,这个阶段却很重要,因为开局阶段关系到各参与方的谈判诚意和积极性,关系到谈判的发展趋势。一个良好的开局将为整个谈判成功奠定坚实的基础。

一、开局阶段的基本任务

谈判开局拉开了整个谈判序幕,它对整个谈判的发展起着非常重要的作用。开局阶段的目标主要是对谈判程序和相关问题达成共识或交换意见;各方谈判人员互相沟通,创造友好合作的谈判气氛;表明各自的观点、愿望和立场,了解对方的情况、态度和需要,尽快掌握对方有关谈判的经验、技巧和风格方面的信息等,特别应注意摸清对方对谈判的期望利益,为实质性磋商做好准备。为实现以上目标,开局阶段的基本任务有三项:

(一)营造良好的谈判气氛

营造良好的谈判气氛是开局阶段的基本任务。每一次谈判都会有其独特的气氛,一般情况下,在谈判中会有一种谈判气氛处于主导地位并且贯穿整个谈判过程的始终。谈判气氛会直接影响谈判人员的情绪和行为方式,进而影响谈判的发展。谈判气氛受多种因素的影响,主要包括谈判的客观环境和谈判人员的主观因素。对于客观环境对谈判气氛的影响,例如谈判面临的经济、政治和市场形势,谈判时的时间、场所和突发事件等,谈判各方应该在准备阶段就要考虑到,尽可能营造有利于谈判的环境气氛。发挥谈判人员的主观能动性来营造良好的谈判气氛是开局阶段的一项重要任务。谈判气氛的形成一般是通过各方谈判人员的相互介绍、寒暄,以及各方接触时的服饰、仪表、言行等方面来实现的。

开局初期通常也称为破冰期。谈判各方抱着各自的立场和目标走到一起进行谈判,心理上是小心、戒备和紧张的,这时谈判极易出现冲突和僵持。开局阶段各方谈判人员相互熟悉、了解,随意谈一些题外的轻松话题,消除戒备和紧张的心理,营造一种平和、轻松和自然的气氛,有助于谈判的顺利进行。

[案例3—1]

美丽的亚美利加与17.8℃

1972年2月,美国总统尼克松访华,中美双方将要展开一场具有重大历史意义的国际谈判。为了创造一种融洽和谐的谈判环境和气氛,中国方面在周恩来总理的亲自领导下,对谈判过程中的各种环境都做了精心而又周密的准备和安排,甚至对宴会上要演奏的中美两国民间乐曲都进行了精心的挑选。在欢迎尼克松一行的国宴上,当军乐队熟练地演奏起由周总理亲自选定的《美丽的亚美利加》时,尼克松总统简直听呆了,他绝没有想到能在中国的北京听到他如此熟悉的乐曲,因为,这是他平生最喜爱的并且指定在他的就职典礼上演奏的家乡乐曲。敬酒时,他特地到乐队前表示感谢,此时,国宴达到了高潮,而一种融洽而热烈的气氛也同时感染了美国客人。一个小小的精心安排,赢得了和谐融洽的谈判气氛,这不能不说是一种高超的谈判艺术。

美国总统杰弗逊曾经针对谈判环境说过这样一句意味深长的话:"在不舒适的环境下,人们可能会违背本意,言不由衷。"英国政界领袖欧内斯特·贝文则说,根据他平生参加的各种会谈的经验,他发现,在舒适明朗、色彩悦目的房间内举行的会谈,大多比较成功。

日本首相田中角荣20世纪70年代为恢复中日邦交正常化到达北京,他怀着等待中日间最高首脑会谈的紧张心情,在迎宾馆休息。迎宾馆内气温舒适,田中角荣的心情也十分舒畅,与随从的陪同人员谈笑风生。他的秘书早饭茂三仔细看了一下房间的温度计,是"17.8℃"。这一田中角荣习惯的"17.8℃"使得他心情舒畅,也为谈判的顺利进行创造了条件。

(资料来源:吕晨钟.学谈判必读的95个中外案例.北京工业大学出版社,2005.)

(二)明确谈判的具体事项

谈判的具体事项主要包括:谈判人员、谈判目标、谈判计划和谈判进度。各方明确谈判的具体事项也就是协商谈判的通则议程。

1.谈判人员

谈判各方初次见面,首先要互相介绍参加谈判的人员,包括姓名、职务和谈判角色等情况。

这是各方开展谈判的必经程序。

谈判高手都有这样一个共同的信念：不要与没有决定权的人进行谈判！因为如果对方谈判代表没有足够的授权，当己方让对方让步时，对方就会以权力有限为借口拒绝让步，而为了使谈判有所进展，己方只好先让步，这样谈判下来，己方就会损失很大的利益。不具备实权的谈判代表的重要任务在于争取对方的让步。因此在谈判开始时，确知对方谈判代表的权限非常重要，谈判者应该要求和有足够决定权的人谈判。

相反，己方代表反而不要被授予全权。一般而言，己方谈判代表被授予有限权力和被授予全权相比，前者更能创造出优势。因为，己方代表就可以名正言顺地向对方说"不"，因为未授予全权，往往迫使对方只能根据己方代表的权限来考虑本方的让步幅度，这无形中提升了己方的相对优势，使己方占据了主动权。

2.谈判目标

谈判各方人员相互介绍、熟悉后，接下来就要明确本次谈判要达到的目标，这个目标应该是各方共同追求的合作目标。

3.谈判计划

谈判计划即谈判的议程安排，主要包括议题的确定和各方人员必须遵守的纪律和履行的义务等。

4.谈判进度

谈判进度即谈判的时间安排，是指会谈前预计的洽谈速度。

（三）开场陈述

谈判各方陈述各自的观点和愿望、己方期望的利益和谈判的立场，同时阐明己方对本次谈判的理解，即己方认为谈判应涉及的问题及其性质，以及各方提出解决问题的方案和建议。陈述内容主要包括：己方的立场和利益、己方对本次谈判的理解、己方对对方提成的方案和建议的回答。陈述的目的是使谈判各方彼此理解对方对本次谈判内容所持有的立场、观点和愿望，明确本次谈判的主题，统一各方的认识。陈述既要体现一定的原则性，又要体现合作性和灵活性。

通过开场陈述，发现和探测对方的目标、意图以及可能的让步程度。因此，开局阶段也被称为摸底阶段。通过摸底，可以大致了解对方对该次谈判的诚意和合作意向，获悉对方的利益和立场所在，为以后的讨价还价做好准备。

二、商务谈判气氛

所谓谈判气氛，是指谈判各方通过各自所表现的言行、态度等而建立起来的谈判氛围，是各方人员进入谈判场所的方式、表情、言行等一系列有声和无声的信号在谈判人员大脑中迅速的反映。它可以被每个谈判人员感觉到，并影响着每个谈判人员的心理、情绪和态度，从而引发相应的行为反应。形成谈判气氛的关键时间是非常短暂的，各方一经接触，谈判气氛就开始形成，并引导整个谈判进程的整体谈判气氛的变化和发展。谈判各方在洽谈以前的非正式见面以及洽谈过程中的交锋都会对谈判气氛产生影响，但开局谈判气氛却是最重要的，它奠定了整个谈判的基调。

任何商务谈判都是在一定的气氛下进行的。每一场谈判都有其独特气氛：有的是冷淡的、对立的;有的是积极的、友好的;有的是平静的、严谨的;有的是简洁明快、节奏紧凑、速战速决;有的是咬文嚼字、慢条斯理、旷日持久。不同的谈判气氛对谈判的影响不同,一种谈判气氛可在不知不觉中把谈判推向某个方向:比如:热烈的、积极的、合作的气氛会把谈判朝着达成一致协议的方向推进,而冷淡的、对立的、紧张的气氛会把谈判推向更为严峻的境地。因此,在谈判一开始,营造出一种合作的、诚挚的、轻松的、认真的和解决问题的气氛,对谈判可以起到十分积极的作用。

(一)谈判气氛的类型

谈判开局气氛对整个谈判过程起着相当重要的影响和制约作用。可以说,哪一方如果控制了谈判开局气氛,那么,在某种程度上就等于控制住了谈判对手。根据谈判气氛的高低,可以把商务谈判的开局气氛分为高调气氛、低调气氛和自然气氛。

1. 高调气氛

高调气氛是指谈判情势比较热烈,谈判双方情绪积极、态度主动,愉快因素成为谈判情势主导因素的谈判开局气氛。通常在下述情况下,谈判一方应努力营造高调的谈判开局气氛:己方占有较大优势,价格等主要条款对自己极为有利;双方有过业务往来,关系很好;双方谈判人员个人之间关系友好;己方希望尽早与对方达成协议。在高调气氛中,谈判人员往往只注意到自己的有利方面,而且比较乐观地看待谈判前景,因此,高调气氛可以促进协议的达成。

营造高调气氛通常有以下几种方法:

(1)感情攻击法。感情攻击法是指通过某一特殊事件来引发普遍存在于人们心中的感情因素,并使这种感情迸发出来,从而达到营造气氛的目的。

[案例3—2]

我有了一个大胖儿子

中国一家彩电生产企业准备从日本引进一条生产线,于是与日本一家公司进行了接触。双方分别派出了一个谈判小组就此问题进行谈判。谈判那天,当双方谈判代表刚刚就座,中方的首席代表(副总经理)就站了起来,他对大家说:"在谈判开始之前,我有一个好消息要与大家分享。我的太太在昨天夜里为我生了一个大胖儿子!"此话一出,中方职员纷纷站起来向他道贺。日方代表于是也纷纷站起来向他道贺。整个谈判会场的气氛顿时高涨起来,谈判进行得非常顺利。中方企业以合理的价格顺利地引进了一条生产线。

这位副总经理为什么要提自己太太生孩子的事呢?原来,这位副总经理在与日本企业的以往接触中发现,日本人很愿意板起面孔谈判,造成一种冰冷的谈判气氛,给对方造成一种心理压力,从而控制整个谈判,趁机抬高价码或提高条件。于是,他便想出了用自己的喜事来打破日本人的冰冷面孔,营造一种有利于己方的高调气氛。

(2)称赞法。称赞法是指通过称赞对方来削弱对方的心理防线,从而焕发出对方的谈判热情,调动对方的情绪,营造高调气氛。称赞对方要选择那些对方最引以自豪的,并希望己方注意的目标,而且称赞方式一定要自然,不要让对方认为是在刻意奉承他,否则会引起其反感。

[案例3—3]

喝茶

东南亚某个国家的华人企业想要为日本一著名电子公司在当地做代理商。双方几次磋商均未达成协议。在最后的一次谈判中,华人企业的谈判代表发现日方代表喝茶及取放茶杯的姿势十分特别,于是他说到:"从××君(日方的谈判代表)喝茶的姿势来看,您十分精通茶道,能否为我们介绍一下?"这句话正好点中了日方代表的兴趣所在,于是他滔滔不绝地讲述起来。结果,后面的谈判进行得异常顺利,那个华人企业终于拿到了他所希望的地区代理权。

(3)幽默法。幽默法是指用幽默的方式来消除谈判对手的戒备心理,使其积极参与到谈判中来,从而营造高调谈判开局气氛。

(4)问题挑逗法。问题挑逗法是指提出一些尖锐问题诱使对方与自己争议,通过争议使对方逐渐进入谈判角色。这种方法通常是在对方谈判热情不高时采用,有些类似于"激将法"。但是,这种方法很难把握好火候,在使用时应慎重一些,要选择好退路。

2. 低调气氛

低调气氛是指谈判气氛十分严肃、低落,谈判的一方情绪消极、态度冷淡,不快因素构成谈判情势的主导因素。通常在下面这种情况下谈判一方应该努力营造低调的谈判开局气氛:本方有讨价还价的砝码,但是并不占有绝对优势;合同中某些条款并未达到本方的要求,如果本方施加压力,对方会在某些问题上做出让步;双方有过业务来往,但合作不愉快。低调气氛会给谈判双方都造成较大的心理压力,在这种情况下,哪一方心理承受力弱,哪一方往往会妥协让步。因此,在营造低调气氛时,已方一定要做好充分的心理准备并要有较强的心理承受力。

营造低调气氛通常有以下几种方法:

(1)感情攻击法。这里的感情攻击法与营造高调气氛的感情攻击法性质相同,即都是以情感诱发作为营造气氛的手段,但两者的作用方向相反。在营造高调气氛的感情攻击中,是激起对方产生的积极的情感,使得谈判开局充满热烈的气氛;而在营造低调气氛时,是要诱发对方产生消极情感,致使一种低沉、严肃的气氛笼罩在谈判开始阶段。

(2)沉默法。沉默法是以沉默的方式来使谈判气氛降温,从而达到向对方施加心理压力的目的。注意这里所讲的沉默并非一言不发,而是指本方尽量避免对谈判的实质问题发表议论。

(3)疲劳战术。疲劳战术是指使对方对某一个问题或某几个问题反复进行陈述,从生理和心理上疲劳对手,降低对手的热情,从而达到控制对手并迫使其让步的目的。一般来讲,人在疲劳的状态下,思维的敏捷程度下降,容易出现错误,热情降低,工作情绪不高,比较容易屈从于别人的看法。

(4)指责法。指责法是指对对手的某项错误或礼仪失误严加指责,使其感到内疚,从而达到营造低调气氛,迫使谈判对手让步的目的。

[案例3—4]

迟到

中国某公司到美国采购一套大型设备。中方谈判小组人员因交通堵塞耽误了时间,当他们赶到谈判会场时,比预定时间晚了近半个小时。美方代表对此大为不满,花了很长时间来指责中方代表的这一错误,中方代表感到很难为情,频频向美方代表道歉。谈判开始以后,美方代表似乎还对中方代表的错误耿耿于怀,一时间弄得中方代表手足无措,无心与美方讨价还价。等到合同签订以后,中方代表才发现自己吃了一个大亏。

3. 自然气氛

自然气氛是指谈判双方情绪平稳,谈判气氛既不热烈,也不消沉。自然气氛无须刻意地去营造,许多谈判都是在这种气氛中开始的。这种谈判开局气氛便于向对手进行摸底,因为,谈判双方在自然气氛中传达的信息往往要比在高调气氛和低调气氛中传送的信息要准确、真实。

当谈判一方对谈判对手的情况了解甚少,对手的谈判态度不甚明朗时,谋求在平缓的气氛中开始磋商是比较有利的。

谈判气氛并非一成不变的。在谈判中,谈判人员可以根据需要来营造有利于己方的谈判气氛。但是,谈判气氛的形成并非完全是人为因素的结果,客观条件也会对谈判气氛有重要的影响,如,时间、天气情况、突发事件等。因此,在营造谈判气氛时,一定要注意外界客观因素的影响。谈判气氛直接作用于谈判的进程和结果,不同的谈判气氛可能会导致不同的谈判效果。因此,对于谈判者来说,不但应明确谈判气氛在谈判中的重要性,而且还必须懂得如何在谈判过程中建立一个良好的气氛去影响谈判的顺利进行。

(二)建立良好开局气氛的方法

1.营造轻松的谈判环境

谈判环境的好坏直接影响谈判的气氛。谈判地点要根据谈判的需要、谈判各方的协商来选择主场、客场或中立地。一般来说,对于重要的谈判最好争取在己方主场进行;一般性或需要到对方那里实地考察的谈判,可选择对方所在地谈判;一些特殊情况,可选择在某一中立地谈判。

谈判场所最好选一个幽静、外界干扰少的地方。房间大小适当,桌椅摆设整齐,光线充足,室内布置要温馨、舒适,令人心情愉快。谈判桌根据谈判实际情况可选方形、圆形,也可不设谈判桌,谈判各方可分开而坐,也可交叉而坐,座位间距要适当,要有利于形成一种亲密的交谈气氛。

2.塑造良好的个人形象

谈判气氛形成的时间很短,谈判双方一见面接触,谈判气氛就基本形成,并且将会延续下去,一般不会改变。为此,谈判者要做的第一件事就是要获得对方的好感,良好的个人形象是获得对方好感的重要因素。塑造良好的个人形象主要从服饰、仪容、言行和心态入手。在服饰上,谈判人员一般以穿西装为主,要和谈判环境、谈判者的个人情况以及职业相协调,总的要求是整洁美观、大方得体。在仪容上,要精力充沛、热情大方、整洁俊美,使人乐于接近,具有较强的魅力。在言行上,要幽默文雅,举止得体、礼貌待人,具有很强的感染力。在心态上,要自信平和,既要真诚对待对方,也要积极进取。

3.选择轻松的、非业务性的中性话题入题

在开局阶段,谈判各方不要直接进入实质性内容的磋商,而要选择一些轻松的中性话题作为过渡。这些话题一般与业务无关,容易引起谈判人员的感情共鸣,有利于创造和谐的气氛。中性话题的内容有:谈判所在地的天气情况或风土人情、文体新闻、个人业余爱好等。

总之,为了在开局阶段顺利建立良好的谈判气氛,谈判人员除了应该做到上述几点外,还须注意下列事项:

第一,进入会场时,以开诚布公、友好合作的姿态出现。

第二,在握手及第一次目光接触时,要表现出真诚、热情和自信。

第三,在谈判过程中,行为要适当得体,说话要幽默文雅,不快不慢,以理服人。

第四,在"开场白"阶段,最好是站着交流,其内容最好以沟通思想、建立友谊为目的,不要过早地将话题转入实质性问题。

第五,不要过早地对对方的特点、意图形成固定的看法,应随着谈判向实质性阶段的过渡而作出更深入的分析。同时,即使在开始阶段未能建立满意的气氛也不应灰心,须知良好的气氛也可以在实质性问题的谈判过程中形成,所以应力争在实质性谈判阶段予以弥补。

三、开局阶段的注意事项

谈判开局除了应完成营造良好的谈判气氛、明确谈判的具体事项和开场陈述三大任务之外,谈判人员还要注意以下事项:

1. 要注意观察对方,获取对方的各种信息为己所用

商务谈判不但要在谈判准备阶段收集对方的信息,而且也要在谈判进行过程中直接收集对方的信息,特别是对方谈判人员的个人信息。开局时,双方面对面接触,谈判者要注意观察对方,通过对方的言谈举止、姿态表情等观察和分析对方,了解对方谈判人员的性格、态度、经验和谈判风格等各方面的情况,并据此采取应对策略,用自己的方式给对方施加影响,将这种影响贯穿谈判的整个过程。谈判人员的经验和能力可以通过其言行反映出来。如果在寒暄时,对方不能应付自如,瞻前顾后,优柔寡断,或是锋芒毕露,赤膊上阵,那么很显然,他是一个新手;相反,如果一见面,对方从容自如,侃侃而谈,并设法探测对方的目标和实力,那么他肯定是一位行家里手。所以谈判者要留心观察对方的言谈举止,发现其蕴含的信息,据此采取相应的对策。

2. 要根据谈判双方的关系和实力对比营造有利于己方的谈判气氛和采取正确的开局策略

在开局阶段,谈判策略的实施一般是营造一个有利于己方和谈判顺利进行的谈判气氛,而刻意营造某一谈判气氛其实就是在实施某一谈判策略,因此营造谈判气氛和实施开局策略在本质上是一致的。

如果双方在过去有过业务往来,且关系很好,那么这种友好的关系应作为双方谈判的基础,在这种情况下,开局阶段的气氛应是热烈、真诚、友好和轻松愉快的;如果双方有过业务往来,但关系一般,那么开局的目标是要争取创造一个比较友好、和谐的气氛;如果双方过去有过一定的业务往来,但己方对对方的印象不好,那么开局阶段的气氛应是严肃、凝重的;如果双方过去并没有业务往来,那么第一次的交往应力争创造一个真诚、友好的气氛,以淡化和消除双方的陌生感以及由此带来的戒备心理,为后面的实质性谈判奠定良好的基础。

如果双方谈判实力相当,为了防止一开始就强化对手的戒备心理和激起对方的对立情绪,以致影响实质性谈判,在开局阶段,仍然要力求创造一个友好、轻松、和谐的气氛;如果己方谈判实力明显强于对方,为了使对方能够清醒地意识到这一点,并且在谈判中不抱过高的期望值,从而产生威慑作用,同时,又不至于将对方吓跑,在开局阶段,既要表现得礼貌友好,又要充分显示出己方的自信和气势;如果己方谈判实力弱于对方,为了不使对方在气势上占上风,从而影响后面的实质性谈判,在开局阶段,一方面要表示出友好,积极合作;另一方面也要充满自信,举止沉稳,谈吐大方,使对方不至于轻视我们。

3. 掌握正确的开局方式,避免一开局就陷入僵局

谈判开局的过程往往是首先大家见面,相互介绍,彼此问候和寒暄几句,接着选择一些中性话题聊聊,以增进了解和和谐气氛,然后过渡到谈判主题。开局切忌过分闲聊,离题太远,话题应相对集中于谈判的目的、计划、速度和谈判人员这四个方面。最为理想的开局方式是以轻松、愉快的语气先谈一些双方容易达成一致意见的话题。比如,"咱们先确定一下今天的议题,如何?""先商量一下今天的大致安排,怎么样?"这些话题从表面上看好像无足轻重,但这些要

求往往最容易引起对方肯定的回答,因此比较容易创造一种"一致"的感觉。如果能够在此基础上悉心培养这种感觉,就可以创造出一种"谈判就是要达成一致意见"的气氛,有了这种"一致"的气氛,双方就能比较容易地达成互利合作的协议。同时,容易达成一致意见的话题可以避免一开局就陷入僵局。如果对方开局一开始就谈实质性问题,这时,己方要善而待之,巧妙地避开他的话题,把对方引到谈判目的、人员和计划等基本内容上来,这样双方就不容易发生很大的分歧。总之,谈判者应有意识地创造出一种"一致"的感觉,以免造成开局即陷入僵局的局面,为谈判的顺利进行创造条件。

第二节 商务谈判开局策略

谈判既是各参与方相互磋商、实现友好合作的过程,也是各方斗智斗勇,在谈判实力、谈判素质和能力等方面展开全面较量的过程。在商务谈判过程中,谈判人员为实现特定的谈判目标而采取的各种技巧、手段、措施、方式和战术通称为商务谈判策略。商务谈判既具有科学性,又具有艺术性,谈判策略的运用和效果是商务谈判艺术性集中体现,也是衡量谈判人员综合素质和能力高低的重要标准。

商务谈判策略按照商务谈判的步骤可分为开局策略、磋商策略、终结策略。商务谈判开局策略是谈判者谋求谈判开局有利形势和实现对谈判开局的控制而采取的行动方式或手段。营造适当的谈判气氛实质上就是为实施谈判开局策略打下基础。商务谈判开局策略一般包括以下四个策略:

一、协商式开局策略

协商式开局策略是指以协商、肯定的语言进行陈述,使对方对己方产生好感,创造各方对谈判的理解达成共识的感觉,从而使谈判各方在友好、愉快的气氛中展开谈判工作。

协商式开局策略比较适用于谈判各方实力比较接近,各方过去没有商务往来的情况。第一次接触,都希望有一个好的开端。要多用外交礼节性语言、中性话题,使各方在平等、合作的气氛中开局。比如,谈判一方以协商的口吻来征求谈判对手的意见,然后对对方意见表示赞同或认可,各方达成共识。要表现充分尊重对方意见的态度,语言要友好礼貌,但又不刻意奉承对方。姿态上应该是不卑不亢,沉稳中不失热情,自信但不自傲,把握住适当的分寸,顺利打开局面。

二、坦诚式开局策略

坦诚式开局策略是指以开诚布公的方式向谈判对手陈述自己的观点或意愿,尽快打开谈判局面。

坦诚式开局策略比较适合各方过去有过商务往来,而且关系很好,互相了解较深。开局时可以将这种友好关系作为谈判的基础,真诚、热情地畅谈过去的友好合作关系,适当地称赞对方在商务往来中的良好信誉。由于各方关系比较密切,可以省去一些礼节性的外交辞令,坦率地陈述己方的观点以及对对方的期望,进一步使对方产生信任感。

坦诚式开局策略有时也可用于实力不如对方的谈判者。己方实力弱于对方,这是各方都了解的事实,因此没有必要掩盖。坦率地表明己方存在的弱点,可以使对方理智地考虑谈判目标。这种坦诚也表达出实力较弱一方不惧怕对手的压力,充满自信和实事求是的态度,这比"打肿脸充胖子"大唱高调掩饰自己的弱点要好得多。

[案例3—5]

坦诚的党委书记

北京某区一位党委书记在同外商谈判时,发现对方对自己的身份持有强烈的戒备心理。这种状态妨碍了谈判的进行,于是,这位党委书记当机立断,站起来很诚恳地对外商说:"我是党委书记,但也懂经济、搞过经济,并且拥有决策权。我们摊子小,实力不大,但人实在,愿意真诚与贵方合作。咱们谈得成也好,谈不成也好,至少你这个外来的'洋'先生可以交一个我这样的'土'朋友。"

三、谨慎式开局策略

谨慎式开局策略是指以严谨、凝重的语言进行陈述,表达出对谈判的高度重视和鲜明的态度,目的在于使对方放弃某些不适当的意图,以达到控制谈判的目的。

谨慎式开局策略适用于谈判各方过去有过商务往来,但对方曾有过不太令人满意的表现,己方要通过严谨、慎重的态度,引起对方对某些问题的重视。例如,可以对过去双方业务关系中对方的不妥之处表示遗憾,并希望通过本次合作能够改变这种状况;可以用一些礼貌性的提问来考察对方的态度、想法,不急于拉近关系,注意与对方保持一定的距离。这种策略也适用于己方对谈判对手的某些情况存在疑问,需要经过简短的接触摸底。当然慎重并不等于没有谈判诚意,也不等于冷漠和猜疑,这种策略正是为了使谈判更有成效而使用的。

四、进攻式开局策略

进攻式开局策略是指通过语言或行为来表达己方强硬的姿态,从而获得谈判对手必要的尊重,并借以制造心理优势,使谈判顺利进行下去。这种进攻式开局策略只有在特殊情况下使用,例如发现谈判对手居高临下,以某种气势压人,有某种不尊重己方的倾向,如果任其发展下去,对己方是不利的,因此要变被动为主动,不能被对方气势压倒。采取以攻为守的策略,捍卫己方的尊严和正当权益,使双方站在平等的地位上进行谈判。进攻式策略要运用得好,必须注意有理、有力、有节,不能使谈判一开始就陷入僵局。要切中问题要害,对事不对人,既表现出己方的自尊、自信和认真的态度,又不能过于咄咄逼人,使谈判气氛过于紧张,一旦问题表达清楚,对方也有所改观,就应及时调节一下气氛,使双方重新建立起一种友好、轻松的谈判气氛。

[案例3—6]

迟到

日本一家著名的汽车公司在美国刚刚"登陆"时,急需找一家美国代理商来为其销售产品,以弥补他们不了解美国市场的缺陷。当日本汽车公司准备与美国的一家公司就此问题进行谈判时,日本公司的谈判代表路上堵车迟到了。美国公司的代表抓住这件事紧紧不放,想要以此为手段获取更多的优惠条件。日本公司的代表发现无路可退,于是站起来说:"我们十分抱歉耽误了你们的时间,但是这绝非我们的本意,我们对美国的交通状况了解不足,所以导致了这个不愉快的结果,我希望我们不要再为这个无所谓的问题耽误宝贵的时间了。如果因为这件事怀疑到我们合作的诚意,那么,我们只好结束这次谈判。我认为,我们所提出的优惠代理条件是不会在美国找不到合作伙伴的。"日本代表的一席话说得美国代理商哑口无言,美国人也不想失去这次赚钱的机会,于是谈判顺利地进行下去。

不同内容和类型的谈判,需要有不同的开局策略与之对应。谈判开局策略的选择要受到谈判双方的关系和实力对比、谈判形势、谈判气氛营造等一系列因素的制约和影响,选择谈判开局策略,必须全面考虑这些因素,并且在实施时还要依据谈判经验对其进行调整。

实训项目：创造一个良好的开局气氛

一、实训目的

通过实训,学习运用营造谈判气氛的技巧,保证商务谈判的顺利进行。

二、实训内容

中国某公司到美国采购一套大型设备。中方谈判小组人员因交通堵塞耽误了时间,当他们赶到谈判会场时,比预定时间晚了近半个小时。美方代表对此大为不满,花了很长时间来指责中方代表的这一错误,中方代表感到很难为情,频频向美方代表道歉。谈判开始以后,美方代表似乎还对中方代表的错误耿耿于怀,一时间弄得中方代表手足无措,无心与美方讨价还价。等到合同签订以后,中方代表才发现自己吃了一个大亏。

(1)在中方和美方的谈判中,美方代表运用了何种方法来营造有利于他们的谈判气氛？

(2)假如您是中方的谈判代表,在美方代表指责己方时将如何应对呢？

三、实训要求

分成两个小组,模拟案例里的谈判情景,要求根据具体情况,尝试运用营造气氛的各种技巧。

本 章 小 结

开局是商务谈判整个过程中双方直接面对面接触的第一个阶段,因此开局好坏对谈判的顺利进行至关重要。开局阶段的基本任务主要有营造良好的谈判气氛、明确谈判的具体事项和开场陈述。谈判气氛有高调气氛、低调气氛和自然气氛三种,谈判者应主动利用谈判的客观因素和谈判人员的主观因素塑造有利于己方和促进谈判顺利进行的谈判气氛。谈判的具体事项包括谈判目的、谈判人员、谈判计划和谈判进度,开局话题应相对集中于这四个方面,有助于谈判双方达成一致意见,避免一开局就陷入僵局。开场陈述主要是谈判双方各自陈述己方的观点、立场、愿望和期望的利益,已达到彼此的理解。商务谈判开局策略主要包括协商式开局策略、坦诚式开局策略、谨慎式开局策略和进攻式开局策略。不同内容和类型的谈判,需要有不同的开局策略与之对应。

基 本 概 念

开局→谈判气氛→高调气氛→低调气氛→自然气氛→谈判策略→开局策略→协商式开局策略→坦诚式开局策略→谨慎式开局策略→进攻式开局策略

思 考 题

1.谈判开局阶段的基本任务是什么？简述其主要内容。

2.谈判气氛有哪几种类型？如何营造良好的谈判气氛？

3.谈判开局策略有哪几种类型？它们分别适应于什么谈判情况？

❖ **案例分析题**

案例 1　美日汽车贸易谈判

1994年，美国全年贸易逆差居高不下，约1800亿美元，其中，对日本的逆差居首位，达660亿美元，而这中间的60%的逆差来源于进口的日本汽车，日本汽车大量进入美国市场，1年约400万辆。于是就有了1995年美日汽车贸易谈判，美国谈判方认为，日本汽车市场不开放，而日方却认为本国政府未采取任何限制措施。

在谈判正式开始前，日本汽车制造业协会出钱在华尔街报纸做广告，广告标题是："我们能多么开放呢?"接着文字说明："请看以下事实：一、对进口汽车，零部件无关税；二、对美国汽车实行简便的进口手续；三、美国汽车免费上展台；四、销售商根据市场需求决定卖什么车。"之后，又总结出美国车在日本销售不好的原因：日本汽油昂贵，所以日本人只能买省油的小汽车，而美国出口的是大型车。广告最后得出结论："自由贸易才是成功之路。"日本汽车制造业协会事后做市场调查，看过报纸的美国人都认为日本讲得有道理，形成了良好的谈判气氛。

◇问题：日本汽车制造业协会在谈判前为什么在华尔街报纸做广告？

案例 2　代理人

李先生在报纸上看到一则出售房屋的广告，广告中要求有意购买者亲自去面谈。但是当李先生亲自出面时，却发现对方并非出售者本人，而是他指定的代理人。在这种情况下，李先生有三种选择：

①坚持与卖主本人谈判

②问该代理人是否为全权代理，是否不必征求卖主的意见

③以边谈边看的方式与代理人进行谈判

◇问题：试分析和评价这三种选择。

第四章 商务谈判磋商阶段（一）

商务谈判过程中的价格谈判,是谈判的核心环节,它直接关系到双方获得利益的多少,因此,谈判双方对其非常敏感和关注,价格成为商务谈判的核心议题。价格谈判实际上是谈判双方根据自己谈判实力的强弱平衡分割利益的过程。谈判双方首先进行初始报价和还价,之后经过多回合的讨价和还价,在此过程中双方使用各种策略和技巧,在不断的坚持和让步中,最终逐渐达到双方都可以接受的价格条件,谈判取得成功。

第一节 价格的内涵

所谓价格,是指商品价值的货币表现形式。根据价值规律,影响价格的因素主要有商品本身的价值和市场供求状况。价格是谈判双方最敏感的议题,成交价格的高低在很大程度上决定着买卖双方的利益得失。

一、价格的不同形式

商务谈判者不仅要了解影响价格高低的各种因素,还要善于正确认识和利用不同的价格形式。价格的不同表现形式对谈判双方的反应和达成协议具有不可忽视的影响。

1.实际价格和相对价格

实际价格是指现实市场中产品的实际标价,它反映了商品的价值和市场供求关系。相对价格是指商品的有用性和为买方带来的实际利益,它反映了商品的使用价值。

在价格谈判中,作为卖方,不让对方的注意力集中在商品的实际价格上,而应注重启发买方关注交易商品的有用性和能为其带来的实际利益,从而把对方的注意力吸引到相对价格上来。也就是说,不应该与对方单纯地讨论商品价格的高低,而应该强调对方所购买的是会满足其实际需求的某种价值。而作为买方,在尽量争取降低实际价格的同时,也要善于运用相对价格的原理,通过谈判设法增加一系列附带条件,来增加己方的实际利益。

在现实生活中,当消费者买一件衣服时,商家往往先不回答价格,而是让消费者试穿,试穿其实就是引导消费者将注意力集中到衣服的时尚和美观上来,这样消费者也就对实际价格不那么敏感了;而消费者则争取商家降价或打折,若争取不到,往往让商家提供赠品等其他条件。运用相对价格进行谈判,对于卖方和买方都有重要的意义,有助于为己方带来实际利益和谈判取得成功。价格谈判成功的关键往往在于正确地运用实际价格和相对价格的谈判技巧。

2.积极价格和消极价格

在日常生活中经常可以发现,一位老教授不肯花100元买一件新衬衣,但却愿意花100元买两本书;一位年轻人不肯花100元买两本书,但请朋友吃饭花了100元却不以为然。这说明,不同的人对同一商品的价格有积极反应和消极反应两种情况。对价格反应积极的、愿意接受的价格为积极价格,对价格反应消极的、不愿意接受的价格为消极价格。在上述例子中,前面的"不肯"是消极价格,后面的"愿意"是积极价格。积极价格导致价格便宜,消极价格导致价格昂贵。其实,价格高低,很难一概而论,同一价格,不同的人由于需求不同,会有不同的态度。一件商品越是能满足购买者的需求,他就会觉得这件商品越便宜;反之,如果对这件商品不满意,他会觉得这件商品越昂贵。

在商务谈判中,产品价格大都属于"消极价格",将消极价格向积极价格转化,是一种十分有效的谈判技巧。谈判中常常会有这样的情形,如果一方迫切需要某种货物,他就会把价格因素放在次要地位,而着重考虑交货期、品质和数量等。因此,商务谈判中尽管价格是核心,但绝不能只盯住价格,就价格谈价格,要善于针对对方的利益和需求,做好消极价格向积极价格的转化工作,赢得谈判的成功。

3.主观价格和客观价格

价格谈判中,买方往往追求"物美价廉",总希望商品越优越好,而价格越低越好,这就是主观价格。但实际上,如果真的"物美",势必"价高",否则,卖方就会亏本,甚至连简单的再生产也无法维持。这就是客观价格,即能够客观反应商品价值的价格。所以,在通常情况下,"物美价廉"是没有的,或少有的。现实交易的结果往往是:作为买方,一味追求"物美价廉"的主观价格,必然要与卖方"物美价高"的客观价格发生冲突,结果可能是谈判破裂或卖方暗地里偷工减料或以次充好,把"物美"变成了与"价廉"相对应的"物劣"。

在现实市场交易中,商品过于便宜有三种可能:

(1)对方计算失误。但是以后在项目实施过程中对方会偷工减料或以次充好。

(2)对方为了应付竞争故意报一个低价以取得该谈判项目。但是在取得该项目后,就可能把这部分损失从其他部分赚回来。

(3)对方屈服于己方。然而由于价格差异太大,最后实在没能力完成,只能赔偿或被罚款,看起来己方并没有吃亏,但事实上己方想做的事没做成,再重新由其他公司做,延误了时机,得不偿失。

对这三种可能的情况,商务谈判者要戒之。在商务谈判中,谈判者要遵循价值规律,恪守货真价实原则,作到主观价格和客观价格的统一,才能实现公平交易和互惠互利。

4.固定价格和浮动价格

商务谈判中的价格谈判,多数是按照固定价格计算的。其实,并不是所有的价格谈判都应当采用固定价格,尤其是在大型项目的价格确定上,采用固定价格与浮动价格相结合的方式很有必要。大型项目工程的工期一般持续时间较长,短则一两年,长则五六年甚至十年以上,有些原材料、设备到工程接近尾声才需要用，如果在项目谈判时就预先确定所有价格，显然是不合理的。一般而言，许多原材料的价格是随时间而变化的，工资通常也是一项不断增长的费用，此外有时还要受到汇率变动的影响等。因此，在项目投资比较大，建设周期比较长的情况下，分清哪些按照固定价格计算，哪些采用浮动价格，对交易双方来说，都可以避免由于不确定因素带来的风险；也可以避免由于单纯采用固定价格，交易一方将风险因素全部转移到价格中去，而致使整个价格上扬。

采用浮动价格，其涉及的有关参数，不是任意的，而多由有关权威机构来确定，因而，可以成为谈判各方都能接受的客观依据。这样，虽不能完全避免某些风险，但比单纯采用固定价格公平、合理得多。就浮动价格进行谈判，主要是讨论有关权威机构及有关公式的选用。

5. 综合价格和单项价格

在商务谈判中，特别是在综合性交易的谈判中，双方往往比较注重综合价格，即进行整体性的讨价还价，并常常出现互不相让的僵局，甚至导致谈判破裂。其实，此时可以改变一下谈判方式：将整个交易进行分解，对各单项交易进行逐一分析，并在此基础上进行单项价格的磋商。这样，不仅可以通过对某些单项交易的调整，使综合交易更加符合实际需要，而且可以通过对单项价格的进一步磋商，使综合价格更加合理化。例如，一个综合性的技术引进项目，其综合价格大都较高，采用单项价格谈判后，通过项目分解可以发现，只有其中的先进技术应予引进，有些则不必一味追求先进，引进某些适应的中间技术效果反而更好，其价格也低得多；同时，其中关键设备应予引进，一些附属设备可不必引进而可自行配套，因而其单项费用又可节省。这样，一个综合性的技术引进项目，通过单项价格谈判，不仅使综合项目得到优化，而且使综合价格大幅度降低。实践表明，当谈判在综合价格上出现僵局时，采用单项价格谈判，常常会取得意想不到的效果。

6. 主要商品价格和辅助商品价格

某些商品，不仅要考虑主要商品的价格，还要考虑其配件等辅助商品的价格。许多厂商的定价策略采用组合定价，对主要商品定价低，但对辅助商品却定价高，并由此增加利润。例如，某些汽车，整机价格相对较低，但零部件的价格却较高。使用这种汽车，当出现故障，需要维修和更换配件时，就要支付昂贵的费用。在打印机市场，打印机是主要商品，其价格非常低，很多商家推出了买PC甚至买墨盒赠送打印机的促销手段；而墨盒、硒鼓等耗材属于辅助商品，价格却非常高，多年来一直不变甚至提高。这些都说明，对于价格谈判，不仅要关注主要商品价格，也要关注辅助商品价格，包括配件和相关商品的价格。切不可盲目乐观，落入"价格陷阱"。

[案例4—1]

玉玺的价格

次日，策入见袁术，哭拜曰：父仇不能报，今母舅吴景，又为扬州刺史刘繇所逼。策老母家小，皆在曲阿，必将被害。策敢借雄兵数千，渡江救难省亲。恐明公不信，有亡父遗下玉玺，权为质当。术闻有玉玺，取而视之，大喜曰：吾非要你玉玺，今且权留在此。我借兵三千，马五百匹与你。平定之后，可速回来。你职位卑微，难掌大权。我表你为折冲校尉，殄寇将军，克日领兵便行。

玉玺是传国之宝，其价值无庸质疑。而孙策却仅将其标价三千人马，低价售出，是为何故？原因出于三千人马的背后。孙策购得三千人马不为消费，而是资本的再投入，三千人马可无限升值，直至打出东吴一片天下，其后才有三国鼎立之势。

二、谈判中对价格贵的理解

在谈判中,经常会遇到对方提出"价格贵,不能接受"的问题。因此,谈判人员应该正确理解"价格贵"的含义。"价格贵"有着不同的含义,在没有发现对方提出对价格反对意见的原因之前,谈判者不可能据理反驳,更不可能找出解决问题的恰当办法。下面是"价格贵"的具体原因:

1. 经济状况不佳导致价格太贵

对方提出总的经济状况不佳,难以接受己方的价格条件,这种说法很可能不是真正的原因。其真正的原因可能是目前的经济状况不好,或是欠缺支付能力,或是计划支付的资金有限。也许是对方认为己方在利用市场有利的条件迫使其订货,或者对方正盘算着要同其他商家谈谈试试。当然,如果经过仔细观察,发现对方确实是经济状况不好,那最好暂时放弃合作;如果对方称目前没有足够的现款,你可以主动建议使用分期付款等其他方式支付方式,以解决对方目前的困难。在这种情况下,对方仍不接受己方的价格,说明其在托词,否则对方会愉快地接受己方的建议。

2. 预算款项有限导致价格太贵

如果对方以预算款项有限解释价格贵的原因,这很可能是对方一种杀价的策略,不要上当。如果对方不准备以此价格来购买双方所谈的项目,说明己方还没有激发起对方获得这一产品的强烈愿望。

3. 对方的主观想法导致价格太贵

当对方主观地认为己方的出价太高时,己方一定要努力证明这个价格是合理的,动用大量的事实向对方解释,改变对方的看法,说服其接受己方的出价。

4. 片面地了解市场行情导致价格太贵

如果对方用一些同类产品及替代品的低廉价格与己方的价格相比较,己方要设法让对方明白己方产品的优点和能为其带来更多的利益,从而激发起购买的欲望。如果对方以己方竞争者的价格做比较,认为己方的价格不合理,己方应该解释清楚价格不同的原因,并指出对方在价格比较时忽略了某些方面,以及己方产品的优势。

5. 从前的价格导致价格太贵

由于现在的价格高于从前的价格,对方要求恢复原来的价格。对于这种压价,己方应该解释原材料和人工等费用全面上涨的情况,并指出现在的价格已经很低了,或者看在老关系的面上,在其他方面提供一些好处。

6. 习惯性压价导致价格太贵

很多谈判者一坐到谈判桌上,就对对方的价格下手,对他们来说,什么样的价格都是贵的,什么样的价格都应该往下降。面对这种情况,己方最好是不予理会,或将其视为玩笑,转移话题。

7. 试探价格的真假导致价格太贵

对方不清楚己方的价格是否有讨价还价的余地,因而使用这种方法进行价格试探。在这种情况下,价格在双方之间已经基本不是障碍了,对方只是在侥幸,在试探己方。如果己方以礼相待不为之所动,对方自然就不会再继续坚持。

三、价格谈判的原则

在实际价格谈判过程中,谈判人员一定要认识到商品的有用性(价值)是价格的后盾,商品能更好地满足对方的需求和为对方带来更多的利益是对己方的出价最有利的支持。谈判者应避免过早地提出或者讨论价格问题,无论是在什么时候或是由谁首先提出价格,谈判者都应提早或同时提出商品的价值问题。所以,先阐明价值,而后提出价格,这是价格谈判原则的中心思想。处理价格问题的原则是:

第一,己方要周详而认真地确定好交易商品的价格水平。要根据实际情况,合情合理,既要考虑价格能为己方带来多少利益,又要考虑对方接受这个价格的可能性;

第二,激发对方的需求欲望,设法使其相信己方所提供的产品正是他们所需要的,让对方产生购买欲望;

第三,运用相对价格的谈判技巧,使对方的注意力集中在产品的有用性和为其带来的实际利益上;

第四,根据洽谈的具体情况和对方的心理情况,待对方产生兴趣或询问价格时,巧妙地提出价格问题。

第二节 报价

报价是价格谈判的开始,也是商务谈判开局和磋商阶段的分水岭。所谓报价,不仅是指在价格方面的要求,而且包括价格在内的关于整个交易的各项条件,如商品的数量、品质、包装、装运、保险、支付、商检、索赔和仲裁等交易条件。报价是商务谈判的重要环节,交易条件的确立是以报价为前提的。报价不仅表明了谈判者对有关交易条件的具体要求,也集中反映了谈判者的需要和利益。而且,通过报价,谈判者可以进一步了解和分析彼此的意愿和目标,以便有效地引导谈判行为。

报价考虑的主要条件是市场行情和产品成本。而从竞争的角度来看,市场行情是谈判者报价的根本基础。如果报价适当,就会把对方的期望限制在一个特定的范围内,并有效控制交易双方的盈余分割,从而在之后的价格磋商中占据主动地位;反之,报价不当,就会助长对方的期望,甚至使对方有机可乘,己方陷入被动局面。

一、报价原则

在市场交易中,对于卖方来讲,希望自己所卖的商品价格越高越好;对于买方来讲,则希望自己购买的商品价格越低越好。但是,价格水平的高低,并不是由任何一方随心所欲决定的,它要受到市场供求和竞争以及谈判对手等多种因素的影响。在研究分析市场行情的基础上,报价一方应认真衡量对方的接受水平和条件,以便从中寻找双方的结合点。因此,谈判一方向另一方报价时,不仅要考虑报价所能获得的利益,还有考虑报价能否被对方接受的可能性。成功的报价应遵循的原则有:

(一)开盘价必须是最高价

最初的报价即开盘价。对于卖方来讲,开盘价必须是"最高价",相应地,对买方来讲,开盘价必须是"最低价",这是报价的首要原则。这是因为:

1.作为卖方来讲,开盘价实际上为谈判的最终结果确定了一个最高限度

一般情况下,开盘价一经报出,就不能再提高或更改了。在买方看来,卖方报出的开盘价无疑表明了他们追求的最高目标,买方将以此为基准要求卖方作出让步,最终双方成交的价格肯定是在此开盘价以下;反之,买方的报价也是这样的道理。

2.开盘价的高低会影响谈判对手对报价一方的评价,从而影响对手的期望水平

"一分钱,一分货"是多数人评价商品优劣的思想观念。产品价格的高低,不仅反映产品的质量水平,还与其市场竞争地位与销售前景等直接相关,买方会由此对卖方形成一个整体印象,并据此来调整或确定己方的期望值。一般来讲,开盘价越高,谈判对手对报价一方的评价越高,其期望值就越低。

3. 开盘价越高,让步的余地就越大

在价格谈判中,开盘价越高,能够为以后的讨价还价留下充分的回旋余地,使己方更加机动灵活,作出更为积极的反应,有助于掌握成交的时机。

4. 开盘价对于谈判者最终获得的利益具有不可忽视的影响

开盘价越高,就越有可能与对方在较高的价格水平上进行谈判,从而导致成交价也可能比较高,获得意想不到的收获。

[案例 4-2]

书写错误

某工会职员为一造酒厂的会员要求增加工资一事向厂方提出了一份书面要求,一周后,厂方约他谈判新的劳资合同。令他吃惊的是,一开始厂方就花很长时间向他详细介绍销售及成本情况,反常的开头叫他措手不及。为了争取时间考虑对策,他便拿起会议材料看了起来。最上面一份是他的书面要求。一看之下他才明白,原来是在打字时出了差错,将要求增加工资12%打成了21%。难怪厂方小题大做了。他心里有了底,谈判下来,最后以增资15%达成协议,比自己的期望值高了3个百分点。

(二) 开盘价必须合情合理

开盘价必须是最高价,但并不意味着可以漫天要价;恰恰相反,高的同时必须合情合理,必须能够讲得通才行。报价应该控制在合理的范围内。如果己方报价过高,又讲不出道理,对方会认为己方缺乏谈判的诚意,可能马上使谈判破裂,也可能提出一个根本令己方无法认可的还价,或者对己方报价中的不合理部分一一提出疑问,迫使己方不得不很快作出让步。在这种情况下,即使己方已将交易条件降到比较合理的水平,但对方仍然可能认为是极不合理的,因而穷追不舍,使己方陷入被动。因此,开盘价的提出,既要考虑己方能够获得的利益,又要兼顾对方能够接受的可能性。所以,在确定报价水平时,报价应该高到己方再也找不到提高价格的理由为止。

(三) 报价应该坚定、明确、完整

己方在报价时,应该坚定而果断,在言谈举止上不能表现出任何的犹豫和迟疑,这样才能给对方留下己方是认真而诚实的印象。谈判者必须认为己方的报价是合理的,否则己方报价很难坚定而果断,对方也不会认可。吞吞吐吐、欲言又止必然会引起对方的怀疑和不信任。报价还应该非常明确、完整。报价时所运用的词语要准确无误,言辞应恰如其分,不能模糊不清,以免对方产生误解。同时,报价不仅仅报出价格条款,还有一系列的交易条件都要清楚地提出,任何一点都不能遗漏,因为每一条交易条件都涉及双方的利益。必要时应向对方提供书面的报价单,如果是口头报价,也可适当地辅以某些书面材料,帮助对方正确理解己方的报价内容。

(四) 对报价不做任何主动的解释和说明

报价时不要对报价做任何主动的解释和说明,因为没有必要解释和说明己方合情合理的报价,对方肯定也会对己方的报价提出质询。在对方提出问题之前,如果己方主动进行报价解释和说明,不仅无助于增加己方报价的可信度,反而会由此而使对方意识到己方最关心的问题是什么,这无疑是主动泄密。

二、报价解释的原则

通常一方报价完毕后,另一方会要求对方进行价格解释,在解释时,应遵守以下原则:

1. 不问不答

不问不答是指对对方未提出的一切问题,都不要回答或解释。如果在对方提问之前,己方主动地加以说明,会使对方意识到这是己方最关心的问题,这种问题有可能对方尚未考虑到。如果对方提出问题,己方也只可以做简明的答复。过多的说明或辩解容易导致对方从中发现己方的破绽和弱点,让对方寻找到新的进攻点和突破口。

2. 有问必答

有问必答是指对对方提出的所有问题,都要一一作出回答,并且要很流畅地予以回答。否则,在回答问题时吞吞吐吐,欲言又止,极易引起对方的怀疑,甚至会提醒对方注意,从而穷追不舍。

3. 避虚就实

避虚就实是指对己方报价中比较实质的部分应多讲一些,对于比较虚的部分,或者说水分含量较大的部分,应该少讲一些,甚至不讲。

4. 能言不书

能言不书是指能用口头表达和解释的,就不要用文字来书写。因为当自己表达中有误时,口述和笔写的东西对自己的影响是截然不同的。有些国家的商人,只承认纸上的信息,而不重视口头信息,因此要格外慎重。

三、先报价

在商务谈判中,由哪一方先报价不是固定的,一般的商业习惯是发起谈判的一方通常先报价。报价的先后往往会对最后的结果产生重大影响。先报价有先报价的好处,也有其弊端。后报价也是如此。

(一)先报价的利

1. 先报价可以主动地扩大己方对价格的影响,它实际上为谈判划定了一个框架或基准线,最终谈判协议将在这个范围内达成。

2. 先行报价会在一定程度上影响对方的期望水平,进而影响到对方在随后各阶段的谈判行为。特别是如果报出的价格出乎对方的预料和期望值,往往会打乱对方原有的计划,甚至丧失追求自身合法利益的信念和决心。

总之,先报价在整个谈判过程中都会持续地发挥作用,因此,先报价比后报价的影响要大得多。

(二)先报价的弊

1. 当己方对市场行情和对方的意图没有充分了解时,对方可以根据己方提供的数据、材料和自己掌握的信息,调整自己的想法和报价,从而获得不曾想、不敢想或估计很难得到的种种好处。比如卖方报价电脑5000元/台,而买方事先准备的报价可能为6000元/台。这种情况下,在卖方报价后,买方马上就会修改其原来准备的报价条件,其报价水平肯定会低于5000元/台。那么对买方来说,后报价至少使他获得了1000元的利益,而这恰恰是卖方所失去的。

2. 先报价的一方由于过早地暴露了自己手中的牌,使自己处在明处,为对方从暗处组织进攻,逼迫先报价的一方沿着他们的思路谈下去创造了条件,其最常用的做法是:采取一切手段,调动一切积极因素,集中力量攻击己方的报价,逼迫己方一步一步地降价,而并不透露他们自己究竟肯出多高的价。

后报价也是有利有弊,从一定意义上来说,先报价的利弊正是后报价的弊利。

[案例4-3]

心中没数

有个跨国公司的高级工程师,他的某项发明获得了专利权。公司总经理表示愿意购买他的发明专利,并问他愿意以多少的价格转让,他对自己的发明到底值多少钱心中没数,心想能卖10万美元就不错了,可他的家人却事先告诉他至少要卖30万美元。因为一怕老婆,二怕总经理不接受,所以胆怯,一直不愿正面说出自己的报价,而是说:"我的发明专利在社会上有多大作用,能给公司带来多少价值,我并不十分清楚,还是先请您说一说吧!"这样无形中把球踢给了对方,让总经理先报价。

总经理只好先报价,"50万美元,怎么样?"这位工程师简直不相信自己的耳朵,直到总经理又说了一遍,才认识到这是真的,经过一番装模作样的讨价还价,最后以这一价格达成了协议。

(三)选择先报价的条件

一般情况下,先报价要比后报价更有利。但是先报价也有弊端,后报价也有优点,那么什么情况下选择先报价,什么情况下选择后报价呢?谈判者应视具体的情况选择报价先后的时机。

1. 谈判双方的实力对比

如果估计到双方的实力相当,谈判过程中双方较量会非常激烈,就应该先报价。在双方实力相当的谈判中,能否掌握谈判的主动权往往至关重要。先报价可以规定谈判的起点,并以此影响以后的谈判过程,己方一开始就占据主动,使谈判尽可能按照己方的意图进行。

如果己方的谈判实力强于对方,或者与对方相比,己方在谈判中处于相对有利的地位,那么,己方先报价有利。尤其是对方对本次交易的市场行情不太熟悉的情况下,先报价的优点就更大。因为这样可以为谈判划定一个基准线,同时,由于己方了解市场行情,还会适当掌握成交的条件,对己方无疑是利大于弊。

如果己方的谈判实力较弱,又缺乏必要的谈判经验,应该让对方先报价。因为这样可以通过对方的报价来了解对方的真实需求和利益所在,以便对己方的报价作出必要的调整。

2. 谈判人员的谈判经验

如果谈判双方人员都拥有丰富的谈判经验,那么彼此驾驭谈判活动的机会是较为均等的,谁先报价一般无碍大局。如果对方是谈判专家,而己方人员缺乏必要的谈判经验,则对方先报价可能对己方更为有利。因为在这种情况下,避免过早暴露己方的弱点,不使对方在一开始就向己方施加压力,同时,可以了解对方的真实需求和利益所在。如果对方是外行,那么不论己方人员是否拥有必要的谈判经验,先行报价都可能更为有利。因为先行报价可以对外行的对手产生较大的影响,在一定程度上支配和引导对方的谈判行为。

3.谈判双方对谈判信息的掌握程度

如果己方谈判准备工作做得很充分,对谈判信息收集和研究得很透彻,先行报价可能较为有利。如果己方对市场行情不太熟悉,先行报价需要的信息量不充分,宜后报价。

另外,如果谈判对方是老客户,双方有较长时间往来,彼此合作信任气氛浓厚,那么,谁先报价都无所谓。一般的商业习惯是,发起谈判的一方通常应先报价。在有些商务谈判中,报价的先后次序有一定的惯例,例如货物买卖谈判多是卖方先报价,买方还价;招标者与投标者之间应由投标者先报价。

四、典型的报价方式

报价方式就是报价一方提出交易条件的具体做法,包括交易条件的构成、提出交易条件的程序以及核心内容的处理等。在实际谈判中,谈判者必须要根据谈判的实际情况,尤其是特定的市场形势以及谈判双方之间的关系,灵活地确定报价方式。如果双方关系良好,又有较长时间的合作往来,报价就不易过高;如果双方处于激烈冲突的境地,那么,不高报价就不足以维护己方的合理利益;如果己方有多个竞争对手,那么就必须把报价压低到至少能引起对方注意的程度。在国际商务谈判中,有两种比较典型的报价方式,即西欧式报价和日本式报价。

1.西欧式报价

西欧式报价又称为高价报价方式。卖方首先提出留有较大余地的价格,然后根据买卖双方实力的对比和该笔交易的外部竞争状况,通过给予各种优惠,如数量折扣、价格折扣、佣金和支付条件方面的优惠(如延长支付期限、提供信贷优惠等)来逐步软化和接近买方的立场和条件,最终达到成交的目的。实践证明,这种报价方法只要能够稳住买方,往往会有一个不错的结果。这种报价方式普遍被欧美国家所采用。

2.日本式报价

日本式报价又称为低价报价方式。卖方将最低价格列在价格表上,以求首先引起买方的兴趣。由于这种低价格一般是以对卖方最有利的结算条件为前提条件的,并且,在这种低价格交易条件下,各个方面都很难全部满足买方的需求,如果买方要求改变有关条件,则卖方就会相应提高价格,因此,买卖双方最后成交的价格,往往高于价格表中的价格。这种报价方式多被亚洲国家采用。

日本式报价在面临众多外部竞争对手时,是一种比较艺术和策略的报价方式。因为一方面可以排斥竞争对手而将买主吸引过来,取得与其他卖主竞争中的优势和胜利;另一方面,当其他卖主败下阵来纷纷走掉时,这时买主原有的买方市场的优势不复存在了,原来是一个买主对一群卖主,谈判中优势显然在买主手中,而当其他卖主不存在的情况下,变成了一个买主对一个卖主的情况,双方谁也不占优势,从而可以坐下来细细地谈判,而买主这时要想达到一定的需求,只好任由卖主一点一点地把价格抬高才能实现。

避免陷入日本式报价圈套的最好做法就是,把对方的报价内容与其他客商的报价内容进行一一的比较,看看它们所包含的内容是否一样,从而判断其报价与其他客商的报价是否具有可比性。不可只看表现形式,不顾内容实质,而误入圈套。如果在对比中发现内容不一致,即从中判断其内容与价格的关系,不可盲目从事。需要指出,如果报价内容不具备直接的可比性,那就要进行相应的调整,使之具有可比性,然后再作比较和决策。切忌只注意最后的价格,在对其报价所包含的内容没有进行认真的分析、比较的情况下,匆忙决策,造成不应有的被动和损失。另外,即使某个客商的报价的确比其他厂商优惠,富有竞争力,也不要完全放弃与其他客商的接触与联系,要知道这样做实际上就是要给对方一个持续的竞争压力,迫使其继续作出让步。

实际上日本式报价和西欧式报价殊途同归,两者只是形式上的不同,而没有实质性的区别。日本式报价有利于竞争,而西欧式报价则比较符合人们习惯于价格由高到低逐步下降的买方心理。遇到日本式报价,一定要小心,谨防上当。

五、对待对方报价的策略

在对方报价时,要想正确理解对方完整的交易条件和掌握谈判的主动权,己方应该做到:

1.切莫干扰对方的报价,而应认真听取并尽力完整、准确、清楚地掌握对方报价的内容。许多人在报价时通常先提出价格条件,而把让步条件或优惠条件留到最后说,干扰对方的报价可能使对方省略让步条件或优惠条件,己方将得不到全部的报价内容。此外,作为一项社交原则,干扰对方讲话是非常不礼貌的,会令对方不满,对谈判气氛造成不良影响。

2.听完对方的报价后,应将己方对对方报价的理解进行归纳总结,并加以复述,以确认自己的理解准确无误。对某些不清楚的地方可以要求对方予以解答。

3.在对方报价完毕后,比较好的做法是:不急于还价,即使对方的报价极不合理,也不要马上予以全面回绝,而是要求对方对其价格的构成、报价依据、计算的基础以及方式方法等做出详细的解释,以此了解对方报价的实质、意图及其诚意,从中寻找对方的破绽和弱点。

4.在对方完成价格解释后,针对对方的报价,有两种行动选择:一是要求对方降价,二是提出自己的报价。一般来讲,第一种选择比较有利。因为这是对报价一方的反击,如果成功,可以争取到对方的让步,而己方既没有暴露自己的交易条件,更没有任何让步。

第三节 讨价还价

谈判一方报价后,另一方通常不会全盘接受,双方接着要经过一番讨价还价以达成一致,实现自己的谈判目标。这是商务谈判过程中最艰苦、最困难和交锋最激烈的阶段,因为它直接关系到双方的利益得失。讨价经常和还价一起交错进行,现实谈判中很难截然分开,因此,人们常常把讨价和还价放在一起讨论,称为"讨价还价"。

一、讨价

所谓讨价,是谈判一方对另一方的报价评估后,表示不能接受,提出让对方重新报价或改善报价的要求,也称为再询盘。谈判一方报价后,另一方比较策略的做法是不急于还价,而是要求对方进行价格解释。通过价格解释,寻找对方的破绽,从而进行讨价。

(一)讨价态度

讨价是伴随着价格评论而进行的,因此应本着尊重对方和以理服人的态度展开讨价活动。同时,讨价不是买方的还价,而是启发、诱导卖方自己降价,以便为己方下一步还价做准备。所以,讨价过程务必保持平和信赖的气氛,充分说理,以理服人,以求获得最大的利益。否则强硬地迫使对方降价,可能使谈判过早地陷入僵局,对己方也不利。

一般来说,在报价太离谱的情况下,卖方的价格解释总会有这样那样的矛盾,只要留心,就不难察觉,所以当己方以适当方式指出其报价不合理之处时,报价者大都会有所松动。例如,会以"我们再核算一下"、"我们与生产厂商再研究研究"或"这项费用可以考虑适当降低"等为托词,对报价有意做出改善。此时,即使价格调整的幅度不是很大,或者理由也不甚合乎逻辑,作为买方,也应该表示欢迎。而且,可以通过对方调整价格的幅度及其解释,估算对方的保留价格,确定下一步讨价和还价的策略和技巧。

(二)讨价的方法和过程

在价格谈判中,买方如何向卖方讨价,应讲究一定的方法和步骤,根据卖方的价格解释和态度确定讨价的策略。讨价可以分为下面三种方法:

1. 全面讨价

也称笼统讨价,是指从总体价格和条件的各个方面要求对方重新报价。通常用于对方报价后的第一次压价。

2. 分类讨价

将交易内容按照一定的标准分为若干类别或部分,对每一部分视具体情况要求逐一重新报价。通常用于较复杂的交易中对方第一次改善价格之后或不宜采取全面讨价方式的讨价。例如,全面讨价后,将交易内容按照价格的虚假程度分为水分大的、水分中等的、水分小的三部分,再分类讨价;或者针对不便全面讨价的,如技术贸易价格,可以按照具体项目分为技术许可基本费、技术资料费、技术咨询费、人员培训费和设备费等类别,然后再分类讨价。

3.针对性讨价

常用于在全面讨价和分类讨价的基础上,针对价格仍明显不合理和水分较大的个别部分作进一步讨价。

从讨价的步骤来看,一般第一阶段宜采用全面讨价法,要求对方从总体上改善报价,因为双方刚刚开始正面交锋,买方总喜欢从整体角度先笼统压价。第二阶段再按价格水分的大小采用分类讨价法。第三阶段针对性讨价进入具体内容,找出明显不合理、水分较大的项目,要求对方改善报价。需要说明的是,在按价格水分分类讨价时,一般成功的讨价规律是:先从水分最大的那一类讨价,再对水分中等的讨价,最后对水分小的讨价。否则,如果不区别对待,随意讨价,往往事倍功半。

(三)讨价次数

所谓讨价次数,是指要求报价方改善报价的有效次数,亦即讨价后卖方降价的次数。讨价作为要求改善报价的行为,买方希望越多越好,不过,所有的卖方都会坚守自己的价格立场。那么买方讨价多少次合适呢?这应根据价格分析的具体情况与卖方的价格解释以及价格改善的状况而定。只要卖方没有大幅度地明显让步,就说明他留有很大的余地;而且只要买方有诚意,卖方就会再次调整价格。

从心理因素来看,讨价一次,理所当然;讨价两次,可以理解;若再进行第三次讨价,卖方一般就不会再改善报价,通常以各种委婉的方式表示不能再让了,买方也会觉得不好意思。此时,买方不要被卖方的表现和心理因素所迷惑和左右。只要卖方没有实质性改善,买方就应根据报价的情况、虚头的大小、来人的权限、卖方成交的决心、双方的关系等,努力让对方改善报价,直至改善后的报价接近了己方的评价程度。

二、还价

还价以讨价为基础。卖方报价后,在经过一次或几次讨价之后,买方就要根据估算的卖方保留价格和己方的理想价格及策略性虚报部分,并根据既定的策略和技巧,提出自己的反应性报价,即作出还价。所谓还价,是指如果一方在先行报价或重新报价后,要求对方也表明交易立场,或者一方不满意对方的报价,报出己方的交易条件,也称为还盘。如果说,卖方的报价规定了双方价格谈判范围的一个边界的话,那么买方的还价将规定与其对立的另一个边界。这样,双方就在这两条边界所规定的区域内,展开激烈的讨价还价。

(一)还价的原则

还价的精髓在于"后发制人"。为此,买方就必须针对卖方的报价,并结合讨价过程,对己方准备做出的还价进行周密的筹划。在商务谈判中,要进行有效的还价就必须要遵循一定的原则。

1.还价要达到后发制人的目的,绝不是仅仅形成与对方报价的差异,而应力求给对方造成较大的压力和影响或改变对方的期望,同时,又应使对方有接受的可能。这是还价总的指导思想。

2.在还价之前,必须充分掌握对方报价的全部内容和真实意图,作出正确的分析和判断,从中发现对方报价中的弱点和突破口,以作为己方还价的筹码。在还价之前,买方应设法搞清楚对方报价中的条件哪些是关键的、主要的;哪些是附加的、次要的;哪些是虚假的或诱惑性的,甚至有的条件仅仅是作为交换的筹码而提出。只有把这一切搞清楚,才能提出科学的还价。

3.认真估算对方的保留价格和对己方的期望值,制定出己方还价方案的起点、理想价格和底线等重要目标。还价应掌握在双方谈判的协议区内,即谈判双方互为临界点和争取点之间的范围。超过此范围,谈判难以取得成功。

4.如果对方的报价超出谈判协议区的范围,与己方要提出的还价条件相差甚大时,不要草率地还价,而应先拒绝对方报价。必要时可以中断谈判,指出对方不合理的部分,让对方在重新开始时另行报价。

(二)还价的方式

按照谈判中还价的依据,还价方式可分为:

1.按可比价还价

指己方无法准确掌握所谈商品本身的价值,而只能以相近的同类商品的价格或竞争者商品的价格作参考进行还价。这种还价方式的关键是所选择的用以参照的商品的可比性及其价格的合理性,只有参照商品的可比性和价格合理,还价才能使对方信服。

2.按成本还价

指己方能算出所谈商品的成本,然后以此为基础再加上一定百分比的利润作为依据进行还价。这种还价方式的关键是所计算成本的准确性,成本计算得越准确,还价的说服力就越强。

按照谈判中还价的项目,还价又可分为三种方式:

1.总体还价

总体还价即一揽子还价,是对所谈标的物进行全面还价,只还一个总价。它是与全面讨价对应的还价方式。

2.分类还价

分类还价是指把交易内容划分成若干类别或部分,然后按各类价格中的含水量或各部分的具体情况逐一还价。分类还价是分类讨价对应的还价方式。

3.单项还价

指按所报价格的最小单位还价,或者对某个别项目进行还价。单项还价一般是针对性讨价对应的还价方式。

总的来说,不要轻易从总体还价,应从重新报价改善明显的部分,或差距小的部分,或金额小的部分先作还价。

(三)确定还价起点的原则

还价能否起到后发制人的作用,关键的问题是对还价起点的确定。还价起点即买方的初始报价,它是买方第一次公开报出的打算成交的条件,其高低直接关系到买方的利益。还价太高有损于买方的利益,还价太低则显得缺乏诚意,均不利于商务谈判的正常进行。因此,在确

定还价起点时,应当遵循以下原则:

1. 起点要低

还价起点低,能给对方造成压力并影响和改变对方对本次谈判的利益期望,能利用还价的策略性虚报部分为价格磋商提供充分的回旋余地和准备必要的筹码,对最终成交价格的达成和既定利益目标的实现具有不可忽视的影响。

2. 要接近成交目标

还价起点要低,但也不是越低越好。还价起点要接近成交目标,至少要接近对方的保留价格,以使对方有接受的可能性,让对方感觉有诚意,使谈判可以进行下去。否则,对方会失去交易兴趣而退出谈判,或者己方不得不重新还价而陷入被动。

(四)还价起点确定的参照因素

还价起点的确定,要考虑以下三个因素:

1. 交易物的实际成本

交易物的实际成本是确定还价起点考虑的首要因素。己方将对方改善后的报价与交易物的实际成本进行对比,从中可以发现对方报价中不同部分的虚假程度。对于虚假成分较少的报价,还价起点可以适当高一些,以使对方感到己方的诚意;对于虚假成分较多的报价,还价起点应该较低,以使还价与成交价格的差距同报价中的虚假成分相适应。同时,在对方报价中,不同部分的虚假程度是有差异的,因此,还价起点的高低也应有所不同,以此增强还价的针对性,并为己方争取更大的利益。

2. 预定成交价

己方计划的预定成交价是确定还价起点要考虑的第二因素。当对方报价与己方准备成交的价格目标的差距较小,还价起点应当较高;当对方报价与己方准备成交的价格目标的差距较大,还价起点就应当较低。当然,不论还价起点高低,都要低于己方准备成交的价格,以便为随后的讨价还价留下余地。

3. 还价次数

这是确定还价起点要考虑的第三因素。同讨价一样,还价也不能只允许一次。在每次还价的增幅已定的情况下,当己方准备还价的次数较少时,还价起点应当高一些;当己方准备还价的次数较多时,还价起点就应当较低。

总之,谈判人员应该通盘考虑上述三个因素,明确主要和次要影响因素,以此确定好还价起点,在讨价还价中掌握谈判的主动权。

(五)根据预定成交价确定还价起点的一种方法

在商务谈判中,虽然己方不要与对方做同等幅度的让步,但是,只要双方的报价和还价在合理的、可接受的范围内,且谈判中不存在一方拥有绝对的可控制谈判局势的实力和优势,一般来说,最终的成交价格会在双方报价和还价的中间值左右。参照己方的期望值,以这种差值均分思想指导还价,往往能达到令双方比较满意的结果。

使用这种方法确定还价起点的前提条件是假设谈判成功是在对方报价和己方还价之间的中间值左右。还价的计算方法如下:

1. 如果"己方期望值×2−对方报价"的计算值与己方的最高期望目标相近,则说明对方报价基本上在己方预测的合理范围之内,以略优于最高期望目标的要求还价。

2.如果"己方期望值×2－对方报价"的计算值要明显优于己方的最高期望目标,则表明对方的报价要求太高、不合理,因而不能参照己方的最高期望目标还价,而应以此计算值还价。

3.如果"己方期望值×2－对方报价"的计算值要明显劣于己方的最高期望目标,则可能是己方对对方的要求估计得过高,这时不能以此计算值还价,而应以最高期望目标还价,以获得一个比己方原有期望值更好的结果。

总之,当"己方期望值×2－对方报价"的计算值明显劣于己方最高期望目标时,应以己方最高期望目标还价,否则以略优于"己方期望值×2－对方报价"的计算值还价。对己方而言,对方的报价一般不会出乎意料地明显优于己方的预测,对方的"开口"不会"小",因此,绝大多数情况下,己方还价可适用于"己方还价=己方期望值×2－对方报价"的原则。

谈判不是一蹴而就的事,而是一个相对漫长的过程。在谈判过程中,谈判者要做好心理准备。在心理上正确认识谈判的艰苦性,非常有利于谈判的进行。一般来说,谈判双方要经历六个回合的缠斗(见图4－1),层层深入后,逐渐进入佳境。在谈判伊始,对方摆出高姿态,接下来对方依然强硬。可是过不了多久,对方就开始显露出动摇的迹象,接着对方的立场开始动摇。这时候,己方要非常有耐心,仔细观察对方的心理变化,因为对方让步就在眼前,己方的耐性会让对方筋疲力尽。

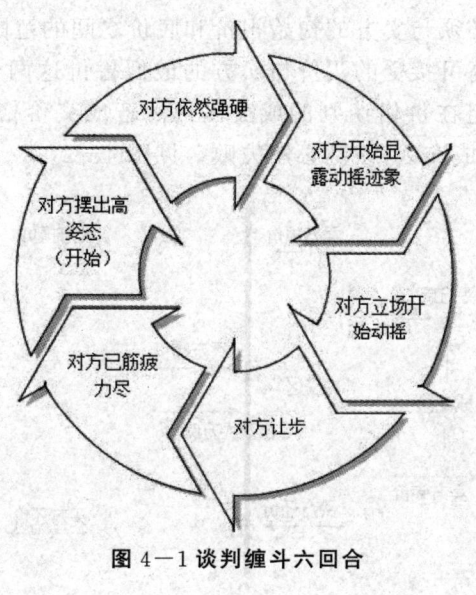

图4－1 谈判缠斗六回合

第四节 价格谈判策略

谈判策略是实现谈判目标的手段和方法,是衡量谈判者能力高低、经验丰富与否的主要标志。价格谈判是商务谈判的核心环节,价格谈判的过程及其结果直接关系到谈判双方所获利益的大小,因此,选择恰当的策略并将其灵活运用到价格谈判过程中,对谈判的顺利进行和己方利益目标的实现无疑具有重要的意义。价格谈判策略是商务谈判中最有代表性的、最丰富多彩的谈判策略,它直接体现了谈判人员高超的谈判艺术。

一、价格谈判的成交区

在商务谈判中,一般情况下,每一方都有一个最高期望目标和一个最低限度目标,即初始报价和底价。谈判若成功,成交价格一定分别在双方的初始报价和底价之间,也就是说,买方的还价和底价之间的范围必须与卖方的初始报价和底价之间的范围有一定程度的重合。这个重合的区域介于买方的最高可接受的买价与卖方的最低售价这两个临界点之间,称为价格谈判的成交区。成交价格肯定在价格谈判的成交区内。若成交价格没有在价格谈判的成交区内,或没有形成价格谈判的成交区,谈判必然失败。见图4-2。

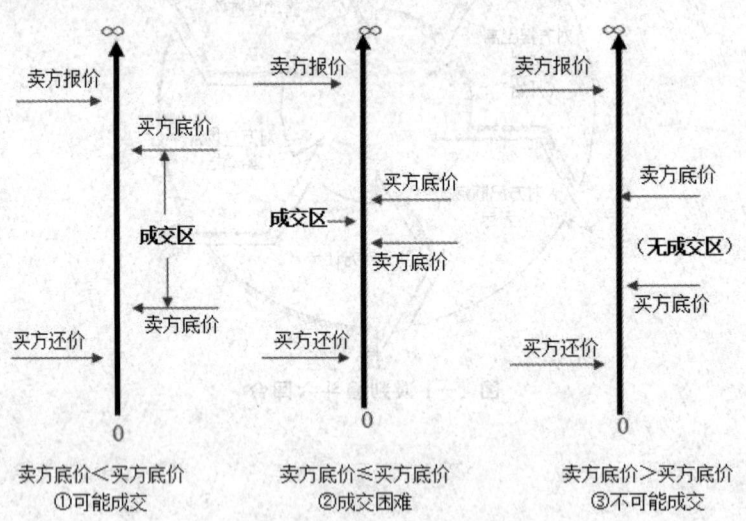

图4-2 价格谈判的成交区

图①卖方的底价小于买方的底价,即卖方的报价和底价之间与买方的还价和底价之间有一段重合区域。通常情况下,卖方的一系列报价是递减的,即价格一路往下跌,最多跌到底价为止;而买方的一系列还价是递增的,即价格一直往上涨,也是最高涨到底价为止。在这种情况下,则谈判可能成功。

图②卖方的底价小于并且接近等于买方的底价,即卖方的报价和底价之间与买方的还价和底价之间重合的区域狭小,此时,双方回旋的余地很小,稍微讨价就会超出对方的底价,谈判成功的难度相当大。

图③卖方的底价大于买方的底价,即卖方的报价和底价之间与买方的还价和底价之间无重合区域,即无成交区,则谈判是不可能成功的。

但是,在实际谈判中,双方的最低限度目标即底价是己方的商业秘密,不会让对方知道。交易双方只能根据各种谈判信息,自行确定己方的初始报价和底价,同时估算对方价格谈判的最高点和最低点。而价格谈判的现实依据,只能是双方的初始报价。所谓初始报价,是指交易双方向对方第一次报出的价格条件,即卖的最高售价或买的最低买价。一般情况下,卖方的初始报价总是较高,不但肯定要高于其最低售价,往往也高于买方的最高买价;同样,买方的初始报价总是较低,不但肯定会低于其最高买价,往往也低于卖方的最低售价。于是,交易双方在相继报出初始报价后,便在两个初始报价之间展开了价格谈判的讨价还价。在经过多个回合的讨价还价后,价格谈判的范围就确定在成交区,即双方的底价之间。最后,谈判若成功,成交价格肯定就在成交区内。否则,任何一方都不会接受,并退出谈判。

价格谈判的成交区是交易双方价格谈判的基础。交易双方共同接受的成交价格尽管一定处在价格谈判的成交区内,但这并不意味着双方的利益分割是均等的,成交价格往往不在此区间的中点上,我们这种情况称为价格谈判中盈余分割的非对称性。双方谈判实力的强弱不同造成了这种非对称性情况的出现。谈判实力强,分割的利益就多一些;谈判实力弱,分割的利益显然就少一些。利益的获得与谈判实力是成正比关系的。

二、报价的成功与失败

报价既要考虑己方所能获得的利益,又要考虑报价能否被对方接受的可能性。而只有在双方可能成交的情况下,即交易双方存在价格谈判的成交区,讨论报价的成功与失败才有意义。就可能成交的商务谈判而言,双方的报价可分为三种情况,见图4—3。

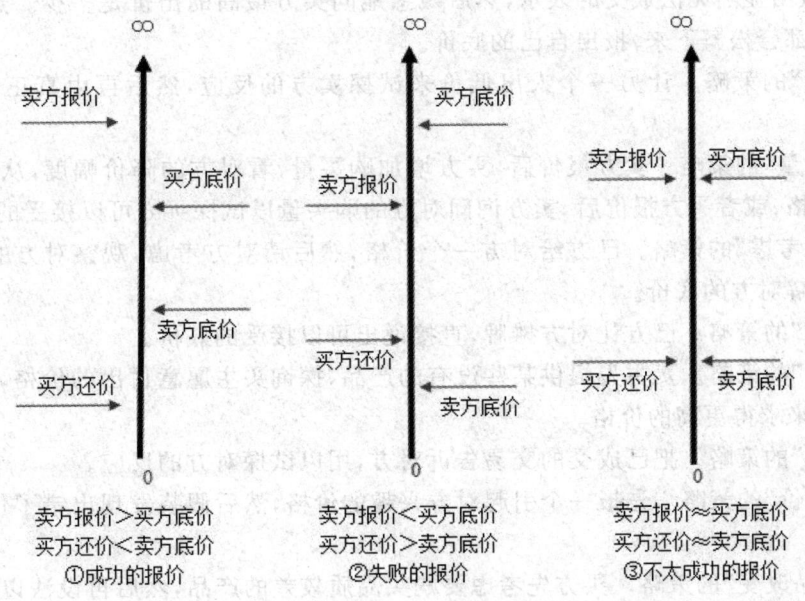

图4—3 报价的成功与失败

图①卖方报价＞买方底价，买方还价＜卖方底价，这是成功的报价。一方的报价与对方的底价之间存在较大的距离，这是讨价还价的筹码；卖方的报价越大于买方的底价，或者买方的还价越小于卖方的底价，就越可能获得较大的利益。

图②卖方报价＜买方底价，买方还价＞卖方底价，这是失败的报价。卖方报价比买方的底价低，只可能在低于卖方报价的基础上成交；同样，买方的还价比卖方的底价高，结果是只会在高于买方还价的基础上成交。这样，无论是卖方还是买方，还没开始交锋，就让对方获得了很大的利益，因此，这种报价是失败的。

图③卖方报价≈买方底价，买方还价≈卖方底价，这是不太成功的报价。一方的报价与对方的底价比较接近，由于哪一方都不愿意在己方的底价或接近底价的价格上成交，都要竭尽全力获得更多的利益，所以一般情况下，不可能在其中一方的报价上成交，往往只会在高于卖方底价，或者低于买方底价的价格上成交。这样，无论是卖方还是买方，只要一报价，对方就轻松地达到了最低限度目标，因此，这是一种不太成功的报价。

三、发现对方底价的策略

在价格谈判中，无论是通过报价增加讨价还价的筹码，还是在价格谈判的成交区内分割到更多的利益，都需要搞清楚对方可接受的临界点价格，即底价。底价是谈判者的商业机密，不可能轻易向外泄露。如何发现对方的底价，需要运用一些方法或技巧来探测对方。

1．"假装"的策略。己方假装要购买另一商品，和对方讨论该商品的价格，以试探对方价格的变化幅度，从而发现对方的底价。例如，对方作为卖方在其他商品上从10元降到5元，就可以发现对方降价的幅度为50%。

2．"诱使撤防"的策略。买方先对卖方的产品表示浓厚的兴趣，但借口资金有限买不起，表示非常遗憾，然后诚恳地问卖方的最低价是多少；或者，当买方的报价很低时，卖方做出非常惊奇的样子，做出显然无法成交的表示，然后诚恳地问买方最高的出价是多少。这时，不论是卖方还是买方都会松懈下来，报出自己的底价。

3．"设托"的策略。让另一个人出低价来试探卖方的反应，然后再由真正的买方和卖方议价。

4．"购买量"的策略。卖方报价后，买方增加购买量，看对方的降价幅度，从而发现卖方的最低出售价格；或者买方报价后，卖方询问对方的购买量以试探买方可以接受的最高价格。

5．"请你考虑"的策略。己方给对方一个价格，然后请对方考虑，观察对方的反应，己方就可以大概了解对方的底价。

6．"摊牌"的策略。己方让对方摊牌，直接说出可以接受的底价。

7．"代替"的策略。卖主先提供某些没有的产品，探询买主愿意付出的价格，然后再以另外的产品代替来求得更高的价格。

8．"比较"的策略。把已成交的交易告诉对方，用以试探对方的反应。

9．"报错价"的策略。先报一个引起对方兴趣的价格，然后假装发现出错了价格，撤销原先的出价。

10．"产品改变"的策略。买方先考虑要购买品质较差的产品，然后再设法以较低的价格购买品质较好的产品；卖方先和买方谈高质高价产品，然后逐次降等，试探买方的反应。

11．"合计价格"的策略。己方向对方询问两个以上产品的合计价格，从而就可以探测到其中某一个产品的价格。

12."变价"的策略。卖方先和买方说好交易内容,在反复考虑后,告诉买方自己没有利润,必须将价格再提高一点;买方先和卖方说好交易内容,在反复考虑后,向对方提出必须再将价格降低一些,才可以成交。这样,通过价格的改变试探对方的反应。

13."仲裁"的策略。谈判快速进行,迫使对方作出最大让步,即使破裂也无妨。然后请第三者来仲裁,并且使对方作出更大的让步。

14."这是最后的价格,不接受就算了"的策略。己方通过这个策略试探对方的反应。

15."我这样做,你那样做"的策略。己方以让步来交换对方的让步,假如对方让步了,再以这个问题作为出发点继续尝试。

四、价格谈判策略

(一)报价时机策略

在价格谈判中,报价时机是一个策略性很强的问题。有时,己方的报价比较合理,但并没有使对方产生交易的欲望,原因往往是此时对方正在关注交易对象的使用价值。所以,在价格谈判中,应当首先让对方充分了解交易对象的使用价值和为对方带来的实际利益,等对方有所了解和产生兴趣后再谈价格问题。实践证明,报价的最佳时机,一般是对方询问价格时,因为这说明对方已对商品产生了交易欲望,此时报价往往水到渠成。

有时,谈判开始时对方就询问价格,这时最好的策略就是听而不答。因为此时对方对交易对象尚缺乏真正的兴趣,过早报价会增加谈判的阻力。这时,应当首先谈该商品能为对方带来的好处和利益,等对方的交易欲望被调动起来时再报价为宜。当然,对方坚持即时报价,也不能故意拖延;否则,就会使对方感到不受尊重甚至反感,此时,应严格遵循价格谈判的原则,在报价的同时也要把交易对象的价值告诉对方。

总之,报价时机策略往往体现在价格谈判中运用相对价格和积极价格谈判的谈判技巧。

(二)报价起点策略

只要能够找到适当的理由,作为卖方,报价起点要高,即"开最高的价";作为买方,报价起点要低,即"出最低的价",这就是交易谈判中的"喊价要高,出价要低"的报价起点策略。实践证明,卖方开价高则可能以较高的价格成交,买方出价低则往往以较低的价格成交,只要报价不导致谈判破裂,对方不被吓跑,往往会有一个理想的结果。这种报价起点策略的作用主要表现在:

1."喊价要高,出价要低"的策略可以有效地改变谈判对手的预期,使其较之报价之前有所降低,从而使己方的谈判要求能得到更多的满足。

2."喊价要高,出价要低"的策略为对方提供了一个衡量和评价己方条件的尺度。报价越高,对方对己方和交易对象的潜力评价往往越高;反之,对方的评价则较低。

3.策略性的虚报部分,为下一步双方的讨价还价提供了回旋的余地。

4.初始报价对于谈判者最终获得的利益具有不可忽视的影响。

需要指出的是,无论是买方和卖方,在报价时不能信口开河,漫天要价,盲目杀价。任何一个报价要能讲出道理,否则会阻碍谈判的顺利进行。

[案例4—4]

大胆报价

北京服装检测中心曾作过统计,北京市场上的服装,往往高出进价的3倍到10倍。如果一套衣服进价300元,标价900元,请问,购买者还价时,会还到多少呢,一般还800元、700元,就不得了了;还到600元的,算是很有勇气了;买主绝不敢还到500元、400元,他们怕被卖主骂,怕被人瞧不起,所以,宁可不还价而转身一走了事,免得招惹是非。而卖主往往在500元、400元的价位上就愿意成交了,何况买主愿意出600元、700元,甚至800元呢?所以说,卖主只要一天中有一个人愿意在900元的价格上与他讨价还价,他就大大地成功了。

(三)抛球策略

商业竞争从某种意义上可以分为三大类:买方之间的竞争、卖方之间的竞争以及买方和卖方之间的竞争。在商务谈判中,一方如果能首先击败同类的竞争对手,就会在谈判中占据主动地位。抛球策略就是己方排除同类竞争对手的一个报价策略。对买方来讲,抛球策略是抛高球策略,指在初始报价时,买方有意抬高价格报,以排斥其他买主使己方成为唯一的交易对象,一旦没有了竞争对手,买方在和卖方谈判时就会想法设法地降低价格。对卖方来讲,抛球策略是抛低球策略,指有意压低价格报出初始价,以吸引购买者,排除其他卖主使己方成为唯一的交易对象,一旦进入实质性谈判阶段,卖方会千方百计使价格涨上去。

无论是买方的抛高球策略还是卖方的抛低球策略,它们的共同点是:当事一方的报价往往只有一两个吸引人的条件,而不包括交易的所有具体条件,也就是说报价条件并不能满足对方的全部交易要求。对方若想和报价一方成交,还需要经过进一步协商才能有比较明确的结果,这就为报价一方初始优惠报价的变化创造了条件。当对方报价时,己方要谨防对方使用抛球策略,最好的做法就是把对方的报价内容和其他客商的报价内容进行一一的比较,从中发现它们的异同,避免误入圈套;同时,也不要完全放弃与其他客商的接触和联系,这样可以给谈判对手施加压力,切忌一条道走到黑。

(四)投石问路策略

投石问路策略是探测对方信息的一种策略。指一方在谈判中为了摸清对方的虚实,了解对方的心理,通过不断的问来获得直接从对方那儿不容易获得的诸如成本价格等方面的尽可能多的信息,以便在谈判中做出正确的决策。

投石问路策略常常是借助假设问句如"假如……那么……"或者"如果……那么……"的问话来实现。这样的问话在谈判中往往很有效。例如:"如果我方和你方签订长期合同,你方的价格优惠是多少?假如我方一次性付款,那么你们会怎样?如果我方向你方提供技术咨询,那么你方会给我方什么优惠?"一般地讲,对上述类似问题的回答,对方往往会暴露他的某些信息或留下口实,并且对方又很难拒绝回答。

[案例4—5]

江湖相士的诡计

有一个走江湖的相士,一日,忽蒙县官召见。见面时县官对他说:"坐在身旁的三人当中,一位是我的夫人,其余是她的婢女。你若能指认哪一位是夫人,就可免你无罪。否则,你再在本县摆相命摊,我必将以妖言惑众之名惩处你!"

相士将衣饰发型一致、年龄相仿同样面无表情的三位女子打量一眼,就对县官说:"这么简单的事,我徒弟都办得到!"他的徒弟应师父之命,将三位并排端坐的女孩子从左往右看,从右往左看,看了半天,仍然一头雾水。他满脸迷惘地对相士说:"师父你没有教过我啊?"相士一巴掌拍在徒弟的脑袋上,同时,顺手一指其中一位女子说:"这位就是夫人!"

在场之人全部傻住了,没错,这人还真会看相。

事实是:相士一巴掌拍在徒弟脑袋上时,师徒二人的模样颇为滑稽。少见世面的两个丫鬟忍不住掩口而笑。那位依然端坐,面无表情的女子当然是见过世面又有教养的夫人啦。

如何对付投石问路策略呢?有经验的谈判者在接到对方的假设问句后,总是仔细考虑后再给予答复。通常的做法是:

1. 找出对方的真正需要,因为对方提出那么多"如果",绝不会有那么多选择。

2. 不要对对方提出的"如果,那么"的要求马上估价,而且并不需要回答每一个问题,而是要求对方以承诺一些提议作为条件,才给予答复。

3. 反问对方是否马上签订合同,转移对方的注意力。

4. 用"我们都可以考虑一下"的回答拖延时间,以便充分考虑后再做回答。

(五)吹毛求疵策略

在谈判中,谈判一方为了实现自己的利益,专门对对方的提议或产品再三挑剔,提出一堆问题和要求,迫使对方在己方身上先做一笔时间和精力上的投资,最终争取到讨价还价的机会。

对付吹毛求疵的策略有:首先必须沉住气,因为对方的挑剔和要求,有的是真的,有的是假的;遇到真实的问题,要和对方开门见山地谈;要学会运用大事化小,小事化了的技巧;对于无谓的挑剔和无理的要求要给予理智的还击。

[案例4—6]

谈判专家买冰箱

美国谈判学家罗切斯特有一次去买冰箱,营业员指着罗切斯特要的那种冰箱说:"249.5美元一台。"接着罗切斯特上演了一台精彩的"挑剔还价法"。

罗:这种型号的冰箱一共有几种颜色?

营:共有32种颜色。

罗:可以看看样品本吗?

营:当然可以!(说着,马上拿来了样品本)

罗:你们店里现货中有几种颜色?

营:现有20种。请问您要哪一种?

罗指着样品本上有而店里没有的颜色说,这颜色与我的厨房墙壁颜色相配!

营:非常抱歉,这种颜色现在没有。

罗:其他颜色同我的厨房颜色都不协调。颜色不好,价格还那么高,要不便宜一点儿,我就到其他商店看看。

营:您慢慢挑,价格可以商量。

罗:这台冰箱还有点问题,你看这儿。

营:我看不出什么。

罗：什么？这一点毛病虽小，但冰箱外表有毛病通常不都要打点儿折扣吗？

营：……

罗又打开冰箱门，看了一会儿说这冰箱附有制冰器吗？

营：这个制冰器每天24小时为您制冰块，一小时才2美分电费。

罗：这可太糟糕了，我的孩子有哮喘病，医生说他绝不能吃冰块，你能帮助我把它拆下来吗？

营：制冰器是无法拆下来的，它和整个制冷系统连在一起。

罗：这个制冰器不仅对我没用，反而要我花钱买下来，将来还得为它付电费，这太不合理了……不过价格可以再降低一点的话……

结果，罗切斯特以相当低的价格——不到200美元买下了一台中意的冰箱。

（六）积少成多策略

这种策略是指在向对方索取利益时一次取一点，最后聚沙成塔。己方利用各种条件和理由，提出不过分的小要求，只要对方的让步开了头，就会陷入让步的怪圈，越让越要让，因为没有理由为一点小小的利益而破坏整个谈判大局。这一策略抓住了人们对"一点"不在乎的心理，所以在讨价还价中很有效。使用这一策略时，不要引起对方的注意。此外，己方要树立小利也是利的思想，即使是对方小的让步，也值得去争取。

（七）不开先例策略

先例是指同类事物在过去的处理方式。商务谈判中使用的先例主要有三种：与对方过去谈判的先例、与他人过去谈判的先例、与外界通行的先例。不开先例策略是指在商务谈判中，谈判的一方为了坚持和实现提出的交易条件而采取的用对己有利的先例来约束对方，从而使对方就范，接受己方交易条件的一种手段。不开先例的内容是：己方向对方解释清楚，如果答应了对方的要求，就等于开了一个先例，这样就会迫使己方今后对其他客户也得提供同样的优惠，这是己方所负担不起的。谈判实践表明，不开先例策略是一个用来搪塞和应付对方所提的不可接受要求的简便办法。

不开先例策略的核心是运用先例来约束谈判对手。因此，对付这种策略的指导思想是要消除先例对己方的种种限制。当对方使用这种策略时，己方可以向对方说明，他所引用的先例与目前的谈判无任何关系，因为环境或某些条件发生了变化，先例已经变得不再适用。己方还可以告诉对方，如果答应了对方要求，对己方来讲也是开了一个先例，己方做不到。己方以相同的策略来约束对方。至于这些所谓的"先例"是真是假，己方还是对方是无从考察的。

（八）抬价策略

抬价策略是指谈判的一方在初始报价的基础上，以某种借口突然改变报价，以获取更大的利益。这个策略可能有点不道德，但却经常出现在实际谈判中。运用抬价策略，不但可以证明己方的报价是合理的，而且可以使对方不敢再有进一步的要求。例如，谈判双方原定以9000元成交某件商品，买方打算在正式成交前，再提出保修、送货等售后服务条件。可是，正式成交时，卖方提出该商品必须以9500元成交，否则，就不卖了。这时，买方就得费尽口舌争取维持原来的交易条件，无法再提保修、送货等售后服务条件了。这样一来，卖方就成功地遏制了买方的进一步的要求,买方也不知不觉降低了自己的期望。可见,抬价策略是抵制对方进一步要求的有效方法之一,它往往可以得到意想不到的效果。

对付抬价策略一般可以采用以下方法:
1. 看穿对方的诡计,直接指出来,也许对方会回到原来的报价。
2. 让对方多人在谈判记录上签字署名。
3. 反抬价,推翻己方和对方达成的协议。
4. 在合同没签好以前,要求对方做出某种承诺,以防其反悔。
5. 不接受新的条件,表示要退出谈判。

[案例 4-7]

报价提高

李先生在一家大公司做采购部主任。在一项采购业务洽谈中,某卖主的产品喊价是50万元,李先生和成本分析人员都深信对方产品只要44万元就可以买到了。一个月后,李先生和对方谈判。谈判一开始,卖主就先说明他原来的喊价有错,现在合理的开价应该是60万元。听他说完后,李先生不禁对自己原先的估价怀疑起来,心想,可能是估算错了。60万元的喊价到底是真的还是假的,李先生也不清楚。最后以50万元的价格和卖方成交,李先生感到非常满意。

(九) 最后出价策略

在商务谈判中,经常听到"这已是最后的出价"、"只能是这个价格了"或者"这是最低价钱"的说法,一般情况下,不要轻易相信这样的话。当谈判对手说出这样的话时,己方要认真识别,是不是对方在运用最后出价策略。如果经过识别,发现对方决心已定,没有让步的余地了,那么己方要么与其成交,要么谈判破裂;如果经过识别,发现对方只不过是虚张声势,那就应该继续和对方讨价还价。对付最后出价策略的一般方法是:
1. 仔细倾听、细致观察对方的言行,判断交易条件是否真到了对方的底价。
2. 给对方留点面子,使他有机会收回意见,否则结束谈判。
3. 装出退出谈判的样子,以试探对方的真意。
4. 提出新的解决办法。
5. 意识到对方将采取最后出价策略,不妨先使用此策略,先发制人。

在商务谈判中,价格是谈判的主要内容,谈判者应该根据谈判的实际情况,凭借自身的谈判实力和地位,选择恰当的策略,并灵活地运用,才能产生效果。同时,要注意对方运用价格谈判策略,做到及时发现,正确应对。

实训项目:商务谈判讨价还价策略

一、实训目的

掌握谈判中讨价、还价等价格磋商的策略和技巧。

二、实训要求

根据背景资料拟写谈判方案,制定出你认为合适的谈判目标,并尽可能提出支持你的谈判目标的合理理由。

三、实训背景

在电脑市场里,你拿到了近期电脑的报价单,准备买一台电脑,并确定了你的电脑配置:CPU1000 元、内存 400 元、主板 800 元、硬盘 600 元、显示器 1200 元、机箱 300 元、音箱 300 元、鼠标键盘 100 元,同样配置的品牌电脑的价格为 5660 元。经过对几家电脑店铺的询价,感觉还是有很大的还价空间,原因是:市场竞争激烈;商家明确表示还可以优惠;学生应该是电脑市场的购买主力。

四、实训过程

(1)学生自己组建谈判小组,每个小组不超过 4 人。

(2)每两个小组组成一对买卖双方。

(3)卖方谈判组拟写出一份己方的产品报价单,买方根据自己的谈判目标与卖方进行讨价还价的磋商。

(4)由每组成员中的记录员记录下模拟谈判的整个过程,并总结出各方在谈判中使用的讨价还价策略。

(5)谈判双方分别对对方的讨价还价策略和技巧进行评议,并形成书面报告。

价格是谈判双方最敏感的议题,价格谈判是商务谈判的核心环节,商务谈判者不仅要了解影响价格高低的各种因素,还要善于正确认识和利用不同的价格形式。谈判人员要正确分析对方提出价格贵的原因,找出解决问题的恰当办法。另外,谈判人员要认识到商品的价值是价格的后盾,先阐明价值,而后提出价格,这是价格谈判的指导思想。

报价是价格谈判的开始。谈判一方向另一方报价时,不仅要考虑报价所能获得的利益,还要考虑报价能否被对方接受的可能性。一般的商业习惯是发起谈判的一方通常先报价。先报价有利有弊,谈判者要根据实际情况选择先报价还是后报价。典型的报价方式有西欧式报价和日本式报价,谈判者要谨防日本式报价,避免误入圈套。谈判一方报价后,双方接着就开始了讨价还价。讨价还价是商务谈判过程中最艰苦、最困难和交锋最激烈的阶段。讨价要尊重对方,以理服人。还价的精髓在于后发制人,还价起点的确定是还价的关键问题。

商务谈判要成功,双方一定存在一个价格谈判的成交区,而成交价格一定在成交区内。当卖方报价>买方底价,买方还价<卖方底价时,这是成功的报价;当卖方报价<买方底价,买方还价>卖方底价时,这是失败的报价。己方需要运用一些方法探测对方的底价,以取得报价的成功和在成交区内分割到更多的利益。价格谈判策略是商务谈判中最有代表性的、最丰富多彩的谈判策略。价格谈判策略对谈判的顺利进行和己方利益目标的实现具有重要的意义。

实际价格→相对价格→积极价格→消极价格→主观价格→客观价格→报价→西欧式报价→日本式报价→讨价→还价→成交区→抬价策略

思考题

1. 价格谈判应遵循什么原则?
2. 报价和报价解释的原则分别是什么?
3. 先报价有什么利弊?什么条件下选择先报价?
4. 西欧式报价和日本式报价有什么区别?为什么谈判者要谨防日本式报价?
5. 简述讨价的方法和过程。
6. 确定还价起点的原则和参照因素是什么?
7. 己方探测对方底价有哪些方法?
8. 价格谈判的策略有哪些?如何破解?

❖ 案例分析题

案例 1　歌星的难题

有一位歌星,前些年曾经非常走红,但现在已经不太红了。这位歌星希望参加将要举行的某商业演唱会,但是没有收到组织者的邀请。此歌星预测,如果要的出场费是当今最红歌星的一半的话,组织者会接受的。

◇问题:试评价下述歌星所采取的谈判策略。

1. 告诉组织者,自己要求的出场费较低,因为是顺便参加。
2. 提示组织者,自己过去很红、出场费很高,现在可以少一些。
3. 通过第三者告诉组织者,希望参加这次演唱会,出场费可以谈判。
4. 告诉组织者,如果他们给的出场费达到当红歌星的70%,愿意参加此次演出。
5. 问组织者,如果参加本次演唱会,他们能给多少出场费?

案例 2　价格看错了

小黄为了买一台录像机,跑了几家电器商店。这几家电器店的价格都介乎于2800~3000元之间。为了购买到更便宜一点的录像机,他又继续询问了几家商店,最后来到了一家门面装饰不凡的电器公司。店员十分客气地同他打了招呼。他询问了录像机的价格,店员拿出一张目录表让他看,他要的那种型号的录像机价格是3000元,但店员却报价2800元,并问他是否觉得合适。小黄一想,觉得应该买。店员随即开写货单,然后为其试选录像机,这时候从旁边过来了另一位店员,看过货单后说这种录像机的价码是3000元而不是2800元,不信的话可以重新看一看价目表。正在试机的店员立即查看价格表,转身对小黄说:"真对不起,我刚才看错了,将3000元看成了2800元。"说完,就将购货单上的2800元改成了3000元。

◇问题:面对这种情况,小黄应该怎么办?

案例 3　谈判大师的尴尬

科恩是美国一位著名的谈判大师,他的谈判生涯富有传奇色彩,为世人提供了无数成功与失败的经验教训。他曾不无感慨地向人们讲诉了一段他同妻子在墨西哥的重要经历:

一天,我们正在马路上观光,妻子突然碰了一下我的胳膊说:"我看到那边有什么东西在闪光。"我说:"唉,不,我们不去那儿。那是一个坑骗旅游者的商业区,我们来游玩并不是要到它那儿去。我们来这里是为了领略一种不同的文化风俗,参观一些未见过的东西,接触一些尚未被污染的人性。如果你想去那个商业区的话,你去吧,我在旅馆里等你。"

我的妻子一贯是不听劝说、独立自主的人,于是挥手再见,一人去了。我穿过人潮起伏的马路,在相距很远的地方看见一个真正的当地土著人。当我走近以后,看到他在大热的天气里仍披着一件披肩毛毯,实际上他披了好几件,并呼叫道:"1200比索。""他在向谁讲话呢?"我问自己:"绝对不是向我讲,首先,他怎能知道我是个旅游者呢?其次,他不会知道我在暗中注意他,甚至在潜意识里想要一件披肩毛毯。"我加快脚步,尽量装出没有看见他的样子,甚至用他的语言说:"朋友,我确实敬佩你的主动、勤奋和坚持不懈的精神。但是我不想买披肩毛毯,请你到别处卖吧,你听懂我的话吗?""是。"他答道。这说明他完全听懂了。我继续往前走,只听我背后有他的脚步声。他一直跟着我,好像我们系在一条链子上了。他一次又一次说道:"800比索!"我有点生气开始小跑。但他紧跟着一步不落,这时他已降到600比索了。到了十字路口,因车辆横断了马路,我不得不停住了脚,他仍唱他的独角戏。"600比索……500比索……好吧,400比索,怎么样?"当车辆走过之后,我迅速穿过马路,希望把他甩在路那边。但是我还没来得及转过身,就听到他笨重的脚步声和说话声了,"先生,400比索!这时候,我又热又累,身上一直冒汗,他紧跟着我,我很生气。我气呼呼地冲着他,从牙缝里挤出一句话:"妈的,我告诉你我不买,别跟着我了!"他从我的态度和声调上懂了我的话。"好吧,你胜利了。"他答道:"只对你,200比索。""你说什么?"我叫道。我对自己的话吃了一惊。"200,比索。"他重复道。"给我一件,让我看看。"

我为什么要看披肩毛毯呢?我需要吗?我想要吗?或我喜欢吗?不,我认为都不是。但是,也许是我改变了主意。别忘记,这个卖披肩毛毯的土著人最初可是要1200比索,而现在他只要200比索了。当开始正式谈判时,我从这位小贩处得知,在墨西哥市的历史上以最低价格买到一件披肩毛毯的人是一个来自加拿大温尼佩格的人,他花了175比索,但他的父母出生在墨西哥的瓜达拉哈拉。而我买的这件花了170比索,我在墨西哥历史上创造了买披肩毛毯的新纪录。我将带回家去参加美国200周年纪念。

那天天气很热,我一直在冒汗。尽管如此,我还是把披肩毛毯披到了身上,感到很洋气。在溜达着回旅馆的路上,我一直欣赏着从商店橱窗里反映出来的身影。当我回到旅馆房间,妻子正躺在床上读杂志。我说道:"嘿!看我弄到什么了。""你弄到什么了?一件漂亮的披肩毛毯?你花了多少钱?"她顺口问。"是这么回事,"我充满信心地说:"一个土著谈判家要1200比索,而一个国际谈判家,170比索就买到了。"她讪笑道:"太有趣了。我买了同样一件,花了150比索,在壁橱里。"我沉下脸来,细细查看了壁橱,然后脱下自己的披肩,坐下来细想着刚才发生的事。

◇问题:试评价土著人的谈判素质和能力。

案例4　痛苦的购后感觉

有一对夫妻,花了三个月时间找到了一只他们异常喜爱的古玩钟,他们商定只要不超过500美元就买回来。但是,当他们看到上面的标价时,妻子却犹豫了,"哎哟,"妻子低声道,"钟上的标价是750美元,我们还是回去吧。我们说好了不超过500美元,还记得吗?""我记得。"丈夫道,"不过我们要试一试,看看少一点能否买到,我们已经寻找了这么久了。"

他俩私下商量了一会儿,由丈夫担任谈判代表,尽管他认定500美元买到这只钟的希望很小。他鼓起勇气,对钟表售货员说:"我看到你们有只小钟要卖,我看了上面的定价,我还看到价标上有许多尘土,给它增添了古董的气氛。"顿了顿,他又接着说道,"我告诉你我想干什么吧,我想给这个钟出个价,只出一个价,就这个。我肯定这会使你震惊,你准备好了吗?"他停下来看看售货员的反应,"哎,我给你250美元。"钟表售货员连眼睛也没眨一下:"给你,卖啦!"

丈夫反应怎么样?夫妻俩欣喜若狂了吗?不,事实的结果是想象不到的。"我多傻,这钟恐怕本来就值不了几个钱……或者肯定是里面的零件少了,为什么那么轻呢?"丈夫越想越懊恼。后来,尽管他还是把钟摆到了家中的客厅里,而且看上去美极了,似乎走得也不错,但是他和妻子总觉得不放心,俩人每晚都要起来两三次,为什么?因为他们断定自己没有听到钟声。日夜不安的结果使他们的身体很快地垮了,并且患了高血压,其原因就是那个钟表售货员居然以250美元把那只钟卖给他们了。

◇问题:结合案例试评论讨价还价的必要性。

第五章 商务谈判磋商阶段（二）

商务谈判磋商阶段是指开局结束以后，到最终签订协议或败局为止，双方就交易内容和条件所进行谈判的时间和过程。它是谈判过程中费时最长、困难最多，直接影响谈判结局的最重要的谈判阶段。价格谈判是磋商阶段的核心内容，因此磋商阶段也称为讨价还价阶段。在磋商阶段，伴随着价格谈判，为了获得更大的利益，谈判者一方面要拒绝和威胁对方，给对方施加压力，另一方面又要作出某种程度的让步，以使谈判能够顺利进行。当双方互不让步时，谈判就会陷入僵局。

第一节 谈判障碍

商务谈判并不是能够顺利进行的，恰恰相反，它充满着太多的变数，经常会出现各种各样的障碍。在谈判过程中，为了获取最大的利益，谈判者会给对手设置各种障碍，如通过拒绝、威胁和僵局，给对方施加压力；同时，谈判者必须排除谈判中出现的各种障碍，说服对方接受己方的要求，才能取得谈判的成功。

一、压力

商务谈判既是一种智慧的较量，也是一场心理的角力。在商务谈判过程中，当谈判双方就所谈问题发生分歧时，一方就有可能逼迫另一方，使其按照己方的意愿行事，否则就要采取行动造成一个不利于对方的结果，这就是谈判压力。这种压力往往使被压一方重新调整自己的立场和利益，作出一定程度的妥协。所以，巧妙地向对方施加压力常常成为谈判人员逼迫对方妥协的一种重要手段，即使是久经考验的商务谈判专家也经常会遇到被对方施压的情形。

在商务谈判过程中，谈判双方既可以成为施压的一方，又可以成为受压的一方。无论是施压还是受压，压力都始终存在于商务谈判的整个过程中。可以说，包括商务谈判在内的所有谈判都是在压力中进行的。这种无所不在的压力对每一个谈判者都有两种截然相反的作用：一方面它可以促使谈判者调整、平衡双方利益,从而起到推进谈判走向成功的积极作用;另一方面,它也是导致谈判双方产生分歧和对抗的因素,从而使谈判陷入僵局,甚至走向破裂。

压力既可以起到促进谈判成功的积极作用,又可以导致谈判陷入僵局或走向破裂。因此,谈判人员必须在向对手施加压力与缓解对方施加的压力、促进谈判成功和导致谈判陷入僵局之间寻求适度的平衡。每一个谈判人员要善于把压力变成一种促进谈判成功的动力,而不会使其变为谈判的障碍。

[案例5—1]

施压与反施压

20世纪80年代末,美国硅谷一家电子公司研制出一种新型集成电路,其先进性尚不能被公众理解,而此时,公司又负债累累,即将破产,这种集成电路能否被赏识可以说是公司最后的希望。幸运的是,欧洲一家公司慧眼识珠,派三名代表飞了几千英里来洽谈转让事宜。来到这家电子公司之后,欧洲公司的三位谈判代表无论从谈判礼仪方面还是从外在态度上都表现出了极大的合作诚意,但是当谈判进入实质性的价格协商阶段时,他们提出的产品报价居然只有研制费用的三分之二!

这家电子公司当时面临的处境十分困难,如果这笔生意做不成,很可能就会遭遇破产,看来对方正是因为比较了解该公司的处境所以才故意向他们施加压力的。但是无论压力再大,电子公司也不可能以低于研制成本的价格转让这种集成电路,一旦那样做,电子公司的破产就更加指日可待了。更何况,该公司的领导人知道,他们研制出的这种新型集成电路一定可以为对方公司带来重大效益,虽然现在公众不太理解这种新型集成电路的先进性,但是对方公司早已经十分清楚地意识到了这一点。

一面是公司眼前的艰难处境和对方施加的重大压力,一面又是新型集成电路的研制成本和公司未来的发展希望,电子公司的领导人几乎成了夹缝中的羔羊,无路可走了。但是,越是在无路可走之时,往往越能开拓一条新的生路,他们决定置对方施加的压力于不顾,同时再通过拖延时间的方式反过来向对方施以重压,因为他们知道过不了多久,这种新型集成电路的先进性就会被人们所知,而这家欧洲公司肯定对此更是心知肚明。

经过一番认真考虑之后,这家电子公司派出谈判代表告诉欧洲公司"谈判先到此为止,等你们觉得自己真正有了合作的诚意之后,我们再坐下来认真对此事进行谈判"。电子公司在短时间内主动提出结束谈判是欧洲公司的三位谈判代表根本没有想到的事情,而他们来到这里的任务是必须和电子公司达成协议,而且总公司已经为他们规定了达成协议的最后期限,如果电子公司一拖再拖的话,那等待他们的结果将是非常可怕的。于是,在电子公司宣布谈判结束后的当天下午,欧洲公司的谈判代表就要求谈判继续进行,他们的态度明显"合作"了不少,而且还主动表示愿意在价格方面做出较大程度的妥协。于是,电路专利以一个双方都能接受的价格转让了,三位欧洲人满意地回到公司复命去了。

(资料来源:妥协:"谈判圣经".于富荣.中华励志网 http://www.zhlzw.com/z/txtx/chapter—3396—4—4.html)

缓解谈判过程中压力的关键是必须了解可能产生压力的条件,从而采取某种方法使压力不能形成,最终达到解除压力的目的。而在谈判过程中向对方施压也要注意两点:一是压力要强到让对方知道你的决心不可动摇,二是压力不要超过对方的承受能力。美国硅谷的这家公司正是巧妙地运用了缓解压力和施加压力的方式,才成功完成了这次交易,使公司免于遭受更大的损失。他们的做法打破了常规,是因时制宜地运用压力促成谈判成功的最佳策略。

二、威胁

威胁是谈判过程中施加压力的一种手段。威胁是一种策略,当被威胁者认定威胁是一种压力时,威胁才有效果。许多谈判人员往往自觉或不自觉地使用威胁手段,但是谈判专家对一些典型的案例研究表明,威胁并不能达到使用者的目的,它常常会导致反威胁,形成恶性循环,损害双方的关系,导致谈判破裂。例如,"你们如不能保证在第四季度中全部交货,我们将拒绝接受你们的货物,一切损失将完全由你方承担。"这种威胁的口吻虽然比不上"你们如果不同意这个条件,我们就将退出谈判"来得直截了当,但其作用却差不多,很容易激怒对方,使被威胁的对方感到有必要进行自卫。

实际上,同样的意思有多种表达方式,如果有必要指出对方行为的后果,就指出那些超出己方意料之外的事,陈述客观上可能发生的情况,而不提出己方能控制发生的事。从这一点来讲,警告就要比威胁好得多,也不会引起反威胁。就刚才的例子来讲,可以这么说:"从情况来看你们在第四季度供货确实存在一些困难,但如果不能在年底前交货,我们部分车间就会停工待料,造成生产上的损失不说,也会使我们继续履约有极大困难。"

威胁的副作用很大,优秀的谈判者不仅不赞成使用威胁,而且尽量避免使用威胁的字眼。研究表明,威胁常常来自那些壮志未酬、虚荣心受挫、同时存在自尊心问题的人。使用威胁的一方虽然看起来很强硬,但实际上却是虚弱的表现。因为对方一旦不惧怕威胁,他便无计可施了,也没有了退路。在谈判专家荷伯·科恩看来,凶残和威胁来自弱者,而体面和同情来自强者。

对付威胁的有效办法,是无视威胁,对其不予理睬,可以把它看成不相干的废话,或者是对方感情冲动的表现。也可以指出威胁可能产生的后果,揭示使威胁成立的虚假条件,这样,威胁就失去了应有的作用。必要时,对威胁进行反击效果也会很好。

三、拒绝

谈判中的拒绝不同于我们日常生活中所理解的拒绝。日常生活中的拒绝,往往是对某事、某物的全面、立体的拒绝,往往没有可商量、可讨论的余地,而在谈判中,拒绝决不意味着宣布谈判破裂,而是一种谈判技巧和手段。一方面,拒绝是否定了对方的进一步要求;另一方面,却延续了对以前的报价或让步的某种承诺。而且,谈判中的拒绝往往不是全面的;相反,大多数谈判中的拒绝往往是单一的、有针对性的。所以,在谈判中的拒绝,往往给对方留有了其他方面讨价还价的可能性。

在谈判中,拒绝是一种逆势状态,它必然会在对方心理上造成失望与不快。在拒绝的时候要讲究拒绝的艺术和方法,把由于拒绝造成的失望与不快降到最小限度。这样,既能使自己从无法回答的困境中解脱出来,又能使对方在和谐的气氛中接受。谈判拒绝的主要方法有以下几种:

(一)问题法

问题法也称作提问法,就是面对对方提出的过分要求,通过一连串的问题来提出疑问。这些问题足以使对方明白你不是一个可以任人欺骗的笨蛋,无论对方回答或不回答这些问题,也不论对方承认与否,都已经使其明白他提的要求太过分了。问题法对付只顾自己利益,不顾对方死活而提出过分要求的谈判对手,简直是一副灵丹妙药。

[案例5—2]

提问题

在一次中日关于某种农业加工机械的贸易谈判中,中方主谈面对日方代表高得出奇的报价,巧妙地采用了问题法加以拒绝,中方主谈一共提出了四个问题:

不知贵国生产此类产品的公司有几家?

不知贵公司的产品价格高于贵国某品牌的依据是什么?

不知世界上生产此类产品的公司一共有几家?

不知贵公司的产品价格高于世界某名牌的依据又是什么?

(二)转折法

转折法也称作但是法,是指在拒绝开始时,先不亮出自己的观点,而是从对方的观点、意见中找出双方的共同点,加以肯定或赞赏,或者站在第三方的角度对对方的观点表示理解,从而减少了对方的对抗心理,减弱其心理防范,然后再用婉转的语言陈述自己的观点,来拒绝对方,或说服对方。其语言表现为"是的……但是……"、"是的……然而……"或"对……如果……"等形式,这种语言表现形式比较委婉,不容易冒犯对方,可以保持谈判的良好气氛。

[案例5—3]

别人也说过这话

在一次商品交易会上,某公司的产品陈列台前来了一位客户。他四下看看后,转身就走。公司的推销员不肯放过任何一个机会,主动上前答话,问:"你想买什么?"

"这里没什么可买的!"客户轻蔑地说,说完又要走。

"是呀,别人也说过这话。"

想走的客户站住了,他似乎有点暗暗得意,让他说中了,情绪松弛了下来。

"可是,他们后来都改变了看法!"推销员话锋一转,来了一个180度大转弯。

"噢?为什么?"猎奇的心理引起了客户极大的兴趣。

推销员顺水推舟地开始了推销,而客户也在无形中接受了推销员的观点,心甘情愿地买了公司的大批产品。

(三)条件法

条件法就是在拒绝对方前,先要求对方满足己方的一个条件,即找借口:如果对方能满足,则己方可以满足对方的要求;若对方不能满足,那己方也无法满足对方要求。这种拒绝的方法既委婉地拒绝了对方的要求,又维护了双方的关系。

除了上述的拒绝方法以外,拒绝对方的方法还有借口法、幽默法等等,总之高明的拒绝方法是在维护双方关系的前提下,否定了对方的要求。最高明的拒绝方法是诱导否定。所谓诱导否定就是在对方提出问题之后,不马上正面回答,而是先讲一点理由条件或反问一个问题,诱使对方自我否定,自动放弃提出的问题。

拒绝是一种策略。拒绝对方时,不能板起脸来,态度生硬地回绝对方;相反,要选择恰当的语言、方式和时机,而且要留有余地巧妙拒绝。要明白拒绝本身是一种手段而不是目的。也就是说,谈判的目的不是拒绝,而是获利,或者为了避免损失,一句话,是为了谈判成功。一定要学会拒绝,该拒绝时要果断拒绝。该拒绝的地方不拒绝,又无法兑现,这就意味着你马上就要失信于对方,不利于后面的谈判。当然在拒绝时,要讲究艺术,采用巧妙而委婉的拒绝方式,使对方乐于接受。

第二节 让步

让步是指在谈判中,为了取得意见一致和实现谈判目标,谈判一方从原有的立场上后退,逐步降低自己的需要和要求的过程。在磋商阶段,让步是谈判双方一种必然的行为。如果谈判双方都坚守自己的立场,不后退半步,那么,谈判将永远达不成协议。在价格磋商中,伴随着双方的让步,谈判进行多轮的讨价还价,直至互相靠拢,才能最终实现谈判的目标。谈判就是各方相互让步的过程,没有让步,就没有谈判。

从价格谈判来看,谈判各方不仅要积极追求自己的利益,同时,还必须做出适当的让步以换取更大的利益。可见,让步本身就是一种策略,它体现谈判者用主动满足对方需要的方式来换取己方需要的合作愿望。让步的结果通常有一无所获(人财两空)、有所收获和大有收获三种。在做出让步时,要谨慎思考,既要没有大的损失,又要让对方感受到让步的价值。如何运用让步策略,是磋商阶段最重要的事情。

[小资料 5—1]

中国的"熊猫"

宝钢的副总工程师王铁梦在一次报告中说起,为筹建宝钢,他曾参与了和日本新日铁公司的谈判。谈判下来的重要体会是:凡是在谈判中,和日本人针锋相对讨价还价,使对手占不了什么便宜的人,日本人非常尊敬他们;相反,那些在谈判中,被日中友好搞糊涂了,在谈判中稀里糊涂就做出让步的人,被日本人瞧不起,他们私下里叫这种人是中国的"熊猫"。因为熊猫虽然可爱,但傻里傻气的。

一、让步的原则

谈判是双方不断地妥协、让步最终实现谈判目标的过程。让步是谈判中一种必需的手段,因此任何让步都不会是无谓的,都具有强烈的目的性,这就既需要把握一些最基本的原则又需要掌握一些基本的技巧,因为也许一个小小的让步会涉及整个战略布局,毫无原则的让步和不清楚真实目的让步,最终的结果往往是将自己逼入绝境,而对手却在静观其变。

(一)维护整体利益

为了达到谈判的目的,谈判前要做充分的准备,要确定在哪些问题上与对方讨价还价,在哪些方面可以做出让步,让步的幅度是多大,当不得不让步时,以最小的让步换取最大的利益,争取以局部利益牺牲换取整体利益获得。

(二)不要轻易让步

谈判中不要让对方轻易地得到让步的承诺。谈判对手往往不太珍惜没有经过努力而得到的让步,而且在价格谈判中轻易地让步是非常危险的,对方可能会要求更大的让步。因此,即使自己已经作出让步的决定,也要让对方付出重大努力后慢慢得到。这样,对方就会珍惜自己所作出的让步。必须让对方明白:己方每次作出的让步都是重大的让步。

(三)有条件的让步

在商务谈判中,为了达成协议,让步是必要的。如果迫不得已,己方不作出让步就有可能使谈判夭折的话,也必须把握住"此失彼补"这一原则。即这一方面(或此问题)虽然己方给了对方优惠,但在另一方面(或其他地方)必须加倍地,至少均等地获取回报。当然,在谈判时,如果发现己方此处让步可以换取彼处更大的利益时,也应毫不犹豫地给其让步,以保持全盘的优势。让步的代价一定要小于让步所得到的利益,要避免无谓的让步。

(四)适当的让步幅度和让步次数

谈判者每次让步都要注意让步的幅度。如果让步的幅度太大给对方的感觉是虚开谈判条件;如果让步的幅度太小对方会认为己方没有诚意。让步的次数太多和让步幅度过大的危害是一样的;让步次数太少和让步幅度太小给对手的感觉是一样的。因此,在谈判中一定要步步为营,严格控制让步的幅度和次数,要让对方明白:得到己方的每一次和每一点让步都是来之不易的。

(五)把握让步的时机

在商务谈判中,随意性让步导致让步价值缺失、让步原则消失,进而促使对方的胃口越来越大,丧失谈判的主动权,导致谈判失败,所以在使用让步策略时千万不得随意而为之,要把握好让步的时机。在适当的时机和场合做出适当适时的让步,使让步的价值发挥到最大,所起到的作用最佳,使让步起到画龙点睛的作用。

(六)关键问题上不做让步

要明确对于己方和对方来说,哪些是关键问题,哪些是次要问题。在次要问题上,己方可以考虑主动让步;在重要的关键性问题上要力求使对方先让步。这样可以争取谈判的主动权,为下一步的谈判增加筹码,增加与对方讨价还价的力量。

(七)不同等幅度让步

不要承诺作同等程度的让步。如果对方在某一价格项目上让利40%,并以此要求你在其他项目,如支付的时间上也让出40%。虽然同样是40%,但双方由此得到的实质性内容却不一定相同。因此,必须慎重考虑,而不能轻易作出让步的承诺,可以用己方无法承担的理由婉言拒绝。

二、典型的让步方式

西方谈判界对让步已有比较深入的研究,他们把常见的正确和错误的让步类型分为九种,现在假定买卖双方各准备让步100元,又都准备让四次(表格中的数字,对于卖方来说,是报价时逐步减少的数字;对于买方来说,是报价时逐步增加的数字),那么,可以从5—1表中看到九种让步不同的情况:

表 5—1　　　　　　　　　　　典型的让步方式

次数\形态	第一步	第二步	第三步	第四步
坚定冒险型	0	0	0	100
强硬态度型	5	5	5	……
刺激欲望型	25	25	25	25
诱发幻想型	13	22	28	37
希望成交型	37	28	22	13
妥协成交型	43	33	20	4
冷热危险型	60	28	0	12
虚伪报价型	50	39	−4	15
愚蠢缴枪型	100	0	0	0

1. 坚定冒险型（0—0—0—100）

这种让步的特点是谈判的前阶段里丝毫不让步，给人一种没有讨价还价余地的感觉，只要对方比较软弱，有可能得到很大利益，但更大的可能是导致谈判的破裂。这种让步使用的场合比较少而特殊，由于要冒很大的风险，应该慎用。

2. 强硬态度型（5—5—5—……）

与上面的让步类型相比，这种方法的特点是有所让步，但幅度很小，因而给对方一种十分强硬的感觉，而第四步之所以用省略号，是因为有可能让下去，也有可能就此为止，不再让步了。这种让步类型与第一种让步类型的结果相似，所以，也应该慎用为好。

3. 刺激欲望型（25—25—25—25）

这种让步的特点是定额增减，它会刺激对方要你继续让步的欲望，因为在三个 25 之后，对方都等到了一个 25，那么在第四个 25 之后，对方也完全有理由等待第五个 25、第六个 25……而你一旦停止让步，就很难说服对方，从而很能导致谈判的中止或破裂。这种让步是极不明智的外行做法，内行人决不采用这种让步方法。

4. 诱发幻想型（13—22—28—37）

这种让步比第三种更糟糕，其特点是每次让步都比以前的幅度来得大，这会使对方坚信，只要他坚持下去，你总会做出越来越大的让步。这无疑诱发了对方的幻想，给你带来灾难性的后果。

5. 希望成交型（37—28—22—13）

看上去这种让步与第三种让步的幅度正好颠倒了一下，实质上两者有本质的区别，这种让步的高明之处在于：一是显示出让步者是愿意妥协、希望成交的；二是显示出让步者的立场越来越强硬，即让步不是无边无际的，而是明白地告诉对方让步到什么时候为止，对方不要再抱什么幻想了。这种让步方法在合作性较强的谈判中常常使用。

6. 妥协成交型（43—33—20—4）

这种让步的特点是先作一次很大的让步，从而向对方表示一种强烈的妥协姿态，表明自己的成交欲望,然而,让步幅度的急剧减小,也清楚地告诉对方,自己已经尽了最大的努力,要作进一步的让步根本不可能了。这种让步在谈判实力较弱的场合中经常使用。

7. 冷热危险型(60—28—0—12)

开始让步的幅度巨大,表示出强烈的妥协态度;后来让步的幅度又剧减,表示出强烈的拒绝态度。开始的妥协使对方抱有很高的期望,后来的拒绝又使对方突然非常失望。这样或冷或热,使对方很难适应,不知你葫芦里卖的是什么药。所以,这种让步带有很大的危险性,是外行人使用的方法,内行人只有在非常极端的情况下,偶尔一用。

8. 虚伪报价型[50—39—(—4)—15]

所谓虚伪报价型,可从让步的数字中看出有个起伏的过程,第三步(—4)是在前两步让了89元的基础上,减去4元,实际上成了85元,这当然会遭到对方的坚决反对,于是第四步再加上15元,实际上还是100元,可是却给对方一种满足感,好像他又赢得了一个回合的胜利似的。不过这里有两点要说明:一是开始让步的幅度不应这么大、这么快,这里受表格的局限,为了凑成四格才这么安排的;二是这种让步法难登大雅之堂,在大多数正规庄重的谈判场合,决不能采用这种让步法,因为给人虚伪欺诈之感,有失身份和体面。

9. 愚蠢缴枪型(100—0—0—0)

这种让步法是谈判一上来就把自己所能做的让步和盘托出,从而断送了自己讨价还价的所有资本,下面因为没有退让的余地,只好完全拒绝作任何进一步的退让。这种让步是愚蠢地放下了自己的谈判武器,如同战场上缴械投降一般。所以,不可能给自己带来任何利益,而且反而因为你太愚蠢而让对方看不起。既输了谈判,又失了人格。真所谓是"赔了夫人又折兵"。一般地说,在任何情况下,这种方法都不宜采用。

上述表格概括了谈判中的九种让步的具体方式。从谈判的实践来看,可以把这九种让步类型分为三种:

1. 常用型:第五种"希望成交型"和第六种"妥协成交型"两种。
2. 慎用型:第一种"坚定冒险型"、第二种"强硬态度型"、第七种"冷热危险型"和第八种"虚伪报价型"。这些类型必须视具体情况而定,应小心而慎重地采用,不然很可能会惨遭失败。
3. 忌用型:第三种"刺激欲望型"、第四种"诱发幻想型"和第九种"愚蠢缴枪型"。这三种类型是外行人经常容易犯的错误,一般地说,在谈判中不宜采用,初学谈判者更不必去冒这种险。

三、迫使对方让步的策略

虽然在谈判中让步是相互的,但双方毕竟追求的目标并不相同,任何谈判者都不会积极主动地退让,都会运用各种手段和方法诱导或施压来迫使对方做出让步,最终在激烈的讨价还价过程中达成协议。

(一)制造竞争策略

当谈判对方存在竞争对手时,己方完全可以选择其他的合作伙伴而放弃与对方的谈判,谈判对方的谈判实力将大大削弱。谈判者应该有意识地制造和保持对方的竞争局面。在筹划谈判时谈判者同时与几个商家分别洽谈,也可以在谈判中适当透露对方竞争对手的情况,给谈判对手施加压力。即使实际上并不存在竞争对手,谈判者也可以制造假象来迷惑对方,让对方信以为真,引诱对方走上我们为其设计的谈判道路。

[案例 5—4]

坐收渔利

出售奥运会电视转播权,一直是主办国的一项重大权益。1980年奥运会在莫斯科举行,苏联人当然不会放过这一机会。

在此之前,购买奥运会电视转播权的最高价格是1976年美国广播公司购买的蒙特利尔奥运会转播权,其售价是2200万美元。那么苏联人该怎么干呢?早在蒙特利尔奥运会项目比赛期间,苏联人就邀请了美国三家电视网的上层人物到圣劳伦斯河上停泊的苏联轮船阿列克赛·普希金号上,参加了一次豪华的晚会。苏联人分别同三家电视网的上层人物接触,提出报价21000万美元现金!这个价比历史上最高的奥运会转播权的售价高出近十倍。之后,苏联人把美国国家广播公司、全国广播公司和哥伦比亚广播公司的代表请到莫斯科参加角逐。用美国广播公司体育部主任茹恩·阿里兹后来的话说:"他们要我们像装在瓶子里的三只蝎子那样互相乱咬,咬完之后,两只死了,获胜的一只也被咬得爬不起来了。"

在谈判进入最后阶段时,三家电视网的报价分别是:全国广播公司7000万美元,哥伦比亚广播公司7100万美元,美国广播公司7300万美元。此时,一般认为美国广播公司占上风。因为他们以前搞过奥运会转播十次中的八次,经验最丰富,且报价也最高。可是哥伦比亚广播公司突然从德国慕尼黑雇来一个职业中间人鲍克。在鲍克的帮助下,苏联谈判代表同哥伦比亚广播公司主席佩里进行了会晤。哥伦比亚广播公司同意把价格再次提高,甚至还提出了更多的让步条件。人们都认为哥伦比亚广播公司已稳操胜券了。可是苏联人在12月初又宣布了另一轮报价。最后摊牌的日子是12月15日,苏联人向三家电视网表明:时至今日所得到的结果只不过是每家都有权参加最后一轮报价。这使美国人极为愤怒,苏联人的这种蛮横无礼的做法一时把美国人气跑了。

苏联人还是有办法的,第一,它宣布转播权已名花有主,属于美国SATRA公司。这是家极小的公司。苏联人的话听起来就像宣称大美人已与一位两岁的婴儿订婚那么荒唐,它又使众多的追求者看到希望。第二,请中间人鲍克再次与三家电视网接触,鲍克能言善辩,长于周旋,经过这一番努力后,斗士们终于又回到竞技场……

最后,苏联人以8700万美元的价格把1980年莫斯科奥运会的转播权售给了美国国家广播公司。这个价格是上届奥运会的四倍,比苏联人原先所实际期待的还要高出2000万美元。

(二)软硬兼施(红脸白脸)策略

白脸就是"恶人",在谈判中态度坚决,寸步不让,咄咄逼人,几乎没有商量的余地,使对手产生反感;红脸就是"好人",在谈判中态度温和,通情达理,使对手放松戒备,拿白脸当武器来压对方,尽力撮合双方合作。

当谈判气氛明显充满敌意,对方死守一点而绝不让步时,白脸人出场,尽力指责对方,把空气搞得十分紧张,而其他人则一言不发或不知所措;然后红脸人走出来缓和局面,他虽然劝阻同伴,但是也平静而明确地指出,这一场闹剧之所以出现完全是对方引起的。当白脸人发怒后,对方一般也会发怒,而后又会感到自己的做法有失情理。红脸人使大家冷静下来,并说得白脸人收敛怒气。在这种情况下,被攻击的一方,很可能会作出让步。

红脸和白脸的扮演者要符合本人的性格特征。白脸人要具有进攻性和威慑力,令人望而生畏并易于被人激怒;红脸人善于逢场作戏,处事圆滑,十分理智。同时,两角色要配合默契。

[案例5—5]

你们希望和我解决问题,还是留待休斯和你们谈

霍华·休斯是美国一位大富豪,性格古怪,易怒。为购买飞机他与飞机制造商谈判。休斯事先列出了34项要求,其中几项是必须满足的。谈判开始,休斯亲自出马与飞机制造商谈判。由于休斯脾气暴躁,态度强硬,对方很气愤,谈判气氛充满了对抗性。双方都坚持自己的要求,互不相让。休斯蛮横的态度,终于让对方忍无可忍,谈判陷入了僵局。

这时,休斯感到自己不可能再和对方坐在同一谈判桌前了,他也意识到自己的脾气也许不适合这场谈判。于是他选派了一位性格比较温和又很机智的人代理他和飞机制造商继续谈判。他对代理人说:"只要能争取到我那几项非得不可的要求,我就满足了。"

出乎意料的是,这位代理人经过一轮谈判后就争取到了34项条件中的30项要求,其中自然包括了休斯志在必得的那几项。休斯惊讶地问代理人,凭什么方法赢得了这场谈判,代理人回答说:"很简单,每到僵持不下时,我就问对方'你是希望与我解决这个问题,还是留待休斯跟你们谈',结果每次对方都接受了我的要求。"

(三)最后通牒策略

最后通牒策略是谈判的一方给谈判设定一个最后的期限,迫使对方让步以便达成协议,否则己方将退出谈判而使谈判破裂。这种策略是谈判者以退为攻,用中止谈判等理由来迫使对方让步。实施最后通牒是否有效果、有威力,关键在于能否使对方相信己方的最后通牒是真的,而不是一种策略。因此,最后通牒最好由谈判队伍中身份最高的人来表述,而且提出最后通牒必须是坚定、明确、毫不含糊,不让对方存有任何幻想。

运用最后通牒策略应注意以下几个问题:

1.己方的谈判实力应强于对方,该项交易对己方的重要性超过对方。
2.谈判已经使用了多种谈判策略但结果不太理想,最后通牒策略成了最后的唯一选择。
3.己方确实已经把条件降到了一定的限度。
4.经过长时间的谈判,如果不达成协议对方已经无法负担失去该交易而造成的损失。

[案例5—6]

中方引进轧钢机的谈判

20世纪,我国某大型钢铁公司曾经为引进两套大型轧钢机,同四家外国公司进行了接触,他们都报了价。其中A公司的技术对我国来说最适用,可是这家公司报价最高,而且又自恃神通广大,所以谈判代表态度十分傲慢,立场十分强硬。

这两台轧钢机是国家急需的成套设备,费用昂贵,事关重大。中方主谈在3月1日主动找了A公司的谈判代表,希望他能降低价格。可对方说,现在不是降价的问题,而是升价的问题。他特别提醒中方主谈,他们公司的报价有效期是3月15日晚上12点,过了这个时间,他们就涨价15%。

经验丰富的中方主谈为了打开谈判的局面,撇开A公司,转向了其他三个公司。经过同B公司的多次谈判,价格已经比A公司低了很多。中方主谈又通过某种渠道,把与B公司谈判的情况捅给了A公司的上层人物,说A公司的谈判代表要价太高,而B公司的报价比较优惠,A公司将失去这一大笔买卖。A公司的总经理一听急了,马上通知该公司的谈判代表,要他无论如何也要谈成这笔大生意。

A公司的谈判代表再也坐不住了,他放下架子,主动找到中方主谈,说接到了新的指示,愿意降低价格同中方进行新一轮谈判。这回轮到中方主谈收拾这个狂妄自大的家伙了,中方主谈正告对方:"你们等着吧,到了3月15日,我会给你们答复的。请注意,这是贵公司规定的最后期限。"A公司的谈判代表急得跳了起来,中方主谈抓住对方急于谈判的心理,以其人之道,还治其人之身,狠狠地报了一个低价,比B公司的报价还有低2000万美元,并且也规定了一个最后时限,限他在3月15日晚上12点以前给予答复。理由很简单,因为中方和B公司的谈判有了一定的成果。如果撇开B公司与A公司达成协议,除非A公司的价格比B公司还低,否则中方将失去信誉。此时离3月15日已经没有两天了,所以A公司的谈判代表勃然大怒,指责中方主谈存心不和他做生意,他要向有关方面控告,要打官司以赔偿他来华谈判所花的几百万美元!中方主谈义正词严地把他顶了回去。

到了3月15日晚上11点45分,离最后期限还有15分钟,A公司的谈判代表敲开了中方主谈的房门,无可奈何地同意了中方的价格。中方主谈不仅为国家引进了急需的、技术先进的大型轧钢设备,节约了好几千万美元的外汇,更重要的是维护了国家的尊严和个人的人格。

(资料来源:潘肖珏 谢承志.商务谈判与沟通技巧.复旦大学出版社,2004.)

(四)积少成多策略

积少成多策略也称挤牙膏策略,就是在谈判中针对某个谈判条件,通过向对方不断地施加压力,促使其一点一点地逐步改善其交易条件的策略。这种策略的实施关键在于寻找理由,而且找的理由条理化、秩序化,这样就可以一点一点地迫使对方妥协,使谈判朝有利于己方的方向发展。这种策略使用的范围很广,非常酷似人们平常挤牙膏的做法,故命名为挤牙膏策略。

(五)各个击破策略

各个击破策略是指利用对方谈判人员内部不一致的方面来分化对手,重点突破。谈判对手内部往往并不是铁板一块,有时各成员因地位不同,利益也不同,所以可以寻找对方关键人物或次要人物私下接触以达到自己的目的。

该策略尤其适用于对方内部存在不同的利益关系时,即谈判一方联合性团队。如果在谈判中发现他们明显有不同的谈判需求,并且随着谈判的不断深入,他们很难再合作下去,这时就可以毫不犹豫地寻找自己中意的一方私下接触,实施各个击破。

(六)吹毛求疵策略

吹毛求疵策略也称先苦后甜策略,它是一种先用苛刻的虚假条件使对方产生疑虑、压抑、无望等心态,以大幅度降低对方的期望值,然后在实际谈判中逐步给予优惠或让步。如果本方在谈判中明显处于有利地位,而且即使谈判破裂也可以另外寻找合作伙伴,就可以对商品或服务从不同的角度不断挑刺,迫使对方作出让步。

(七)既成事实策略

谈判一方通过一些巧妙的方法使交易已经成为事实,然后在举行的谈判中迫使对方让步,对方通过衡量所付出的代价和中止成交所受损失的程度,被动接受既成交易的事实。这种先斩后奏的做法足以给对方造成巨大压力。

四、阻止对方进攻的策略

在谈判中,有利的一方总是比不利的一方较能控制谈判的进程,有效地进攻对方,但是不利的一方一味地让步必然会直接损害自身的利益。谈判者如何有效地运用方法和策略,阻止对方的进攻以保护自己的利益,正是我们下面要讨论的内容。

(一)权力有限策略

权力有限策略是利用控制己方谈判人员的权力来限制对方的自由,防止其进攻的一种策略。这种策略往往假借公司的规定,自己的权力受到限制等外在因素来搪塞对方,以婉拒对方过高或不切实际的要求。

在谈判中,商务谈判人员的权力来自上司的授权、国家的法律和企业的政策以及贸易惯例。权力受到限制,是用来阻挡对方进攻的"挡箭牌",受到限制的权力才是真正的权力,权力有限恰恰意味着力量的无限。在权力有限的情况下,对方讨价还价只能局限在己方谈判人员权力所及的范围之内,任何试图超出这一范围去谋求更多利益的努力都是徒劳的。但是,这种策略只能在少数关键时刻使用,使用太多对方会认为你没有合作的诚意或没有谈判的资格而拒绝与你进一步地磋商。

(二)政策极限策略

政策极限策略是以本方企业在政策方面的有关规定作为无法退让的理由,阻止对方进攻的一种策略。每个企业有一些基本的行为准则和制度规定,这些准则和制度会对企业的生产经营活动产生影响,谈判人员同样需要用这些准则和制度来约束自己的行为。这种策略限制对方行动自由的不是权力而是准则和制度。

(三)财政极限策略

财政极限策略是利用己方在财政方面所受的限制,向对方施加影响,达到防止其进攻目的的一种策略。

以上三种策略所依据的原理完全一样。

(四)不开先例策略

不开先例策略通常是指在谈判过程中处于优势的一方,为了坚持和实现提出的交易条件,而采取的对已有用的先例来约束对方,从而使对方就范,接受己方交易条件的一种策略。这种策略的好处是可以节省时间和精力,缩短决策过程。使用这种策略主要是引用以前与同一对手谈判时的例子或引用与他人谈判的例子等两种形式。例如在一个关于电冰箱价格的谈判中,电冰箱供应者面对采购者希望降价的要求:

甲:"你们提出的每台1700元,确实让我们感到难以接受,如果你们有诚意成交,能否每台降低300元?"

乙:"你们提出的要求实在令人为难,一年来我们对进货的600多位客户都是这个价格,要是这次单独破例给你们调价,以后与其他客户的生意就难做了。很抱歉,我们每台1700元的价格不贵,不能再减价了。"

(五)疲劳战术策略

谈判者在谈判过程中不但要精力集中,而且还要体力充沛,如果过于疲劳就会使人反应迟钝,行动能力薄弱,对事情马马虎虎,因此容易被动挨打,甚至犯下在精力充沛时根本不可能出现的愚蠢的错误。疲劳战术就是通过许多回合的拉锯战,使谈判对手疲劳生厌,以此逐渐磨去锐气;同时也扭转了己方在谈判中的不利地位,等到对手筋疲力尽,头昏脑涨之时,己方即可反守为攻,促使对方接受己方条件。如果你确信对手比你还要急于达成协议,那么运用疲劳战术会很奏效。

采用这样的疲劳战术,要求己方事先有足够的思想准备,并确定每一回的战略战术,以求更有效地击败对方的进攻,争取更大的进步。在实际谈判中,确实有许多人以耐心或善于运用疲劳战术著称。一位美国石油商曾这样叙述沙特阿拉伯石油大亨亚马尼的谈判战术,他最厉害的一招是心平气和地把一个问题重复一遍又一遍,最后搞得你筋疲力尽,不得不逐渐让步。中东的企业家最常用的交易战术,就是白天天气酷热时邀请欧洲的代表观光,晚上则招待他们观赏歌舞表演。到了深夜,白天不见踪影的中东代表团的领队出现了,想必已有充分的休息,神采奕奕地和欧洲代表展开谈判。欧洲代表经过一天的奔波,早已疲惫不堪,只想上床休息,想尽快结束谈判,那么在谈判中必然让步。

(六)借恻隐策略

所谓的借恻隐其实就是平时我们所说的装可怜,利用对方的同情心来博得同情不再进攻的一种策略。因为在一般情况下,人们总是同情弱者,不愿落井下石,将之置于死地。示弱者在对方就某一问题提请让步,而其又无法以正当理由拒绝时,就装出一副可怜巴巴的样子,进行乞求。这个策略,取决于对方谈判人员的个性,以及示弱者坦白内容的可信程度,具有较大的冒险性。

(七)以攻对攻策略

以攻对攻策略是指己方让步之前向对方提出某些让步要求,将让步作为进攻手段,变被动为主动。当对方就某一个问题逼迫己方让步时,己方可以将这个问题与其他问题联系在一起加以考虑,在相关问题上要求对方做出让步,作为己方让步的条件。结果,要么双方双双让步,要么都不作让步,从而避免对方的进攻。例如,在货物买卖谈判中,当买方向卖方提出再一次降低价格的要求时,卖方可以要求买方增加购买数量,或是承担部分运输费用,或是改变支付方式,或是延长交货期限等。这样一来,如果买方接受卖方条件,卖方的让步也会得到相应补偿;如果买方不接受卖方提出的相应条件,卖方也可以有理由不做让步,使买方不好再逼迫卖方让步。

[案例5—7]

意方做戏

意大利与中国某公司谈判出售某项技术。由于谈判已进行了一周,但仍进展不快,于是意方代表罗尼先生在前一天告诉中方代表李先生:"他还有两天时间可谈判,希望中方配合在次日拿出新的方案来。"次日上午中方李先生在分析的基础上拿了一方案比中方原要求(意方降价40%)改善5%(要求意方降价35%)。意方罗尼先生讲:"李先生,我已降了两次价,计

15%,还要再降35%,实在困难。"双方相互评论解释一阵后,建议休会下午2:00再谈。

下午复会后,意方先要中方报新的条件,李先生将其定价的基础和理由向意方作了解释并再次要求意方考虑其要求。罗尼先生又讲了一遍其努力,讲中方要求太高。谈判到下午4:00时,罗尼先生说:"我为表示诚意向中方拿出最后的价格,请中方考虑,最迟明天中午12:00以前告诉我是否接受。若不接受我就乘下午2:30的飞机回国。"说着把机票从包里抽出在李先生面前显了一下。中方把意方的条件厘清后,(意方再降5%)表示仍有困难,但可以研究。谈判即结束。

中方研究意方价格后认为还差15%,但能不能再压价呢?明天怎么答?李先生一方面与领导汇报,与助手、项目单位商量对策,一方面派人调查明天下午2:30去欧洲的航班。

结果明天下午2:30没有去欧洲的飞机,李先生认为意方的最后还价、机票是演戏,判定意方可能还有条件。于是在次日10:00给意方去了电话,表示:"意方的努力,中方很赞赏,但双方距离仍存在,需要双方进一步努力。作为响应,中方可以在意方改善的基础上,再降5%,即从30%,降到25%。"

意方听到中方有改进的意见后,没有走,只是认为中方要求仍太高。

上述种种策略并不是严格地一个一个按分类使用,谈判者应该根据自身的实力、环境和竞争对手状况等因素综合考虑,灵活、准确地加以选择和使用。

第三节 谈判僵局

大多数谈判进行到一定阶段时,谈判双方对利益的期望或对某一问题的立场和观点会存在分歧,当很难形成共识,而又都不愿作出妥协让步时,谈判进程就会出现停顿,出现进退两难的局面,这就是我们通常所说的谈判陷入了僵局。所谓谈判僵局,是指谈判过程中呈现的一种不进不退的僵持局面,具体说,是指谈判双方对所谈问题的要求差距很大,出现争议,很难形成共识,而且双方都不肯作出任何让步的局面。

在面对僵局的压力下,谈判者不要有病乱投医,而应该保持足够的耐心和镇定,尽快消除由于僵局带来的不良情绪影响,分析和了解谈判僵局出现的原因,运用科学有效的策略和技巧打破僵局,重新使谈判顺利进行下去。

一、僵局的成因

不论是谈判中的何种僵局,其形成都是有一定原因的。要想妥善地处理僵局,必须对僵局的性质、产生的原因等问题进行透彻的了解和分析,突破僵局也就有的放矢了,进而选择有效的解决方案,继续谈判的进程。

(一)立场观点的争执

双方各自坚持自己的立场观点而排斥对方的立场观点,形成僵持不下的局面,这是僵局形成最常见的一种原因,因为人们很容易在谈判时陷入立场观点的争执不能自拔而使谈判陷入僵局。

如果谈判双方对某一问题各持自己的看法和主张,认为己方是正确合理的,而对方是错误的,并且谁也不愿作出让步时,往往容易产生分歧,争执不下,随着时间的推移分歧会越来越大。这时,双方真正的利益被这种表面的立场所掩盖,而且为了维护各自的面子,非但不愿做出让步,反而会用顽强的意志来迫使对方改变立场。于是,谈判变成了一种意志力的较量,谈判自然陷入僵局。

(二)谈判人员素质低下

谈判人员素质不仅始终是谈判能否成功的重要因素,而且当双方合作的客观条件良好、共同利益较一致时,谈判人员素质高低往往是起决定性作用的因素。谈判人员工作作风、礼节礼貌、言谈举止等方面出现严重失误,触犯了对方的尊严或利益,就会产生对立情绪;或者由于谈判人员的素质欠佳,在使用一些策略时,因时机掌握不好,或运用不当,也往往导致谈判过程受阻及僵局的出现。无论是谈判人员作风方面的原因,还是知识经验、策略技巧方面的不足或失误都可导致谈判的僵局,使谈判很难顺利进行下去,造成很难堪的局面。

(三)有意无意的强迫

谈判中,人们常常有意或无意地采取强迫手段而使谈判陷入僵局。尤其是一方占有一定的优势,他们以优势者自居向对方提出不合理的交易条件,强迫对方接受,否则就威胁对方。被强迫一方出于维护自身利益或是维护尊严的需要,拒绝接受对方强加于己方的不合理条件,被强迫一方越是受到逼迫,就越是不会退让,谈判的僵局也就越容易出现。

(四)信息沟通障碍

沟通障碍就是谈判双方在交流彼此情况、观点、洽商合作意向、交易的条件等过程中,所可能遇到的由于主观与客观的原因所造成的理解障碍。谈判过程是一个信息沟通的过程,只有双方信息实现正确、全面、顺畅的沟通,才能互相深入了解,才能正确把握和理解对方的利益和条件。事实上,即使一方完全听清了另一方的讲话内容并予以了正确的理解,而且也能够接受这种理解,但这仍不意味着就能够完全把握对方所要表达的思想内涵。因此,谈判中由于双方信息传递失真导致双方之间产生误解而出现争执,并因此使谈判陷入僵局的情况屡见不鲜。

产生沟通的障碍既有客观原因也有谈判者自身的原因,主要表现为:双方文化背景差异所造成沟通障碍;由于职业或受教育程度等所造成的一方不能理解另一方的沟通障碍,以及由于心理因素等原因造成的一方不愿接受另一方意见的沟通障碍等等,这些都可能使谈判陷入僵局。

(五)合理要求的差距

从谈判双方各自的角度出发,双方各有自己的利益需求。谈判双方的利益目标越接近,谈判成功的可能性就越大;双方的利益目标差异越大,谈判成功的可能性就越小。当双方各自坚持自己的成交条件,而且这种坚持虽相去甚远,但却是合理的情况时,这时只要双方都迫切希望从这桩交易中获得所期望的利益而不肯做进一步的让步,那么谈判就很难前行,交易没有希望成功,僵局也就不可避免了。这种僵局出现的原因就在于双方合理要求差距太大,不能形成共识所致。

除了上述原因可以导致僵局的出现,在商务谈判中谈判者所在企业的变化、外部环境的变化等如果涉及谈判某一方的利益得失时,都有可能使谈判者改变原有的决定,从而引起对方的不满,使谈判陷入僵局。

二、僵局策略

一般来说僵局的出现对谈判双方都没有任何好处,僵局不仅会引起双方感情的疏远,还减缓或阻止谈判的进程。但是谈判的僵局也不是一无是处,高明的谈判者可以利用僵局甚至制造僵局来达到自己的目的。打破僵局与利用或制造僵局有着某种程度的一致性,明白了僵局产生的原因会有助于利用和打破僵局,同样也可以制造僵局。

(一)僵局的利用

对处于不利地位的谈判者,可以利用僵局改变谈判形势,提高自己在谈判中的地位;对处于同等地位的谈判者,可以利用僵局争取有利的谈判条件。因此,利用僵局需要注意以下

要点:
1.僵局形成后,不能坐等时机,应积极地对对方人员施加影响;
2.要充分借助于外部形势或时间的有利影响,重点突破对方的薄弱之处。

精明的谈判者敢于利用僵局,但利用僵局的人不一定都是精明的,关键在于利用僵局之后,要有一套有效地消除敌对情绪的办法。

(二)僵局的制造

谈判的一方为了试探出对方的决心和实力而有意给对方出难题,搅乱视听,甚至引起争吵,迫使对方放弃自己的谈判目标而向己方目标靠近,使谈判陷入僵局。故意制造谈判僵局的原因可能是过去在商务谈判中上过当、吃过亏,现在要给对方报复;或者自己处在十分不利的地位,通过给对方制造麻烦可能改变自己的谈判地位,并认为即使自己没有改变不利地位也不会有什么损失,这样就会导致商务谈判出现僵局。其目的是使对方屈服,从而达成有利于己方的交易。

制造僵局通常考虑以下几个原则:
1.使对方有选择的余地。
2.相信自己总是有道理的,造成僵局是由于对方的过错。
3.僵局并不意味着谈判的完结。在制造僵局之前要设计出消除僵局的方法,要有退路。
4.对僵局的反感不是源于双方自尊心的损害(除非搞得太僵),而是由于未能达成协议而引起的利益损失。因此,渡过僵局的真正办法不是相互道歉而是达成协议。
5.为了达到"不打不成交"的效果,谈判者必须设计出一套完整的僵局方案。

制造僵局的策略是一把双刃剑,如果运用得当会获得意外的成功;反之,若运用不当,其后果也是不堪设想的。制造僵局对谈判人员的能力和素质要求都非常得高。

三、打破僵局的策略

在谈判时要想打破僵局,首先要认真地分析僵局产生的原因,然后还要搞清僵局的性质并设法找出造成僵局的关键问题和关键人物,根据这些认真研究打破僵局的具体策略和技巧,以便确定整体方案最终打破僵局。

(一)休会(情境改变)策略

休会策略是商务谈判中经常采用的一种基本策略,是指在谈判进行到某一阶段或遇到某种障碍时,谈判双方或一方提出中断谈判,休息一会儿的要求,以使谈判双方人员有机会恢复体力、精力和调整对策,推动谈判的顺利进行。

从表面上看,休会是为了满足人们生理上的需要,使谈判人员从紧张、正式的谈判中脱身,放松一下,恢复体力和精力,以利再战。但实际上,休会作用已远远超过这一含义。它已成为谈判人员调节、控制谈判过程,缓和谈判气氛,融洽双方关系的一种策略技巧。一般在下列情况下适用休会策略:

1.在会谈某一阶段接近尾声时。这时休会,使双方人员借休息之便,分析讨论这一阶段进展情况,预测下一阶段谈判的发展,提出新的对策。
2.在谈判出现低潮时。从人的生理角度来讲,人的精力呈周期性变化,有高峰低谷之分。

如果会谈时间拖得过长,谈判人员会出现体力不支、头脑不清、注意力分散等现象,最好休息一下,进行短暂的休整后,再继续谈判。

3.在会谈将要出现僵局时。在谈判中,双方观点出现分歧是常有的事,如果各持己见,互不妥协,会谈难免会陷入僵局。有些情况下,如果继续进行谈判,双方的思想还沉浸在刚才的紧张气氛中,结果往往是徒劳无益,甚至适得其反,导致以前的成果付诸东流。因此,比较好的做法就是休会,使双方有机会冷静下来,客观地分析形势,采取相应的对策。

4.在一方不满现状时。谈判一方可能会对谈判内容、程序、进度等方面出现不满意的情况,可能会采取消极对抗的办法。这样,会谈就会变得毫无生气,拖拖拉拉,效率很低。这时,一方可以提出休会,进行私下磋商,重开议局,改变不利的谈判气氛。

5.在谈判出现疑难问题时。在谈判中,由于是两方以上的交涉,新情况、新问题会层出不穷。如果出现意外情况,会谈难以继续进行时,双方可提出休会,各自讨论协商,提出处理办法。

休会一般是经由一方提出,另一方同意才能采用的方式,这需要双方的配合。因此,为了避免对方的拒绝,提出休会一方要把握好时机,看准对方态度的变化。如对方也有休会的需要,则一拍即合,立即生效。一般地说,如东道主提出休会,客人出于礼貌很少拒绝。

(二)换题策略(低潮回避法)

当双方对某一议题产生严重分歧,一味地争辩并解决不了问题而陷入僵局时,可以采用回避有分歧的议题,换一个新的议题与对方谈判。这样做有两个好处:一是可以争取时间先进行其他问题的谈判,避免长时间争辩耽误宝贵的时间;二是可以改变气氛,开阔思路。当其他议题经过谈判达成一致之后,对有分歧的问题产生正面影响,再回过头来谈陷入僵局的议题时,气氛会有所好转,思路会变得开阔,问题的解决便会比以前容易得多。

(三)换将(升格)策略

当谈判出现僵局时,更换主谈人或负责人,以期打破僵局的策略。一般情况下由于更换的人员往往比原先的谈判人员在级别上要高,所以也称为升格策略。

(四)以硬碰硬(破釜沉舟)策略

当僵局的形成是由于对方提出不合理条件,给我方施加压力时,特别是在一些原则问题上表现得蛮横无理时,我方必须采用以硬碰硬策略,以坚决的态度据理力争,使对方丢掉幻想,收敛起蛮横无理的态度,自动放弃不合理的要求。否则不仅损害己方利益和尊严,而且会助长对方的气焰。

采用这种策略应该注意以下问题:

1.己方的要求是合理的,而且没有退让的余地,或者双方的利益差距在合理限度内;

2.己方不怕谈判破裂;

3.注意表达的技巧性,用绵里藏针、软中有硬的方法回击对方,使其自知没趣,主动退让。

当谈判陷入僵局而又实在无计可施时,以硬碰硬往往是最后一个可供选择的策略。在采用这个策略时,己方必须做好承受谈判破裂的心理准备。

(五)引入第三方策略

有些谈判必须取得成果,而不能中止或破裂来结束谈判。当谈判出现了严重的僵持局面,彼此间的感情可能受到了伤害,为了尽快结束谈判,可借助于第三方的力量帮助解决。第三方拿出一个新的方案让双方接受。由于该方案照顾了双方的利益,顾全了双方的面子,并且以旁观者的立场对方案进行研究分析,因而很容易被双方接受。

(六)奉送选择权策略

在谈判中,谈判人员经常简单地提出单一方案,当这一方案不能为双方接受时,就会形成僵局。实际上,谈判中往往存在着多种满足双方利益的方案,在谈判准备期间就应该准备出多种可供选择的方案。一旦形成僵局,奉送选择权就是很好的解决方案。

奉送选择权策略是指一种故意摆出让对手任意挑选可以接受的两个或两个以上的解决分歧方案中的某一个,而自己绝不反悔,以使对方感到己方的大度和诚意,从而放弃其原来的追求条件,反过来随着自己的方案思考的做法。这种策略使用中应该注意两点:其一,谁能够创造性提供可选择的方案,谁就能掌握谈判的主动权;其二,替代性方案必须兼顾双方的利益。

(七)有效退让策略

谈判结果所体现的利益也是多方面的,当谈判双方对某一方面的利益分割僵持不下时,那么就应以灵活的方式在某些方面采取退让的策略,去换取另外一些方面的得益,以挽回看来已经失败的谈判,达成双方都能够接受的协议。尤其是在促使谈判成功的退让所带来的利益要好于因固守原有立场导致谈判破裂的结果时,那么有效的退让就是聪明的做法。

采取有效退让策略基于三点认识:第一,己方明智地认识到在某些问题上稍作让步,而在其他问题上争取更好的条件;在眼前利益上做一点牺牲,而换取长远利益;在局部利益上稍做让步,而保证整体利益。第二,己方多站在对方的角度看问题,消除偏见和误解,对己方一些要求过高的条件作出一些让步。第三,这种主动退让姿态向对方传递了己方的合作诚意和尊重对方的宽容,促使对方在某些条件作出相应的让步。如果对方仍然坚持原有的条件寸步不让,证明对方没有诚意,己方就可以变换新的策略,调整谈判方针。

打破僵局就要对僵局的前因后果作周密的研究,然后在分析比较了各种可能的选择之后,才能确定实施某种策略或几种策略的组合,而真正地实施成功更多的取决于谈判人员的经验、直觉、应变能力等素质因素。

四、避免僵局的产生

根据僵局形成的过程,对付僵局的方法事实上有两种即提前避免和形成后打破。我们前面讲了打破僵局的方法,而提前避免更为主动。

(一)避免僵局形成的态度

僵局影响谈判效率,挫伤谈判人员的自尊心,应尽力避免在谈判中出现僵局。但是如果能正确认识和恰当处理僵局,会变不利为有利,因此,应该用一种辩证的观点来看待僵局。

1. 要有一个合理的心态

谈判者努力实现自己的谈判目标是天经地义的,但是对这种目标的追求绝不是没有限度,即绝不应是永无止境的贪得无厌,也就是说,谈判的利益绝不可以为一方所独占。只有在谈判中追求自己的利益而不忽视对方的利益和感受,才不容易形成谈判僵局,谈判成功的可能性才更大。

2. 要注意控制和调节情绪

谈判中当对手言语过激时,不妨控制和调节一下自己的情绪,静静地倾听容忍对方发泄,"风平浪静"以后再开始继续谈判,这样对手往往会后悔自己的失态,会以加倍地顺从来弥补自己的过失。如果不能保持冷静,以怒制怒,势必导致矛盾激化,形成僵局。

3. 持有欣赏对方的态度

"人性中最深切的需求就是渴望别人的欣赏,这种渴望是一种苦恼而持久的人性饥饿。"虽然谈判双方有着不同利益,如果我们能更多地站在对方的立场上去欣赏对手的优势,不但能体现谈判者的涵养和大度,还能最大限度地避免僵局的产生。

4. 语速适中,语气谦和

适中的语速可以给人流畅而富有节奏的效果,可以避免因沟通障碍产生僵局;谦和的语气给人温文尔雅、彬彬有礼的感觉,避免因言语激烈而形成矛盾冲突。

(二) 避免僵局的方法

1. 互惠的谈判模式

所谓互惠的谈判模式,谈判双方均认定自身需要和对手需要,然后共同探讨满足双方需要的一切有效的可行途径。双方均把对方视为解决问题者而不是敌人;追求的目标是在顾及效率及人际关系之下达成需求的满足;对对方温和但谈判议题时态度强硬;眼光更多地摆在利益上,探寻共同利益而不是单纯以自身受益为达成协议的条件。

2. 采用横向谈判模式

所谓横向谈判是指在确定谈判所涉及的主要问题后,开始逐个讨论预先确定的问题,在某一问题上出现矛盾和分歧时,就把这个问题放在后面,讨论其他问题,如此周而复始地讨论下去,直到所有问题都谈妥为止。采用这种谈判模式可以保持谈判的机动性,是一种事先避免僵局的好方法。

实训项目:商务谈判中的价格磋商

一、实训目的

学会在具体环境中运用让步策略。

二、实训内容

一家制造企业的老总准备和工会的领导展开对话。涉及的最大问题是涨工资问题。工会要求涨 4%,而公司只想涨 1%。这位老总研究一下形势,过去的几次谈判中,双方都极力占领有利位置,并多次假装威胁拒绝继续谈下去,这总是会浪费好几个星期的时间,而最终不过是双方都妥协达成意料之中的结果。

在这种情况下有两种选择:

方案一:企业慢慢提高,而工会慢慢让步,最终双方取中,2.5% 可能是双方都接受的结果。

方案二：为避免双方的激战和时间上的浪费，企业早早地就做出了让步，在谈判的一开始就宣布他准备最终接受3%的结果，并宣称他只能做这么多。

最终这个企业老总没有采纳调解人的建议，选择了方案二。这让工会的领导们感到很高兴，但他们并不接受。如果公司一开始就可以提供这么多，他们自然会想，可能他们的要求太低了。而由于工会的期望值提高到不实际的程度，一个本来很有希望的谈判失败了，并最终导致员工罢工。

(1)企业老总与工会的谈判为什么失败了？他采用了哪一种让步方式？
(2)假如这位企业老总采用方案一会有什么样的结果，为什么？
(3)将学生分为两组，模拟上述案例练习让步的策略。

本章小结

在磋商阶段，谈判双方不断地拒绝、让步、僵持或妥协，是商务谈判过程中交锋最为激烈的阶段，也是最为关键的阶段。本章主要从谈判障碍、让步、僵局等三个方面展开表述。在磋商阶段，为了获取最大的利益，谈判一方会给对手设置各种障碍，如通过拒绝、威胁和僵局，给对方施加压力，逼迫对方让步。在激烈的交锋中，谈判者应该遵循让步的原则，注意让步的方式，根据谈判环境和自身条件采取相应的谈判策略做出让步或阻止对方的进攻。谈判的过程因为存在拒绝所以就可能出现僵局，本章最后分析了僵局形成的原因、僵局策略、打破僵局策略以及避免僵局产生的方法，谈判者主要应该掌握一些避免僵局产生的方法，尽量保持友好和谐的谈判气氛，同时应该掌握打破僵局的一些基本策略，以推进谈判的进程。

基本概念

谈判障碍→让步→最后通牒策略→积少成多策略→吹毛求疵策略→既成事实策略→不开先例策略→借恻隐策略→拒绝→转折法→休会策略→奉送选择权策略→换题策略→谈判僵局

思考题

1. 试述谈判让步的原则。
2. 试述谈判中让步的具体方式，并说明每一种让步方式的特点。
3. 迫使对方让步的策略有哪些？如何正确理解和使用这些策略？
4. 阻止对方进攻的策略有哪些？如何正确理解和使用这些策略？
5. 僵局形成的原因有哪些？为什么在很多情况下还需要制造僵局？
6. 试述打破僵局的策略。

◆ 案例分析题

案例　中美知识产权谈判
1995年2月26日，持续了20个月的中美知识产权谈判最终达成了协议。

一、谈判过程
1994年岁末，正当中国全力以赴为在年底前完成加入关税与贸易总协定而努力之际，中国和美国关于知识产权保护的谈判也进入了关键阶段。到1994年12月14日,两国之间关于知识产权的谈判已经持续了近20个月,然而,并无实质性进展。美国首席谈判代表明确表示,如果中国拒绝美国的要求,美国将阻止中国加入关贸总协定,同时,美方还威胁要对中国实施经济制裁。

作为回应,当时的中国外经贸部部长吴仪表示,美国拒绝承认中国在知识产权保护方面已经取得的前所未有的成绩,企图借用知识产权问题作为阻挠中国加入关贸总协定的借口。中国不会屈服于美国经济制裁的威胁,美国宣布制裁中国之时即是中国宣布采取报复性措施之日。

果然如吴仪所言,1994年12月31日,就在美国特别贸易代表米奇·坎特宣布了对价值28亿美元的中国出口产品的制裁清单之后仅一小时,中国也提出了报复性的产品清单。美国对中国销往美国的部分产品征收100%的惩罚性关税,这些产品主要包括电子产品、鞋、玩具、皮包、发电机、自行车和手表等。从制裁产品清单提出之日开始,需经过30天的公开讨论期,最终结果将于1995年2月4日公布。中国的报复性产品清单包括对美国生产的电子游戏机、游戏卡片、盒式录音带、激光磁盘、香烟、酒、化妆品和其他出口中国市场的美国产品征收100%的关税,并暂停批准美国公司及其子公司在中国设立控股公司和不允许美国生产商在中国开设办事处。

1995年1月18日,美国和中国重新开始谈判,谈判持续了10天但是没有任何结果。于是,1995年2月4日,美国谈判代表公布了对中国出口美国的产品的最终制裁清单。与第一份清单相比,这份最终制裁清单在制裁的项目和价值两个方面都有所改变。制裁将对包括手机、呼机、塑料制品和运动器械等35项产品,价值10.8亿美元的产品征收100%的惩罚性关税,其价值不足第一份清单的一半。而中国最终的报复性产品清单没有任何改变。美国的制裁将于2月26日生效,而中国的报复性清单也将于同一天生效。

两国进入了贸易战的边缘。贸易战可能带来的严重后果引起了各方面的严密关注,特别是中国周边地区和国家。《日本时报》评论说,在贸易战中没有赢家,没有人希望这场贸易战发生。中国需要美国的市场,因为中国每年有价值380亿美元的产品销往美国,几乎占其出口总额的30%。美国制裁的目标是中国最具活力和利润最大的出口产品。更为重要的是,中国政府在处理保护知识产权问题上的失败,将会对中国加入世界贸易组织产生严重的影响,而中国早已将加入世界贸易组织作为其确立世界经济强国地位的一个目标。

在短期内,中国的报复性措施对于美国的影响是有限的,因为被征收高关税的美国产品会以走私品的方式进入中国,而悬而未决的谈判要到第二年才会有结果。然而从长远的角度看,一场广泛的贸易战将会把美国电信公司、飞机制造商和汽车制造商排除在迅速发展的中国市场之外。贸易冲突的扩大也会波及到亚洲其他国家及地区,对其经济产生影响。不少中国台湾的企业在中国大陆南部省份投资建厂,目的就是利用当地廉价的劳动力和中美贸易最惠国待遇的好处。这些企业的产品出口也将随着中美贸易战而中断。美国的制裁也会对中国香港的经济增长产生负面影响,因为香港是许多中国内地出口产品的转口口岸。

尽管中美双方在谈判立场上仍然存在分歧,但在美国宣布制裁生效最后到期日的前一个晚上,也就是1995年2月26日晚,美国和中国就知识产权保护问题最终达成了一致,避免了一场一触即发的贸易战。

中美双方最终达成的贸易协定被国际舆论普遍称赞是双赢的结果。中国对外贸易部前任部长吴仪说,"这个协定是我们双边关系的一个新的转折点"《中国日报》,1995—03—15。美国首席谈判代表巴尔舍夫斯基称赞这个协定具有历史意义,她说:"这是在美国与其他任何国家所进行的谈判中唯一最全面和最详尽的协定。"《中国日报》,1995—0—15。美国前总统克林顿评价说:"对美国公司和美国工人来说,这是一个强有力的协定……我们利用了一切我们能够利用的手段为美国具有竞争力的出口产品所设置的贸易壁垒进行斗争。"

尽管舆论普遍认为中美所达成的协定是一个双赢的结果,但美国的舆论则认为美国是绝对的赢家。《洛杉矶时报》评论说,中国人毫无个性地听从了美国人的强硬要求,"坎特于星期六签署的美中保护知识产权的协定,被广泛地认为是中国政府同意对侵犯出版权、专利权和商标权的行为进行打击"。美国方面的满足不是没有理由的。按照所签署的协定,中国承诺修订《打击盗版法》,加强执法力度,惩罚非法拷贝唱片、计算机软件和其他知识产品的行为。中国政府在这个协定中作了如下承诺:

1.立即采取措施打击遍及全国的盗版行为。

(1)制定一个特别强化执行期,在此期间,加大清除大规模生产盗版产品的生产商及盗版产品销售商的力量投入。

(2)采取措施打击目前正在生产盗版产品的工厂。

(3)禁止非法产品的出口,包括盗版光盘、激光唱盘和光驱,投入足够的力量以保证这项行动的实施。

2.从长期的角度制定措施,以保证知识产权保护措施的有效实施。

(1)保证中国的政府部门不使用未经授权使用的知识产权产品,中国政府要投入足够的力量以确保只采购经过授权的、合法的计算机软件。

(2)成立强有力的知识产权保护执行机构,包括在中央、省和地方三级组成的知识产权工作小组。

3.向美国知识产权所有者提供进入中国市场渠道。

(1)从美国进口的音像制品不设定进口配额。

(2)允许美国唱片公司在中国销售它们生产的全部类型的产品,但是要服从于中国的审查制度。

(3)允许同与美国知识产权有关的公司在中国成立合资生产企业,在中国生产和再生产它们的产品。

根据这些条款,美国首先为它的出口商打开了中国的娱乐市场,保证了美国工业品进入中国的广大市场。其次,也是更为重要的一点,美国把自己的法律体系和文化价值观念进一步推向中国的法律体系和社会生活中,这无疑会对中美关系产生更加重大的影响,从长远的观点看,美国将会从这个结果中获得利益。

那么,中方从美方又得到了什么?美国承诺支持中国加入世界贸易组织。美国贸易官员表示,将允许中国有更多的时间,来逐步取消某些产品的关税和保护性贸易限制措施。美国在中国以发展中国家的身份加入世界贸易组织问题上作出的让步尤其令中国政府感到满意,因为中国加入世界贸易组织,即关贸总协定的后继组织,一直是中国的主要目标。

那么,中国为什么一改过去几乎不向外部压力妥协的个性而同意了美国的要求呢?为什么美国在知识产权谈判中采取如此强硬的态度而最终又在中国加入世界贸易组织的问题上表现出了灵活的态度?对于中国来说,最容易的解释是中国迫切加入世界贸易组织的愿望,而潜在的原因是中国不仅急需建立知识产权保护的法律体系来保障外国知识产权所有者的权益,而且中国也需要保护自己的知识产权所有者的利益。对于美国来说,它在中国知识产权保护问题上采取强硬态度却在中国加入世贸组织问题上让步的目的在于其进入中国巨大的市场和维护,美国与中国的贸易处于逆差状态。贸易逆差问题虽然不是直接影响此次谈判结果的直接因素,但它却是一个不可缺少的间接因素。

二、中国加入世界贸易组织的历程

(一)中国为加入世界贸易组织所作的努力

中国是关贸总协定的缔约国之一。1950 年,曾经代表中国的国民党政府从关贸总协定组织中退出。在随后的一些年中,中国政府恢复了在一些主要国际组织中的席位,包括在联合国和国际货币基金组织的席位。1982 年,中国获得了关贸总协定组织的观察员身份并且于 1986 年 7 月 10 日正式提出了恢复中国关贸总协定缔约国席位的申请,从那时起恢复中国关贸总协定缔约国席位的工作小组即宣布成立。到 1994 年年底,工作组已对这个问题进行了 18 次讨论,取得了很大的进展。鉴于此,1994 年 11 月 28 日,中国谈判代表向关贸总协定组织秘书处提出恢复中国缔约国席位的谈判应在 1994 年年底结束,如果中国不能在最后期限之前恢复关贸总协定席位,中国将在市场准入方面不再作出任何新的让步,也不会主动提出召开任何双边会谈,中国将不再建议与中国工作小组举行更多的工作会议。1994 年 12 月 20 日,中国为恢复关贸总协定缔约国席位所进行的长达 8 年的努力以失败而告终。

中国在恢复关贸总协定席位上遭受的挫折,使中国人民受到了极大的震动,因为中国政府为加入关贸总协定/世贸组织已在全国做了大量的宣传准备工作。更为重要的是,为恢复关贸总协定的席位,中国政府采取了许多断然措施改革了经济和法律体系。1979—1994 年,"中国政府已公布了 500 多条法律和法规,这些法律和法规主要涉及经济领域和引入外资以及外国技术"。[参见《寻求法律上的经济一体化》,载《世界贸易杂志》,1995(4)]。在中国工作组召开的 18 次会议上,中国政府在外贸计划、外汇体系、价格体系、国内税收、关税和非关税、农业产品和非农业产品、服务和贸易、政策的持续性和透明度等方面作出了几百项重要承诺,这些承诺中的绝大部分都已提前兑现。

(二)中国"复关"/"入世"地位的争论

中国为什么在 1994 年年底未能加入关贸总协定/世贸组织呢?尽管日本和欧盟都支持美国提出的条件,即在其进入中国的商品和服务业市场等方面获得更优惠的市场准入许可,增加经济政策决策上的透明度和加大知识产权的保护力度等,然而,阻碍中国"入世"的罪魁祸首是美国。

中国一直坚持以原始缔约国身份恢复其在关贸总协定的席位,并且以发展中国家的身份加入成为其成员。中国坚持的理由是作为拥有 12 亿人口的贫穷的发展中国家,中国有权利保护自己的幼稚产业,并要求按照发展中国家的待遇,减免关贸总协定在对外贸易方面所要求的许多负担。作为发展中国家,关贸总协定缔约国的身份使中国有权享受普惠制(GSP)待遇,普惠制待遇是发达国家对发展中国家的一些产品出口提供的非互利性的关税优惠待遇。按照世贸组织的规则,发展中国家可以在加入世贸组织后的前三年中维持现有的关税水平和其他进口限制,在这个期限结束后,必须通过谈判决定是否延长关税保护时间。这样的关税保护措施对于中国来说是十分重要的,因为中国可以借此保护自己的幼稚产业,如汽车、电子产品、化工产品和航空工业等。中国还可以采取措施维持国际收支的平衡,同时也能对国外出版物或对国家安全有威胁的其他产品的进口实施限制措施。

作为关贸总协定的原始缔约国和世贸组织的成员国,中国应在非歧视的基础上享有与其他成员国同样的贸易最惠国(MFN)待遇。这一点具有十分重要的意义,特别是当前美国频频利用中国的最惠国待遇问题作为获取其政治目的的砝码。如果确定了中国作为缔约国和成员国的地位,中国就免去了每年必须通过审评才能获得最惠国待遇的麻烦。(美国谈判代表在一次讨论中国加入世贸组织申请的非正式会议上表示,世贸组织的最惠国待遇条款不适用于美国和中国,这意味着即便中国加入世贸组织美国仍可能抵制给中国最惠国待遇。)

然而,美国官员却一再对中国的发展中国家地位问题提出疑问。美方认为,中国不应以发展中国家,而应以发达国家的身份加入世贸组织。为支持这个观点,克林顿政府的官员列举了中国不断增长的出口和大量的外汇储备。正是鉴于上述理由,美国拒绝承认中国发展中国家的身份;拒绝按照关贸总协定的规定和乌拉圭回合谈判中就农产品和技术贸易关税问题所达成协议的规定给予中国发展中国家所应该享有的待遇;抵制中国在加入世贸组织后享有发展中国家应有的在较长的期限内逐步削减关税和解除贸易保护性限制的优惠条款。

中国加入世贸组织争论的焦点就集中在中国的发展中国家身份上。中国当时是世界第十大贸易国(1996年),1995年国内生产总值(GDP)列世界第三位(按照购买力平价计算的结果)。1979—1994年,中国的GDP平均增长率为9%。但是,中国的高增长率并不等同于高工业化水平和高生活水平。由于中国薄弱的经济基础和12亿人口(其人口以每7年增加1个亿的速度增长),中国事实上不可能在改革开放后不到20年的时间内摆脱贫穷。按照1994年世界银行发布的《世界发展报告》,中国的人均国民生产总值在全世界排在第105位,属于贫穷和低收入国家。在联合国发表的《世界各国报告》中,中国被明确地划分到发展中国家的行列中。甚至许多美国的学者也从来没有怀疑过中国是发展中国家。

中国是发展中国家,这是无可争议的事实,但美国为什么拒绝承认这个事实呢?尽管在中国有一些观点认为美国的所作所为是出于它的政治目的,美国希望借用中国"入世"的问题来牵制中国,并迫使中国在台湾问题上让步,其实,美国在这一问题上最根本的目的还是出于自身经济利益的考虑。

很明显,美国的主要意图就是迫使中国在市场准入问题上作出重大的让步。例如,美国要求中国提供对156项产品实施免税措施的具体日期;大幅度地降低纺织品和化工产品的关税;开放中国的保险、电子通信等服务市场和批发市场。美国连同欧盟和日本一起坚决反对中国把汽车工业作为其幼稚产业加以保护的要求。国际上普遍认为中国的汽车市场是21世纪最有希望和最有利可图的市场。到20世纪末,中国的小轿车需求量(不包括其他类型的车辆)将达到600万辆,年需求量为100万辆~140万辆。到2010年,对汽车的需求量将达到2000万辆,年需求量为350万辆~400万辆。毫无疑问,美国作为最有竞争力的轿车生产国必定会尽最大的努力来分享这一巨大的蛋糕。除上面所提到的有关利益外,美国关心的另一个问题的焦点是中国的服务市场。为了能获得这个市场的更大份额,美国一直对中国施加强大的压力,促使中国采取措施保护美国的版权、工业设计权、商标权和发明权。知识产权的保护问题才是两国贸易摩擦发生的根本原因所在。那么,美国为什么如此热衷于知识产权的保护和中国如何应对美国的压力呢?

三、知识产权问题

(一)美国在保护知识产权方面的利益及其采取的多边与单边保护措施

知识产权使得产权所有者具有了从他们创造的知识产品中获取经济利益的能力，包括创意、技术、研究与开发以及其他类型的创作性工作，如书籍、计算机软件、艺术品和影片等成果。如果没有对知识产权的保护（通过专利、商标和版权的方式体现），知识产权的所有人则很难防止他人仿制或使用他们的创意或产品。

知识财富指的是人类所发明和创造的产品在广义上的体现，包括两个主要内容：一是工业产权，包括发明权、商标权和工业设计权；二是版权。在过去的10年里，在发展中国家和发达国家之间，有关知识产权的纠纷成为司空见惯的事。而发展中国家较低水平的知识产权保护状况常常是纠纷发生的原因，因为这些国家的政府有意允许国民通过廉价方式使用新技术产品，这种做法被美国人称为是"损人利己"的行为。然而事实上，这样的纠纷同样也发生在发达国家之间，例如，美国软件制造商协会最近声称日本是世界上最大的软件盗版国，其盗版软件的价值相当于美国工业每年为日本支付了30亿美元的成本费。这个协会还估计，在欧洲盗版所带来的损失总值为45亿美元。据美国《时代杂志》估计，美国1993年由于计算机软件被盗版所遭受的损失高达17亿美元，其中，中国占3.22亿美元美元，韩国占3.71亿美元，日本占8.54亿美元，德国占1.31亿美元。然而，美国的统计数据经常是不准确的，例如，据美国音乐制造商声称，由于中国的盗版行为，使得它们在中国音乐市场中损失了30亿美元。这一数字远远超过了中国全部音乐CD制造业的价值。此外，与美国的流行音乐相比较，中国的音乐消费者更喜欢购买中国歌手和艺术家的唱片。

美国作为知识产权产品和服务的主要出口国，长期以来一直倡导在贸易大家庭中加强对知识产权的保护，因为美国认为由于国外的知识产权保护状况不良，使美国的发明者和创造者遭受了巨大的经济损失。1988年，美国国际贸易委员会的一项研究认为，由于国外知识产权保护的不良现状，致使美国经济每年损失240亿美元。

知识产品进口和出口国家之间的经济利益方面的冲突，为美国提供了采取多边和单边行动措施来加强知识产权保护的理由。美国从20世纪80年代初期就试图把知识产权保护议题列入关贸总协定的议程中，但遭到了许多国家，特别是以巴西和印度为首的发展中国家的广泛质疑和反对。（即使是在乌拉圭回合谈判开始之后，巴西和印度仍然坚持抵制知识产权保护的谈判，直到1989年4月才放弃。）但是，由于美国不断施加压力，在乌拉圭回合谈判中终将知识产权保护列入了关贸总协定的议程中，谈判最终达成的协议称为《与贸易有关的知识产权保护乌拉圭回合协定(TRIPs)》。

除了多方努力外，美国也寻求更加强硬的报复手段以惩罚那些被认为是盗版美国知识产权的国家。为达到这一目的而采取的最重要措施是1984年对301条款的修改，也称为特别301条款。该条款首次赋予美国总统以法律权力，对那些未能提供充分、有效的知识产权保护措施的目标国家采取制裁措施。1988年又通过了一项新的301特别条款，新条款增加了要求美国谈判代表确定那些未能在知识产权保护方面及时采取充分、有效的措施和在解决这个问题方面没有进展的重点国家。1989年5月，美国发表了第一个特别301条款报告。在这个报告中，美国谈判代表没有指明任何重点国家，而是提出了一个重点考察国家名单和一个定期考察国家名单。包括中国在内的8个国家被列入到重点考察名单中，另有17个国家被列入到定期考察名单中。1991年年初，中国、印度和泰国成为特别301条款的制裁对象。1992年1月17日，中国和美国签订了《中美知识产权保护谅解备忘录》，但在1994年6月，美国谈判代表又把中国确定为特别301条款的重点国家，由此将两国带到了贸易战的边缘。

美国在要求其他国家加强知识产权保护方面所采取的强硬措施,是出于以下几点考虑:除了美国所宣称的估计在海外遭受的损失外,美国认为其国内的就业也受到了严重的影响。更为重要的原因是,从 70 年代末开始,美国在制造业方面的贸易一直呈现巨额逆差,然而,其服务业贸易却一直表现为顺差,这意味着美国希望依靠其服务业的贸易顺差来维持它的收支平衡。1960 年,美国从工业产权所获得的收入为 6.5 亿美元,到 1989 年便增加到 80 亿美元。目前,美国的经济正处于从以产业经济为主的结构向以信息和高科技经济为主的结构转型,这代表了发达国家经济发展的主流。在这样的经济转型期,难怪美国要采取强有力的措施保护它的知识产权以维持它在信息和高科技领域的统治地位,以及在世界市场份额方面的竞争力,并且利用知识产权作为改善其贸易逆差的手段。

(二)中国的知识产权保护状况

美国在知识产权保护方面的利益导致其对它所认为的"非法国家"采取强硬的措施,并通过这种手段来使那些国家依法规范它们的行为。中国是世界经济舞台的后来者,其政治和社会体系以及文化观念与美国有很大的差别,因此极易成为美国的攻击目标,特别是当美国看到中国市场存在的巨大经济利益和美国预计的由于中国较低的知识产权保护水平所导致的严重损失时,美国更加不会轻易放过中国。

然而,正像许多中国官员和学者反复指出的那样,中国仅在短短的 10 年内即完成了保护知识产权的立法工作,而西方国家却用了几十年,甚至一个世纪的时间。从 20 世纪 90 年代初,中国开始大幅度地修改和完善国内在专利、商标、版权和不公平竞争等方面的立法工作,力图使自己的法律体系与世贸组织的知识产权法相接轨并达到国际法律标准。这些法律在很大程度上反映出受工业化国家法律的影响,例如,中国所采用的税收体系与美国的税收体系相近。而约束合同成立行为的法律和赔偿违约等行为的法律,将普通法法系与大陆法法系结合在一起。中国在起草工业产权法,也就是商标法和专利法时,专门派出了一个代表团赴联邦德国学习,联邦德国也派了它的专家到中国进行指导。由于这些原因,中国工业产权保护的法律体系从一开始即与发达工业国家相一致。

从 80 年代中期以来,中国便开始逐渐加入某些重要的国际条约。1984 年,中国加入了关于《巴黎知识产权保护公约》;1989 年 6 月,中国加入了《马德里国际商标注册协定》;1992 年,中国加入了《1886 年波恩保护文化和艺术作品公约》以及《国际版权公约》;1994 年,中国加入了《专利合作公约》。现在可以说,中国有关知识产权保护方面的法律体系与现有的贸易伙伴国已相差无几。

然而,必须看到,中国所取得的上述所有成就是在中国这样一个对知识产权没有任何文化背景,以及知识是人类共同的财产这样一种文化基础和社会观念的背景下取得的。在中国,人们长期以来一直相信知识是每一个人都可以分享的社会财富。这种观念可以追溯到唐朝,当时不少作家奉献自己的作品而不署名。中华人民共和国成立以后,中国政府也反对知识私有化。自然,受这样的观念的影响中国人的思想深处并不认为分享知识是错误的,更不要说是违法的。更为重要的是,保护知识产权的观念是从外部强加到中国人头上的,这也引起了他们的抵制,因为中国人事实上常常蔑视外来的干预。"中国的历史对人们的提示是,欺凌政策必定适得其反,无论出于何种目的。"

当中国在 20 世纪 80 年代向世界打开大门时,它所面对的是一个知识产权保护已经达到相当水平的世界,是美国为保护其知识产权而斗争的形势,特别是在冷战结束以后美国更是加大了知识产权保护的力度。中国的官员和学者已经认识到为了发展国家的经济,为了与世界经济接轨,也为了自己的生存和发展,中国必须采取保护知识产权的措施。保护知识产权不仅是为了保护国外的产权所有者,而且也是为了自己的利益和需要。从某种意义上讲,中国是出于自身的利益而向美国的压力妥协的。但是从另一个意义上讲,美国的压力也使中国加快了知识产权保护的进程。

然而,正像中国版权管理局副局长高凌汉所指出的:"出台仅3年的版权法还需要一些时间才能够看到它的丰硕成果。但是美国人似乎缺乏对于这一点的正确理解。他们只看到了新法规中的不完善之处。"由于美国缺乏对中国情况的了解,只一味强调保护自身的利益,致使中美关系处于紧张状态。事实上,也有不少美国学者完全理解中国的状况,他们指出:"外国知识产权所有者应当注意参与和鼓励中国自己在知识产权领域进行的'自我教育'的努力。"

◇问题:1.分析中美知识产权谈判中中方和美方的利益。什么是双方的眼前利益?什么是双方的长远利益和潜在利益?

2.对中美知识产权谈判的结果产生影响的主要事件是什么?

3.从谈判结果来看,双方的保留点是什么?

4.你认为中国在谈判中所做的让步是否值得?中国需要知识产权保护吗?

(资料来源:白远.国际商务谈判——理论、案例分析与实践.中国人民大学出版社,2019.)

第六章 商务谈判终结阶段

随着磋商的不断深入,谈判双方在越来越多的事项上达成共识,彼此在立场和利益等方面的差异逐步缩小,交易条件的最终确立已经成为双方共同的要求,商务谈判将进入结束阶段。此时,谈判人员应该识别谈判结束的信号,抓住结束谈判的有利时机,促成谈判成功飞跃。

第一节 商务谈判的终结

商务谈判何时终结?是否已到终结的时机?这是商务谈判结束阶段极为重要的问题。谈判者必须正确判定谈判终结的时机,才能运用好结束阶段的策略。不少学者和实践人员均认为谈判终结最难,难在哪儿呢?难在准确判断谈判的结果,难在稳妥收拾残局。因为一旦作出错误的判定,可能会毫无意义地拖延谈判成交,丧失成交机遇。

[案例6—1]

买瓜

一位法国人种了一片西瓜,经常有人来电话要订购西瓜,但都被他拒绝了。一天,来了一个小男孩,要订购西瓜,被法国主人拒绝了。但小男孩不走,主人做什么,他就跟在主人身边,专谈自己的故事,一直谈了个把小时。

主人听完小男孩的故事后说:"说够了吧?那边那个大西瓜给你好了,一个法郎。""可是,我只有一毛钱。"小男孩说。"一毛钱?"主人听了便指着另一边说:"那么,给你那边那个较小的绿色的瓜吧?"

"好吧,我就要那个。"小男孩说,"请不要摘下来,两个礼拜以后,我弟弟会来取货。先生,我只管采购,弟弟负责运输和送货,我们各有分工。"

一、商务谈判终结的标志

谈判是否该结束,有其本身的规则,或有其一定的标志。判定谈判终结的标准就是标志谈判结束的信号或条件。掌握终结的标志是为了避免过早结束谈判或该结束而不结束谈判的情况出现，给谈判者造成不必要的损失。判断谈判终结的标志主要有：交易条件、谈判时间、谈判策略和谈判者言行。

（一）交易条件

经过开局和报价再经过讨价还价，当双方就交易条件基本达成一致的时候，就进入了整个谈判的终结阶段。因此，可以从谈判所涉及的交易条件解决状况来分析判定整个谈判是否进入终结。交易条件标志，即以双方交易条件达成一致的程度来判断谈判的终局。不论交易复杂程度如何，交易条件普通存在，如商业、法律、技术、文字与数字表述的条件等。条件作为终结谈判的标志时，需要将条件量化分级，谈判若完成了各级各层的条件内容，自然可以结束谈判。条件量化分级可为二级，即二个层次：分歧量与成交线。从判断的意义上讲，这些分级与层次也是不同的角度，即可从这些角度看终局。

1.考察交易条件中的分歧量

分歧量是指交易双方尚存的条件分歧，或称谈判的分歧点，以双方谈判存在的分歧数量作为判定谈判终局的标准。从数量上看，如果双方已达成一致的交易条件占据绝大多数，所剩的分歧数量仅占极小部分，或者说当达到共识的问题数量已经大大超过分歧数量时，谈判性质已经从磋商阶段转变为终结阶段，或者说成交阶段。就可以判定谈判已进入终结阶段。为什么只说分歧数量，而不讲分歧分量呢？这是因为从谈判进程看，每结束一个议题，即完成一个工作量。即使再有分量的分歧，也是一个议题，只要决策者一句话或是或否。可见，解决分量大或分量小的分歧方式一样，故取"分歧数量"即可。当然是分歧数越少，谈判进入终结阶段就越明显。而分歧分量越重，终结的结果就越不乐观。

谈判中关键性问题常常会起决定性作用，如果交易条件中最关键、最重要的问题没有达成一致，就不能说谈判已进入终结阶段。谈判是否即将成功，主要看关键问题是否达成共识。如果仅仅在一些次要问题上形成共识，而关键性问题还存在很大差距，是不能判定进入终结阶段的。

2.考察谈判对手交易条件是否进入己方成交线

即以对方的条件是否进入己方预定成交线来判断谈判是否终结。在谈判实务中，谈判人员设定的成交线，即追求的谈判目标，分为上、中、下三线。上线为最理想的条件，中线为满意的条件，下线为可以接受或"忍受"的条件。此处讲的成交线是指下线。因为当谈判条件进入己方成交下线时，从谈判心理和实际安排讲，均有进入终局的感觉。

当所谈价格进入己方最低成交线时，较自然的想法就是再搏一下，以扩大战果，而不会不切实际再大干一场，这样面临着把得手的交易失去的危险。所以，谈判者一定要考虑终结谈判的问题。合同条件的谈判也是如此，当某个法律条款的描述已基本表达了己方想法或要求时，该条款谈判就进入终结。

如果所谈价格未进己方成交线，能否说谈判进入终结阶段呢？这取决于双方尚存的差距。经过分析，若该差距可以逾越，则谈判已进入终局。不论由于"单方动作幅度"——单方力量克服差距，还是由"双方动作幅度"——双方力量克服差距，都表明谈判可以准备终结。若经过谈判，该差距一时难以逾越，结果有两种：一种是谈判破裂，它也是终局形式；另一种是继续谈判，争取找到解决办法，此时谈判离终结还有距离。

3.考察双方在交易条件上的一致性

谈判双方在交易条件上全部或基本达成一致,而且个别问题如何做技术处理也达到共识,可以判定终结的到来。双方达成一致的交易条件不仅指价格,而且包括对其他相关的问题所持的观点、态度、做法、原则都有了共识;个别问题的技术处理也应使双方认可。因为个别问题的技术处理如果不恰当,不严密,有缺陷,有分歧,就会使谈判者在协议达成后提出异议,甚至使达成的协议被推翻,使前面的劳动成果付之东流。因此,在交易条件基本达成一致的基础上,个别问题的技术处理也达成一致意见,才能判定终结的到来。

(二)谈判时间

时间标志是以谈判时间来判定谈判终结。谈判的过程必须在一定时间内终结,当限定的谈判时间即将结束,自然就进入终结阶段。时间标志有三种情况:

1.双方约定的谈判时间

即在开始谈判前,谈判双方就确定的所需时间,据此,双方安排谈判人员和程序。当所定的时间用完,谈判也应结束。双方约定多长时间要看谈判规模大小、谈判内容多少、谈判所处的环境形势以及双方政治、经济、市场的需要和本企业利益。

一般来讲,双方约定时间应在谈判开始之前,因为此时最易达成协议且不失自己的地位优势。当一方故意压缩时间长度时,另一方也会取"随意"的态度,因为不随意就会显得"急",表现出"求",于日后谈判不利。此外,如果在约定时间内不能达成协议,一般也应该遵守约定的时间将谈判告一段落,或者另约时间继续谈判,或者宣布谈判破裂,双方再重新寻找新的合作伙伴。否则按时结束谈判一方较主动,若因为议题没谈完就提出延长谈判时间,其结果一定很被动。原因很明显,对方一定会说:"若要延长,贵方有什么新建议?"即要求己方负担延长时间的代价,要"掏钱"买时间。

2.单方限定的谈判时间

即谈判某一方提出自己可以参加谈判的时间,该时间是判定终结谈判的另一标志。单方限定时间的做法在实际中用得较多。原因可来自法人或自然人的客观与主观的原因。不过不论属于什么原因,限定时间的一方仅明示通告时限即可。对单方限时的谈判,可以随从,也可以不随,关键是看其条件是否符合自己的谈判目标。随从时,要防止对手以此作为施加压力的手段;不随时,要利用对手对"时间"要求,向其讨要更好的条件。当然,并不排斥单方限时的对手是真实可靠,情出无奈。此时,若不认真配合,可能失去交易;若硬压对手,非但效果不好,还为后面的谈判投下阴影。

当自己处在市场优势的情况下时,单方提出时限不失为一种积极的谈判手段。既可让对手尽快地进入实质谈判阶段,又可以向对方争取更优惠的条件,以对方优惠条件来换取己方在时间上的配合,为自己在以后谈判中创造更好的机会。例如,"货比三家"的采购谈判和"奇货可居"的销售谈判,用此法可使多家对手尽快亮出底牌,在选择交易对象时,终局结果会对己方更有利。

不论谈判结果是否成交,限时一到,即要结束谈判。否则,欲继续谈判的一方必多拿条件出来。若是限时者欲继续谈判,损失将更大。本来是提出限时的人,一下子改口了,对方必然会以改变限定谈判时间为借口施加压力,提出种种不合理要求。类似情况在谈判中会不时出现,"继续的请求"成了要求者的包袱,对手攻击的借口,谈判的难度和损失毋庸置疑。

3. 第三者给定的时间

即在竞争性的谈判中,谈判有第三者参与,此时谈判的时间除了双方的需要外,还受第三者谈判进度的影响。第三者谈判进度(时间),即是估量己方谈判终结时刻的标志。不过,第三者无权对你限定谈判时间,该时间是通过你的谈判对手反映出来的,如你的对手会说:"某某已将该条件调到某位置了,比贵方的谈判进度快","某某即将给我方最终报价,贵方何时做出最优惠方案"等均反映出第三者的进度,也给出了你可以继续谈判的时间。自然的反应就是抢在其前面,加快谈判的进程。

一般讲,具有诚意的谈判对手会明示第三者最后谈判阶段的时间,以让你有机会竞争,也有的对手出于偏见而冷落你,或不成熟地简单对待参与竞争者,不给你任何提示。这时,自己的能动判断就很重要。可参考的判断因素有:

(1)对方谈判人员的安排,主力人员在抓紧与你谈判还是与别人谈。当对方主要谈判人员与你谈一阵后,即不再出现,仅一般人员维持与你的接触,那么,对方可能在与第三者加紧最后的冲刺。

(2)总体谈判气氛。本来双方讨论很热烈,尽管有分歧,但双方均有理可讲,且彼此坦诚直述各自观点,这种积极合作的谈判气氛渐冷或骤冷,变化原因不仅为条件分歧,还有第三者的参与影响谈判,此现象将预示终结时刻到来。

(3)与对方人员交谈,认真观察其言行。直接向对方提问,当他不正视你的问题,又不加责于你,或回答得闪烁其词,就是他另有"如意"之伙伴。有时对方成员无意地泄露(当对方另一场谈判顺利时,人的情绪一定很轻松)其意图,从而可以察觉第三者给定的时限。

但是在谈判进行过程中还可能由于外部环境的不断发展变化,谈判进程不可能不受这些变化的影响,谈判者会突然改变原有计划,比如要求提前终结谈判等。

(三)谈判策略

谈判过程中有多种多样的策略,如果谈判策略实施后决定谈判必然进入终结,这种策略就叫终结策略。终结策略对谈判终结有特殊的导向作用和影响力,它表现出一种最终的冲击力量,具有终结的信号作用。常见的终结性策略有:最后立场策略、折中调和策略、好坏搭配(一揽子交易)策略和冷冻策略等。

1. 最后立场策略

谈判者经过多次磋商之后仍无结果,一方阐明己方最后的立场,讲清只能让步到某种条件,如果对方不接受,谈判即宣告破裂;如果对方接受该条件,那么谈判成交。这种策略不惜以破裂相威胁,以迫使对方让步的谈判方法。其特征是凶狠、分量重,又是"孤注一掷"的最后立场。因此最后立场策略可以作为谈判终结的判定。

[案例6—2]

强硬的亚科卡

美国汽车巨子亚科卡在接手陷入困境的克莱斯勒公司后,觉得必须压低工人的工资,他首先降低了高级职员工资的10%,自己也从年薪36万美元减为10万美元。随后,他对工会领导讲:"17元一小时的活儿很多,20元一小时的活儿一件也没有。现在好比我拿手枪对着你们的脑子,还是放明白点。"强制威吓不讲策略的话语,当然效果不佳,工会当即拒绝了他的要求。

双方僵持了一年,始终没有进展。后来亚科卡听从智囊团一位成员的建议,一日突然对工会谈判委员说:"你们这种间断的罢工致使公司无法正常运转。我已经跟劳工输出中心通过电话,如明天上午8点钟你们再不开工的话,将会有一批人顶替你们工作了。"工会委员会一时蒙了,他们原本是想通过再次谈判在工薪的问题上取得新的进展,因而只在这方面做了资料和思想准备。没想到,亚科卡会出其不意告诉将另聘新人的消息,并且下了最后通牒,务必在第二天早晨8点钟前作出选择。被解聘意味着他们将失业,这是他们所不愿看到的。因而,他们在短暂的讨论之后,基本上完全接受了亚科卡的条件。

如果双方并没有经过充分的磋商,还不具备进入终结阶段的条件,一方提出最后立场就含有威胁对方的意味,这样并不能达到预期目标,反而过早地暴露已方最低限度条件,使已方陷入被动局面,这是不可取的。

2.折中调和策略

折中调和是指将双方条件差距之和取中间条件作为双方共同前进或妥协的策略。由于该策略主体特征是相互妥协且更多地强调"对半"让步,所以,只有在谈判的最后阶段才可以使用。其目的就是化解双方矛盾差距,比较公平地让双方分别承担相同的义务,避免在残余问题上过多地耗费时间和精力。例如,谈判双方经过多次磋商互有让步,但还存在残余问题,而谈判时间已消耗很多,为了尽快达成一致实现合作,一方提出一个比较简单易行的方案,即双方都以同样的幅度妥协退让,如果对方接受此建议,即可判定谈判终结。

折中调和策略虽然不够科学,但是在双方很难说服对方,各自坚持己方条件的情况下,也不失为一种寻求尽快解决分歧的好方法。

3.好坏搭配(一揽子交易)策略

好坏搭配策略是指在谈判临近预定谈判结束时间或阶段时,以各自的条件做整体一揽子的进退交换以求达成协议。例如,涉及多个内容的成套项目交易谈判、多种技术服务谈判、多种货物买卖谈判,可以统筹全局,总体一次性进行条件交换。由于该方案包括了所有谈判存在的分歧,故称"一揽子交易",而针对所有分歧提出了有进有退的条件,因而也称"好坏搭配"。这种谈判做法无疑告诉谈判手,这是最后的意见了,没得可谈了。这种策略从总体上展开一场全局性磋商,使谈判进入终结阶段。

4.冷冻策略

所谓冷冻策略即暂时中止谈判的做法。中止谈判从形式上讲就是停止谈判,是某种意义上的终结。只是引起中止的原因不同,冷冻的意义会有所差别。

当双方谈判条件差距太大,一时难以克服,但双方又有成交愿望;或因为交易相关的许可证、外汇、行政审批、政治或人事的重大变故,但交易双方互持交易诚意时,冷冻谈判会出现。这时,谈判将进入终局。

以策略判定谈判终结时,只看某种策略是否被应用,而不看其是否有效果。否则,谈判会出现被动,并随之付出代价。另外,谈判终结时,可能存在的形式及终结时应遵守哪些原则,这也是谈判者应予以关注的问题。关注到且做到了,无论以何种形式终结都会有最好效果;反之,就会有问题。

(四)谈判者言行

谈判进入到快要结束的阶段时,谈判者会通过各种言行信号向对方表明自己的主张,对方收到这样的信号时,会认识到在这些主张的基础上有可能达成交易。不同的谈判者在终结阶

段的言行可能不相同,但常用的言行信号通常有以下几种:

1.谈判者用最少的言辞,阐明自己的立场。谈话中表达出一定的承诺意思,但不包含讹诈的成分,如:"好,这就是我最后的主张,现在就看你的了。"

2.谈判者所提出的建议是完整的,绝对没有不明确之处。这表示,如果他的建议不被接受,只好中断谈判,否则没有别的出路。

3.谈判者在阐明自己的立场、观点时,完全是一种最后决定的语调,坐直身体,双臂交叉,文件放在一边,表情严肃,态度认真,不卑不亢,没有任何紧张的表示,两眼紧盯对方,期待对方做出回答的神态。

4.回答对方的问题尽可能简单,常常只回答一个"是"或"否",使用短词,很少谈论据,表明确实没有折衷的余地。

5.一再向对方保证,现在结束对他最有利,告诉他一些好的理由。

发出这些信号,目的在于推动对方从勉勉强强或惰性十足的状态中脱离出来,设法调动对方的积极性,促使其行动起来,而达成一个最终的承诺。但是这时应注意的是,如果过分使用高压政策,有些谈判对手会感觉受到威胁而退却,在发出成交信号以前,应以一种积极的方式把前面谈妥的交易条件重申一遍,进行最后回顾和总结,以减轻对方的心理负担。

二、谈判收场方式

所谓谈判收场,就是利用成交时机促成对方承诺或对谈判议题的认可。准确把握住成交时机,就可以利用一定策略将对方导向谈判收场阶段。谈判中常用的收场方式有:

(一)让步式收场

让步式收场是指在对方有成交欲望时通过一些小的让步保证主要议题通过。它是谈判中最常用的收场方式。为了避免对方产生误解导致得寸进尺,收场时的让步必须事先声明是最后一次让步。另外,重新考虑对方曾经提出过但被我方拒绝的议题,并让步予以通过,也可以达到谈判收尾的效果。

(二)总结式收场

总结式收场是指在磋商结束时,总结双方已经取得共识的议题,指出对方已经从我方得到的让步,在强调既得利益的同时敦促对方签订协议。如果对方同意己方的总结,则表明双方已有了成交的意向;如果对方仍提出异议,可结合让步接近收场。

(三)休会式收场

休会式收场是指在对方根本无法接受协议和让步的情况下,提出休会的请求,威胁对方向收场阶段靠拢。休会式收场不同于僵局,僵局是在实质磋商阶段出现的,谈判正在进行,而休会收场则产生于收尾阶段,如果休会则表明本次谈判已经结束,但双方以后还有继续商谈的可能性,从而为对方留下一个以后继续考虑的空间。

(四)选择式收场

选择式收场是指提出两种或两种以上不超出谈判者底线的组合方案,让对方选择一个最合适方案。选择式收场经常和休会式收场、让步式收场并用。

三、谈判终结的方式

谈判终结的方式,即结束的形态,总的来说有三种形式:成交、破裂、中止。具体的情况会对谈判者和谈判组织有不同的要求。

(一)成交

成交是指谈判双方达成协议而结束谈判。成交的前提是双方对交易条件经过多次磋商达到共识,对全部或绝大部分问题没有实质上的分歧。由此可知,成交本身可以有两种状况:完全成交——相对开始谈判内容而论的全面成交;部分成交——相对开始谈判内容而论,经双方协商调整后的部分内容达成交易。由于商务谈判内容、形式、地点的不同,因此成交的具体做法也是有区别的。

这两种客观存在的成交形式为谈判提供某种机动性,为圆满解决成交终局的特殊性提供相应的选择可能性。

(二)中止

中止谈判是指双方由于某种原因未能就交易内容或条件完全达成协议即结束谈判全过程的做法。中止可有双方共同决定,也可由单方要求,达成暂时停止谈判的形式。根据谈判双方是否约定恢复谈判的时间,可以分为有约期中止与无约期中止。这两种不同的中止有不同的要求。

有约期的中止是指在停止谈判时,双方同时约定了恢复谈判的时间或条件的中止形式。当双方谈判是因为客观分歧或客观交易条件(价格、许可证、外汇、权限等)而导致中止时,当双方对该交易又抱希望时,为了解决这些问题中止谈判,此时应明确约定再谈判的时间或条件。这一约定就为将来恢复谈判提供了依据。同时,这种约定使双方处在了平等谈判地位。若不约定,再恢复谈判时,应由谁主动启动呢?主动一方会略显被动,也容易引起双方的误会,是否提出恢复谈判就会成为谈判者必须考虑的问题。

无约期中止,是指在停止谈判时,双方没有约定恢复谈判的时间或条件的中止形式。造成这种形式的原因有:双方对客观因素无法控制、双方无交易热情、谈判策略和谈判者的疏忽等。无论哪种原因,再恢复谈判时会面临由谁先提出的问题。己方欲先提出时,应采取适当保护措施以保持未来谈判的主动地位。主要的保护措施有:选择适当时机,适当理由,适当表达方式等。

(三)破裂

破裂是因为双方分歧严重经过最后努力仍达不成协议的谈判结束形式。谈判破裂是谈判中不可避免的现象,在实践中,破裂的谈判与成交的谈判相比只多不少。不过,高明的谈判者在谈判破裂时均会力争将损失控制在最小程度。从谈判成功的角度看破裂交易,可以分成"友好"与"愤然"两种不同的破裂形式,前者是成功的谈判、失败的交易;后者是失败的谈判、失败的交易。

友好破裂是指双方以相互体谅、相互理解的情况下结束谈判的做法。正如中国的俗语所表述的那样:"买卖不成,仁义在",这也是友好破裂谈判的宗旨。恪守的谈判原则是突出各自坚持的交易立场和条件,让破裂表现为"自然的结果"。态度上,则充分体现在看长远、理解与体谅。即使存在"做秤"(被人当成比价用)的状态下,为秤者也要以理智的胸怀表明体谅之意,以尊敬和体贴对方。

例如,"其实,我从开始就意识到贵方可能不买我方的产品,但我本人对我公司的产品充满信心,所以,尽了最大努力进行谈判。虽然我方没能与贵方达成协议,然而我学到许多有意义的东西。它将对我今后的交易有帮助,希望贵方再有机会时别忘了我。"这段说法态度诚恳、豁达。交易可丢,朋友不可失。当然,友好不等于不批评。如"贵公司自以为地位优势而坚持一种强硬立场,结果是既失了交易,也封了自己的市场,世界市场之大,机会之多,不可能找不到适合我方需要的客户。倘若贵方改变态度,改善条件时,我方还是有条件进行新的谈判。"这段话有软有硬,有褒有贬,充满了诚意与期待。还有在友好之余,也提要求的:"我们花了许多时间和财力与贵方谈判,这么破裂对我方损失很大,希望贵方在今后的交易中能优先照顾我方。"这段话既埋怨对手,又很理智地提出了今后"翻本"的要求。

愤然破裂是指双方或单方在一种极度不满、不冷静的情绪中结束未达成一致的谈判。引起愤然的原因主要有:受了委屈,欲发出胸中闷气而为;交易无望,事关公司利益,情急而致;过于关注对方的言语、态度,由偏激之情引起;自尊心太强、性格暴躁,处事过于率直而现愤然之意,以及自高自大、对人不敬等等。表现形式也有多样,有撕碎报价单愤然而去的,有拍桌而起愤然而去的,也有摔门而去的,也有声讨之后夹包而走的。不论何种形式,除了策略性表演以外,均是谈判的败笔,作为策略使用也要慎之又慎。

一般在破裂情况下,尽力求和。求和不成,也要以理相待,绝不火上加油。这样,即便对手愤然而去,对己方也无大碍——有机动余地。这既是谈判技巧,也是体现个人的修养。

四、谈判终结阶段的原则

谈判终结的原则是指在终结阶段谈判者应遵循的谈判操作的规则。终结的形式可能各异,然而在终结阶段谈判应遵守的原则却基本相同。这些原则是谈判的技巧,也是对谈判组织的要求,并决定终局的效果。其基本原则有:彻底性、不二性、条法性、情理性。

(一)彻底性

彻底性原则是指结束谈判时应将交易内容全面、彻底地论及并达成一致才能成交,不得有任何的疑点和异点。形象地讲,在内容和条件的科目上要全面,即横透;在内容和条件的构成上也要谈透,即竖透。

为了达到彻底的原则,以成交终结谈判时,谈判者需要进行"结账"与"对账"。结账属内部的清理,即将己方谈判目标与结果逐项、各点检查,看其有否遗漏及实现的程度。对账是外部的清理,即与对手互相核对谈判达成一致的各项内容。不做对账与结账工作,绝不可以终结谈判。换言之,不满足彻底性原则,谈判不能终结。因此,不论时间有多紧,人有多累,在结束谈判时谈判者必须进行"结账"与"对账"。

(二)不二性

不二性原则是指双方达成的任一协议内容和条件不得再改变而且不会出现误解。换言之,谈判结果具有不可更改性。如果双方对达成的协议存在歧义,理解问题似乎不一致,还有待商量的情况,该结局就不是"不二状态"。这种结局亦存在风险。

不二性简单地说要做到结果的明确与不变。所谓明确,即达成的一切交易条件,无论从听觉上(说法)、视觉上(写法)、感觉上(理解)直至实际利益上(价格表示),当事双方或第三者均不会产生任何误解。所谓不变,是指双方对交易相关的一切条件达成协议后,绝不反悔,承担约束自己的义务。

不二性的原则可以判定谈判成果是否成熟,是否真的收获了。一般讲处在变化中的结果,还难以肯定它是什么。该原则还将反映谈判者所代表的企业及本人的信誉。所以,不二性的原则促使谈判者要深思熟虑地处理所有问题,并要对承诺守信。那么,不二性原则是否在终结谈判后毫无通融的可能呢?从概率看,只有一种情况可以通融,即双方认可的明显口误或笔误造成的错误,经协商可以修改,但前提是"及时"。所谓及时,是指不得晚于双方谈判分手之时,最迟不晚于双方签订合同之时,若超过"及时"的限度,通融就会付出代价。

(三)条法性

条法性原则是指双方达成的各种交易条件均应以相应的法律格式表达出来,使之具有法律的约束力与追索效力的要求。虽然,口头承诺也具有合约效力。但从履约的便利及管理角度看,将双方谈判达成的协议条法化是必需的,为此,该原则要求谈判者做好三件事情:

1. 口头协议文字化。是指将双方谈判并达成一致的条件均撰写成准确表达其意的文字。条法性要求将从文字到口头产生变化的结果——双方达成的协议的真实意思用文字准确表述出来。

2. 文字协议格式化。是指将达成的文字协议按交易内容的逻辑关系,按合同格式的要求,从整体上进行整理,使整个协议从命题到文体、从细目到秩序、从用词到描述总体格式化。通过格式化过程使文字表述标准化,通过逻辑排序使文体清晰条理化。

3. 不同格式、不同文字的文本一体化。是指将合同正文的、技术附件的文本,以及不同语言文字(国际贸易中的不同语言文字)的文本相互排序、引证、核对,保证所有格式的不同文字文本的完整性、关联性,保证不同文字文本意思表达一致,使其成为交易合同不可分割的、具有同等效力的部分。

(四)情理性

情理性是指终结谈判时,不论结果与形式应将情感与理由贯穿其中,使终结效果最佳。也就是说,不论终结形式如何,都应具有友善与客观的精神。这么做的目的是:

1. 通过"情"的要求,让谈判者注意尊重对手的感受,表示友好的情意,减少破裂时的伤感和愤然情绪,确保丢了交易,赢得朋友。而在成交时,又能使对方诚意履约。

2. 通过"理"的要求,让谈判者头脑清醒,保持客观态度,既能面对成交,又能面对破裂,尤其能确保终局时谈判各方知道为什么结局会这样。

这种情与理就会使双方认识到成交固然可喜,破裂也应坦然。

五、终结策略

除了前述的标志终结阶段到来的谈判策略之外,终结阶段的策略还有场外交易策略、期限策略、最后让步策略和最后通牒策略等。

(一)场外交易策略

当谈判进入成交阶段,双方已经在绝大多数议题上取得一致意见,只在某一两个问题上存在分歧、相持不下而影响成交时,仍把问题摆到谈判桌上来商讨往往难以达成协议,可以考虑采取场外交易策略来解决。所谓场外交易,是指谈判双方在谈判桌以外的场合,如宴会上、游玩场所等,对谈判中的某些问题取得谅解和共识,从而促进和达成交易。

某些谈判问题摆在谈判桌上很难解决,而在谈判桌外却可以比较容易达成一致。其原因在于,在谈判桌上,紧张、激烈、对立的气氛和情绪影响和控制着谈判人员,鼓励谈判人员自然地争取利益迫使对方让步,而己方一旦作出让步,则被视为"战败"和丢了面子。即使某一方的主谈人或领导人头脑清醒冷静,认为作出适当的让步以求尽快达成协议符合本方的利益,也会因同伴态度坚决、情绪激昂而难以当场做出让步的决定。而在谈判桌以外的场合,紧张、激烈、对立的气氛和情绪为轻松、友好、融洽的气氛和情绪所代替,双方可以轻松自在地谈论自己感兴趣的话题,交流私人感情。热烈友好的气氛使得双方淡化了在谈判桌上激烈交锋所带来的不快。这时,如果某一方能巧妙地将话题引回到谈判桌上相持不下的问题上,双方往往会很大度地互相让步而达成协议。

在运用这一策略时要注意,一定要注意谈判对手的习惯,有的国家的商人忌讳在酒席上谈生意,因此必须事前搞清楚,以免弄巧成拙。

(二)期限策略

从许多实际的商务谈判来看,协议基本上是双方到了谈判的最后期限或临近这个期限才达成的。随着最后期限的逐渐迫近,对方内心的焦虑会与日俱增,特别是当对方负有尽可能签约的使命时,他更会急躁不安,而到了截止日期那一天,这种不安和焦虑会达到最高峰。针对这种心理状况,对于某些双方一时难以达成妥协的棘手问题,就要善于运用这种最后期限策略。规定出谈判的截止日期,对这些棘手的问题暂时按兵不动,到谈判的最后期限临近时,即可借助这一无形的压力,向对方展开心理攻势,必要时,可以作一些小的让步作为配合,给对方造成机不可失,时不再来的感觉,以此说服对方。

(三)最后让步策略

在谈判的结束阶段,谈判双方一般都要做最后一次报价即最终出价。谈判者需正确把握谈判的形势,在各种达成协议的条件都具备时,才做出最终报价。不要过于匆忙地报价,否则会被认为是另一个让步,对方会希望再得到些东西。如果报价过晚,对局面就不起作用或影响很小。为选好时机,最好把最后的让步分成两步走,主要部分在最后期限之前提出,刚好给对方留一定时间回顾和考虑;次要让步,作为最后的好处,安排在最后时刻作出。最后的时刻往往是考验谈判者耐心和毅力的关键时刻,要坐得住、沉住气,不急于表态。

在决定最后让步幅度时,一个主要因素是看对方接受这一让步的这个人在对方组织中的地位。合适的让步幅度是:让步幅度比较大,并且大到刚好满足较高职位的人维持其地位和尊严的需要;但让步幅度也不能过分大,以免对方的上司指责他没有再坚持一阵,以求得到更大的好处。总之,最后让步的幅度大小,必须足以成为预示最后成交的标志,使对方感到不再有进一步让步的可能性。

除非己方的让步是全面接受对方现时的要求,否则必须让对方知道,己方所作出的最后让步是指望对方予以响应,对方应该作出相应的让步。也就是说即使在作最后让步时,也不要忘记附加条件,附加条件的意思:一是要求对方作出某种让步为条件,二是让步需经己方上司批准为条件。比如,在提出己方让步时,示意对方这是谈判者个人的主张,很可能会受到上级的批评,所以要求对方予以同样的回报。

第二节 制定和签署合同

双方经过数次的交锋与妥协,均认为达到了预期目标,就进入最后的制定和签署合同的过程。制定和签署合同以前需要谈判者详细审核谈判记录,对交易条件进行最后检索,才可以拟订合同、双方签字认可。

一、交易条件的最后检索

这个阶段是谈判者必须作出最后决定的时刻,并且面临着是否达成交易的最后抉择,因此,进行最后的回顾与检索,应当以协议对谈判者的总体价值为根据,对那些本企业没有同意而未解决的问题,予以重新考虑,以权衡时作出相应让步还是失去这笔交易。

(一)检索的内容

检索的主要内容有如下几点:

1. 明确还有哪些问题没有得到解决;
2. 对自己期望成交的每项交易条件进行最后的决定,同时,明确自己对期望成交的每项交易条件准备让步的限度;
3. 决定采取何种结束谈判的战术;
4. 着手安排交易记录事宜。

(二)检索的时间和形式

检索的时间和形式取决于谈判的规模。安排在一天谈判结束前的休息时间里进行,也可能安排一个正式的会议,并由本单位某个领导主持,这样的回顾和检索会议往往被安排在本企业与对方作最后一轮谈判之前进行。

二、谈判记录

商务谈判中,最关键的就是双方要保证对谈判内容理解的一致性。因此,每一次洽谈之后,重要的事情,应写一份简短的报告或纪要,并向双方公布。这样可以确保协议不致以后被撕毁。在一项长期而复杂,有时甚至要延伸到若干会谈的大型谈判中时,每当一个问题谈妥之后,都要通读双方的记录,查对一致,以避免含混不清的地方。

谈判者通常要争取自己一方做记录。谁保存会谈记录,谁就握有一定的主动权,如果对方向你出示他们的会谈记录,那就必须认真查看,要将自己的记录与对方的加以核校,发现偏差就应指出和要求修正。

在交易达成时,双方要认真检查、整理记录,共同确认记录正确无误,双方对彼此同意的条款有一致的认识,保证条款的名副其实,那么双方所记载的内容便是起草书面协议的主要依据。

三、签约

签约是谈判成功的最终标志,因此,谈判双方在交易达成后,一般都要签订书面协议(合同)。在签订协议(合同)阶段,通常是先签订"协定备忘录"。"协定备忘录"虽然不是合同书或正式协议书,但一经双方签字,就代表双方的承诺。然后,谈判双方签订正式协议(合同)。国与国之间的协议一般都举行签字仪式。

协议(合同)经双方签字后,就成为约束双方的法律性文件,有关协议(合同)规定的各项条款,双方都必须遵守和执行。任何一方违反协议(合同)的规定,都必须承担法律责任。因此,对于协议(合同)的签订工作,必须采取严肃认真的态度。签约应注意的主要问题有:

(一)签约过程应注意的问题

1.尽量争取己方起草合同文本,至少争取与对方共同起草合同文本;
2.对经济合同(协议)的主体、客体以及签订过程进行审查;
3.合同(协议)条款必须严密、详细;
4.争取在己方所在地进行合同(协议)的缔约或签字仪式。

(二)所签订的协议或合同本身要注意的问题

1.达成的协议必须见诸于文字;
2.协议(合同)的文字要简洁,概念要明确,内容要具体;
3.不要轻易在对方拟定的协议(合同)上签字。

(三)重大协议签订后要注意的问题

1.有无影响协议(合同)执行的不可抗拒的因素发生,力求防患于未然,以免造成无法挽回的损失;
2.密切注意对方的经营状况,以防对方经营不善,协议(合同)无法执行;
3.继续不断地研究协议(合同),防止对方对协议做出不利于自己的解释。

一般的商务谈判都要经过本书所述的几个阶段。在谈判过程中,阶段不一定划分得很明显,可能会有穿插或重复。但是,有经验的谈判人员为了控制谈判进程,一定要把握好谈判的阶段性,有条不紊,按照先后顺序,把谈判一步一步引向胜利。

四、合同内容

书面合同一般有下列三部分组成:

(一)约首

约首是指合同的序言部分,包括合同名称、合同编号、合同签订者双方的名称、营业地址、电话和传真、双方订立合同的意愿和执行合同的保证、有关函电等。

(二)正文

这是合同的主体部分,当事人的权利、义务、责任等均在正文部分加以约定。因此,正文是合同的核心部分,一定要全面、准确加以表达,不能有一点差错。正文中的主要条款有:

1. 标的条款:标的是指合同双方当事人权利和义务所指的对象。注意:标的名称、产地、出厂时间。

2. 品质条款:货物的品质规格是指商品所具有的内在质量与外观形态。品质条款的主要内容是品名、规格或牌名。合同中规定品质规格的方法有两种:凭样品和凭文字与图样。在凭样品确定商品品质的合同中,卖方要承担货物品质必须同样品完全一致的责任。为避免发生争议,合同中应注明"品质与样品大致相同"。凭样品成交适用于从外观上即可确定商品品质的交易。凭文字与图样的买卖包括凭规格、等级或标准的买卖,凭说明书的买卖以及凭商标、牌号或产地的买卖。对于附有图样、说明书的合同要注明图样、说明书的法律效力。

3. 数量条款:数量条款的主要内容是交货数量、计量单位与计量方法。制定数量条款时应注意明确计量单位和度量衡制度。在数量方面,合同通常规定有"约数",但对"约数"的解释容易发生争议,故应在合同中增订"溢短装条款",明确规定溢短装幅度,如"东北大米500吨,溢短装3%",同时规定溢短装的作价方法。

4. 包装条款:包装是指为了有效地保护商品的数量完整和质量要求,把货物装进适当的容器。包装条款的主要内容有:包装方式、规格、包装材料、费用和运输标志。制定包装条款要明确包装的材料、造型和规格,不应使用"适合海运包装""标准出口包装"等含义不清的词句。

5. 价格条款:价格条款的主要内容有:每一计量单位的价格金额、计价货币、指定交货地点、贸易术语与商品的作价方法等。为防止商品价格受汇率波动的影响,在合同中还可以增订黄金或外汇保值条款,明确规定在计价货币币值发生变动时,价格应作相应调整。

6. 装运和交接条款:装运条款的主要内容是:装运时间、运输方式、装运地与目的地、装运方式以及装运通知。根据不同的贸易术语,装运的要求是不一样的,所以应该依照贸易术语来确定装运条款。如果合同中定有选择港,则应注明增加的运费、附加费用应由谁承担。

7. 保险条款:国际货物买卖中的保险是指进出口商按照一定险别向保险公司投保并交纳保险费,以便货物在运输过程中受到损失时,从保险公司得到经济上的补偿。保险条款的主要内容包括:确定投保人及支付保险费,投保险别和保险条款。在国际货物买卖中,保险责任与费用的分担由当事人选择的贸易术语决定,因此投保何种险别以及双方对于保险有何特殊要求都应在合同中定明。此外,双方应在合同中定明所采用的保险条款名称,如是采用中国人民保险公司海洋货物保险条款,还是伦敦保险业协会的协会货物险条款以及其制定或修改日期、投保险别、保险费率等。

8. 支付条款:支付条款的主要内容包括支付手段、支付方式、支付时间和地点。支付手段有货币和汇票,主要是汇票。付款方式可以分为两种,一种是不由银行提供信用,但通过银行代为办理,如直接付款和托收;另一种是由银行提供信用,如信用证。支付时间通常按交货与付款先后,可分为预付款、即期付款与延期付款。付款地点即为付款人或其指定银行所在地。

9. 检验条款:商品检验指由商品检验机关对进出口商品的品质、数量、重量、包装、标记、产地、残损等进行查验分析与公证鉴定,并出具检验证明。检验条例主要内容包括:检验机构、检验权与复验权、检验与复验的时间与地点、检验标准与方法以及检验证书。在国际贸易中,检验机构主要有官方检验机构、产品的生产或使用部门设立的检验机构、由私人或同业公会协会开设的公证鉴定行。检验权与复验权的归属，以及检验与复验的时间、地点，在国际货物买卖中，通常由当事人在合同中约定。检验的标准和方法，在国际贸易实践中，通常采用以下方法：按买卖双方商定的标准方法、按生产国的标准和方法、按进口国的标准和方法、按国际标准或国际习惯的方法。检验证书是检验机构出具的证明商品品质数量等是否符合合同要求的书面文件，是买卖双方交接货物，议付货款并据以进行索赔的重要法律文件。应按照合同的具体约定出具符合合同要求或某些国家特殊法律规定的检验证书。

10.不可抗力条款：不可抗力条款是指合同订立以后发生的当事人订立合同时不能预见的、不能避免的、人力不可控制的意外事故，导致合同不能履行或不能按期履行，遭受不可抗力一方可由此免除责任，而对方无权要求赔偿。一般来说，不可抗力来自两个方面：自然条件和社会条件。前者如水灾、旱灾、地震、海啸、泥石流等，后者如战争、暴动、罢工、政府禁令等。不可抗力是一个有确切含义的法律概念，并不是所有的意外事故都可构成不可抗力。有时当事人在合同中改变了不可抗力概念通常的含义，因此需要在合同中定明双方公认的不可抗力事故。

11.索赔条款：这是合同中保证合同顺利履行和保护当事人合法权益所必需的主要条款。如果一方当事人因过错而使合同不能履行或者不能完全履行时，则受损方有权依据索赔条款向违约方索赔。索赔条款的主要内容包括索赔的依据、索赔期限和索赔办法等。

12.仲裁条款：仲裁条款是双方当事人自愿将其争议提交第三者进行裁决的意思表示。仲裁条款的主要内容有：仲裁机构、适用的仲裁程序规则、仲裁地点及裁决效力。在国际贸易实践中，仲裁机构、仲裁地点都由双方约定产生，仲裁程序规则一般由选择的仲裁机构决定，仲裁裁决的效力一般是一次性的、终局的，对双方都有约束力，凡订有仲裁协议的双方，不得向法院提起诉讼。

(三)约尾

约尾一般列明合同的份数、使用的文字及效力、订约的时间和地点及生效的时间、双方单位盖章、法定代表人及经办人签名盖章。合同的订约地点往往要涉及采用何种法律解决合同的争议问题，因此要慎重对待。

五、谈判后的管理

谈判后的管理主要是对签订合同之后的有关工作的管理。

(一)谈判结束后的归纳总结

谈判结束后，谈判人员应对谈判内容和过程进行回顾和总结，以提高自身的谈判能力。谈判人员可以从回答下面的问题入手：

1.我对本次谈判结果是否满意？谈判的目的是否已经达到？
2.本次谈判准备得是否充分？这种准备对谈判的影响如何？
3.谁让步更多？为什么？
4.哪些战略和行动对本次谈判帮助最大？
5.哪些行动妨碍了本次谈判？

6.我在本次谈判中是否信任对方？影响这种感情的最大因素是什么？
7.谈判时间利用得怎么样？是否可以利用得更好？
8.双方互相倾听的认真程度如何？谁说得更多一些？
9.谈判之初我是否很好地理解了对方最关切的问题？谈判之后对方是否理解了我们最关切的问题？
10.我在本次谈判中学到了什么？下次将如何改进？

(二)保持与对方的友好关系与持续联系

合同作为谈判成果的标志，关系到双方的合作和切身利益。谈判结束后，双方只有切实履行协议，合作才能真正开始。否则，可能会触发新一轮的谈判。因此，为了确保合同认真彻底地履行，以及维持今后双方的业务关系，应该安排专人负责与对方进行经常性的联系，使双方的关系保持良好的状态。

(三)谈判资料的保存与保密

应将谈判的资料编制成客户档案，妥善保存。这样，在以后再与对方谈判时，上述资料就成为非常有用的参考资料。谈判资料在保存的同时，还应对其保密工作进行恰当的安排。如果有关谈判的资料，特别是关于己方的谈判方针、策略和技巧方面的资料被对方了解，那么，不仅为对方在今后的交易中掌握己方的行动提供了方便，而且也可能直接损害目前合同的履行和双方的关系。所以，企业应该重视谈判资料的保存和保密工作。

实训项目：拟定交易合同

一、实训目的

通过综合谈判案例，掌握拟定交易合同的方法。

二、实训背景

四川乐山饮料公司是上市公司"乐山实业"的全资子公司，是一家生产"乐山"矿泉水和"天之南"纯净水的地方知名企业。

你公司是江苏金牛塑料制品有限公司PET材料的生产厂家(简称PET公司)。公司准备派你开发四川市场，希望能成为该公司的供货商，你公司并没有与四川乐山饮料公司发生过业务往来，对该公司并不了解。四川是公司准备开拓的新市场，签下这家公司的订单对你们公司意义重大。你的生产成本是18500元/吨，市场的平均价格是20000元/吨。你被公司任命为四川地区代表，代表公司与四川乐山饮料公司进行接触。

经过你对四川乐山饮料公司采购部的部门负责人前期拜访与沟通，你对四川乐山饮料公司有了一定了解，前期拜访中四川乐山饮料公司也表现出对与你厂合作的兴趣，你也已经向对方提交了参加招标采购所需要的所有相关资料，参加了四川乐山饮料公司的招标采购工作。你刚刚接到四川乐山饮料公司的通知，准备于下周与你厂进行首次谈判，谈判地点由你方选择，根据了解到的情况，四川乐山饮料公司参加谈判的代表一行人分别是：该公司行政副总经理、采购部负责人、采购部原料采购专员、技术部负责人。公司指定你为本次谈判的组长，组员由你在公司各部门组织与挑选。

四川乐山饮料公司与江苏金牛塑料制品有限公司的第一次谈判在达成初步意向后顺利结

束。双方经过价格有效协商,打破僵局,议定了19880元/吨的价格。有关交货地点、运输、人员培训、专业技术指导等问题也都顺利地解决了。但同时,江苏金牛塑料制品有限公司通过调查发现四川乐山饮料公司效益呈下降趋势,但现金流量质量尚可,有足够支付能力。为回避风险,江苏金牛塑料制品有限公司决定不向四川乐山饮料公司提供信用服务,江苏金牛塑料制品有限公司交货时间为9天。最终双方排除万难,针对各项交易项目顺利达成协议。

三、实训要求

请你拟定交易合同,并筹备签字仪式。

任何一次谈判最终总要有一个结果,经过谈判各方激烈的磋商后,如果就交易条件基本达成一致的时候,就进入了整个谈判的终结阶段;如果没有就交易条件达成一致,谈判也要终结即破裂。本章主要就商务谈判终结、制定和签署合同等内容进行了表述。谈判者可以通过分析来判断商务谈判是否终结,判断一次商务谈判终结的标志有交易条件、谈判时间、谈判策略和谈判者言行。不是所有的商务谈判都能成功,因此,商务谈判终结的方式不仅有成功还有中止和破裂。终结阶段需要遵循彻底性、不二性、条法性、情理性等原则。签署合同是一次商务谈判最终结束和成功的标志,制定和签署合同是至关重要的工作。谈判完成后,谈判者应认真检索交易条件和认真审核谈判记录,并根据谈判的内容制定合同、签署合同,同时要做好谈判后续工作,保持双方良好沟通,维系良好的商务关系。

最后立场策略→折中调和策略→好坏搭配(一揽子交易)策略→商务谈判终结标志→条法性原则

1.在谈判中如何识别和把握谈判终结的标志?
2.试述商务谈判终结阶段的原则。
3.试述商务谈判最后检索的主要内容。
4.试述合同的主要内容。
5.谈判后的管理工作主要有哪些?

❖ 案例分析题

20世纪80年代中期,中德合资兴建拜耳——上海齿科有限公司的谈判是一次非常成功的谈判范例。

谈判的中方是上海齿科材料厂,它的齿科产品占国内产量的70%,是国内同行业的佼佼者;德方是西德"拜耳"公司。该公司系西德第二大公司,在世界上有100多个分公司。他们的医药产品遍及世界,销售额为600亿马克。兴建合资企业立项后上海齿科就派人赴德国实地考察,了解和分析相关情况并与德方在共同编制了可行性研究报告。回国后,该厂精心组织了谈判班子。

谈判开始后，双方各自施展自己的解数，势均力敌，旗鼓相当。谈判双方主要就以下几个问题进行了磋商：

1.关于中德合资企业的名称，德方提出定名为"拜耳齿科中国有限公司"中方反对。因为这个名称实际上是否定了双方平等谈判的主体资格，形成总公司与分公司的隶属关系。中方根据我国当时的法律有关规定，有力地支持了己方的立场，使德方不得不作出让步。德方在同意这个名称的前提下，要求"拜耳"与"上海"两个名词对换，把"拜耳"放在"上海"之前并提出了自己的理由，德方有理有据也使中方无法拒绝，但中方又提议在拜耳、上海之间加一横线，就成为"拜耳——上海齿科有限公司"。德方同意。

2.关于德方独占出口权问题，是一个关系到市场分配、价格、外汇等多种因素的问题。两方争执的焦点在于对许可产品（即用外方技术生产的产品），中方与合资企业有否出口权。德方担心扩大出口数量和多开出口渠道，会打破自己的价格体系，挤掉自己的国际市场，故反对中方和合资企业出口。由于中方坚持合资企业产品必须出口。于是，德方宣布终止谈判，以示在此问题上决不让步，导致谈判破裂（这是一个假性败局）。德方终止谈判不过是个手段，无非是想以此来向中方施加压力，迫使中方做出让步。

中方对谈判破裂的性质熟悉不清，一时陷于忧心忡忡的境地。中方召集大家集思广益，研究对策。经过认真分析，大家了解到：此项目投资大，且拜耳是个享有盛名的大公司，其目光是长远的。所以中方没有让步继续等待。几天之后，德方因对该项谈判的依靠性较大，吃不住劲了，主动发来电传，提出了自己条件和理由重新开始谈，中方请来上海外经贸委负责联系此项目的同志一起参与谈判，中方的这一做法有两个目的：一是希望他起到缓冲作用；二是希望以审批机构代表意见的权威性，促使对方让步。最终双方同意德方不能独占出口权，合资企业也有一定比例的出口份额，但德方收取一定比例的佣金。

3.德方坚持要在合同中规定：当中国法律有新的规定，德方判断它对外商不利时，可以申请合资企业解散。这又是一个中方不能接受的难题。最后德方同意删除，但要规定："本合同经审批机构批准后，即使中国法律有新的规定，本合同仍按其合同条款执行。"这一条意味着中国新的立法对合资企业无管辖权。开始，中方不能接受，谈判再度搁浅。为能促成谈判和局，中方谈判班子再三进行了研究。谈判项目法律顾问提出了一个新的，但是顺理成章的解释：

（1）相信中国对外开放的政策会越走越宽；

（2）《涉外经济合同法》第四十条明确规定："对于已经批准的合同，即使有新的立法，仍可按原合同执行。"

这一解释说服了大家，迎来了一个成功谈判的和局。双方的主要分歧都基本解决，谈判实质阶段已经结束。

最后双方主要对已经成交的有关条件，进行逐条逐字的修正完善，斟酌定稿；相互校对章程、协议、合同等文本的意思是否一致，等等。中德双方对这一阶段的工作做得十分认真。该项谈判签署的具有法律效力的文件原件是由英文写成的。中方将它翻译成中文，并经专门人员三校其稿，再由法律顾问用英文本逐句核对。为慎重起见，专请汉语专家对中文本的字句进行审核。排印之前，再由法律顾问作最后的文字审订。德方在此阶段的工作也非常仔细，他们先是把中方审订的中文本带回德国，让没参加该项目工作的人译成英文与谈定的英文本对照，看意思是否一致。然后再由他们的法律和文字专家检查。可见，双方都没有放过终局阶段的每一个细节。

最后中德双方既竞争又合作,求同存异,共同努力,终于达成了一个双方都满意的协议。

◇问题：

1. 这次商务谈判终结的标志是什么？
2. 这次商务谈判中德双方分别采用了什么谈判策略？
3. 这次商务谈判体现了终结阶段的哪些原则？

第七章 商务谈判语言

美国企业管理学家哈里·西蒙说:"成功的人都是出色的语言表达者。"同样,成功的谈判也是谈判双方出色运用语言艺术的结果。语言在谈判中犹如桥梁,商务谈判实质是谈判双方运用各种语言进行沟通磋商、谋求一致的过程,因此,在谈判中,使用有效而恰当的语言是不可或缺的,掌握谈判的语言技巧对于谈判成功起着至关重要的作用。

第一节 谈判语言概述

语言有狭义和广义两种。狭义的语言指人类特有的用来表达意思、交流思想的工具,是由语音、词汇和语法构成的系统。广义的语言还包括起沟通交流作用的各种信息载体,即不仅仅是语言、文字,还有眼神、表情、手势、体态,甚至人与人之间的距离。

一、谈判语言的分类

商务谈判语言具有多样性的特点,从不同角度或依据不同的标准来划分,可以分成下面不同的类型。

(一)按语言的表达器官,可分为有声语言和无声语言

在商务谈判中,各种语言都可以归类为有声语言和无声语言。

有声语言是指通过人体的发音器官来表达的语言,一般理解为口头表达语言,这种语言借助于人的听觉来传递信息、交流思想。

无声语言是指通过人的身体、姿态、面部、表情等非发音器官来表达的语言,一般理解为行为语言,这种语言借助于人的视觉传递信息,表示态度等。

有声语言是自觉的、有意识的,因而主体是可以对之进行掩饰的;无声语言一般是不自觉的、无意识的,因而主体往往难以掩饰。人是复杂的动物,有声语言往往并不是思想的真实反

映,无声语言相对能比较真实地反映内心世界。在商务谈判中巧妙地运用这两种语言,可以产生珠联璧合、相辅相成,甚至是"此时无声胜有声"的绝妙默契的效果。

(二)按语言的表达特征,可分为专业语言、法律语言、外交语言、文学语言、军事语言等

专业语言是指具有行业特色的专门术语。不同的行业都有专属于本行业的一些专门术语,如国际贸易中的"FOB""CIF"等,房地产中的"容积率""期房和现房""四通一平"等,军事领域中的"火力支援11点方向"等。专业语言的最大特点是准确和简明,即无歧义、效率高。

法律语言是指商务谈判所涉及的有关法律规定的用语。商务谈判的最终结果都是确定双方各自的权利与义务,其形式都是一份具有法律效力的文本文件(合同或协议)。所有的法律语言都尽可能多地为己方争取权益,尽量避免向对方作出承诺、承担义务。每种法律语言都有特定的内涵,不能随意地解释和使用。

外交语言是一种比较含蓄的语言,往往比较模糊、留有余地、保持主动、没有实质性承诺,如"一直在密切关注""深表遗憾""有待研究"等。在商务谈判中使用外交语言可表达己方的态度、观点和立场,同时还能为谈判的进退留有余地。但外交语言要运用得当,如果过分使用外交语言容易让对方感到无合作诚意,使人反感。

文学语言是指在谈判中使用的修辞性语言,其最显著特征是富有感情色彩,运用比喻、拟人、双关等修辞手段,如"平分秋色""春风化雨""播种友谊"等。在商务谈判中使用文学语言可以有效地传递积极的情感,感染和影响对方情绪,调节谈判气氛。

军事语言是指在商务谈判中运用的军事术语及一切简明但态度坚定的语言,如"这是我方最后的条件,贵方同意就成交,不同意,我方马上走人"。适时运用军事语言可以使谈判者起到坚定信心、稳定情绪、加速谈判进程的作用。

二、谈判语言的作用

在商务谈判中,磋商是通过语言表达来实现的。一方说话的方式不同,另一方接收的信息、做出的反应也就不同。这就是说,虽然人人都会说话,但是,说话的效果却取决于表达的方式。所以,在商务谈判中,语言的表达是十分重要的。

(一)准确表达意图

在商务谈判中,谈判人员的社会背景、文化、法律、观念及语言有较大的差别,因此谈判双方之间的信息交流在客观上就存在无形的障碍。但是谈判工作容不得半点含糊,要使这项工作顺利进行,就必须懂得对方的意思,同时也要让对方明白己方的意思,这是对商务谈判语言表达的最基本要求。在这种情况下,将己方的意图以一个最恰当的方式传递给合作伙伴就是语言表达的最基本的作用。

(二)成功说服对方

只要是谈判,当事双方的利益就一定存在对立,谈判者会为各自的利益争执不下。谈判成功是双方达成协议,所以,谈判过程是一个说服对方的过程。谈判者要运用智慧,创造各种可能的方案来说服对方,使其接受己方的观点。当提出一个观点要对方理解和接受时,首先必须

清楚地说明它的作用,特别是给予对方的好处。许多实践经验表明,强调双方处境的相同、愿望的一致,要比强调双方的差异、分歧更能使人理解和接受。

(三)缓和紧张气氛

谈判过程自始至终受谈判气氛的影响,而气氛随双方的交谈情况不断变化。形成一个和谐融洽的谈判气氛,往往需要双方的艰苦努力,而要破坏它,可能仅仅是一两句话。所以,高明的谈判者在语言表达、措辞上都十分谨慎、小心,即使是讨论双方的分歧问题,也绝不轻易发火、指责,当然,更不会出现侮辱人格、伤害感情的语言。

三、谈判语言运用的原则

谈判语言不同于文学、戏曲和电影电视中使用的语言,也不同于日常生活用语。谈判语言虽然没有固定的模式,但要遵循一定的原则。

1. 客观性原则

商务谈判语言的客观性原则是指谈判过程中语言的表述要尊重客观事实,要提供令对方信服的证据。谈判的当事人存在利益的对立和心理的逆反,任何具有感情色彩的说服会受到对方本能的抵抗和反对,一般难以奏效。客观事实是最有说服力的,所有的语言技巧一般要遵循客观性原则才能产生作用。任何一个讲道理的人,在有客观事实支持的说服面前,都会认真思考、权衡利弊、为之所动。

2. 逻辑性原则

商务谈判语言的逻辑性是指谈判者的语言要符合逻辑规律,概念要明晰,判断要准确,推理要严谨,论证要有说服力。谈判的实质是利益的合作和交换,合作和交换是平等的,是要讲道理的,即要符合逻辑。从某种角度看,人类社会的存在和发展就是因为人们的言行符合逻辑,谈判的成功依靠的就是逻辑的力量。

3. 规范性原则

商务谈判语言的规范性是指谈判过程中的语言表达要清晰、严谨和准确。谈判是协商合同条款,明确双方的责任和义务,因此,谈判语言要求准确表达意见和意思,用语不要含糊,难以理解,态度不要模棱两可,以避免对方做出错误的理解,引起对方的误会和不必要的纠纷。当然,出于策略需要的弹性语言除外。

4. 文明性原则

商务谈判语言的文明性是指谈判过程中的语言表达要尊重对方,维护对方的面子和自尊,绝不能用粗鲁、攻击或辱骂性的语言。在多数情况下,谈判一方丢面子、伤自尊心是由于另一方语言不慎造成的。最常出现的情况是由双方对问题的分歧,发展到对对方的成见,进而出现对个人的攻击和指责。如果一方丢了面子或自尊受到伤害,即使是最好的交易,也会留下不良后果。

第二节 有声语言的运用

有声语言是商务谈判沟通的主要手段。在商务谈判中,运用有声语言的技巧主要体现在听、问、答、叙、说、辩等方面,正确运用这些语言技巧是商务谈判取得成功的保证。

一、听的技巧

谈判学的奠基人杰勒德·I.尼尔伦伯格说:倾听是发现对方需要的重要的手段。在商务谈判中,倾听是沟通的基础,没有听懂对方就不能掌握其需要和行为,就不能说服对方,从而难以实现谈判目标。善于倾听是一个优秀谈判者具备的基本素质。

商务谈判中的倾听,不仅指用耳朵听,而且要用眼睛等其他感觉器官,去感受对方的言语和与之相关的动作,并用大脑思考所获得的各种信息的意义,做到耳、眼、心、脑多管齐下。

(一)倾听的作用

1.倾听是获取对方信息的最简捷的途径

在谈判中,每一方都非常重视收集和了解对方的信息,倾听是最直接、简单的获取对方信息的方式。通过倾听,不仅可以直接获取对方陈述的立场和观点,也能够捕捉到对方隐蔽的意图、态度的变化等潜在信息,从而可以掌握谈判的主动权。

2.倾听是谈判中最廉价的让步

美国谈判学家卡洛斯说:如果你想给对方一个丝毫无损的让步,这很容易做到,你只要注意倾听他说话就行了。倾听是你能做到的一个最省钱的让步,即倾听是谈判中最廉价的让步。专注地倾听对方讲话,则表示倾听者很重视讲话人的观点,能使对方产生好感和信任,改善双方的关系,有利于达成一个双方都妥协的协议。

(二)妨碍倾听的因素

谈判中的有效倾听是指能够完整、准确、及时地理解对方讲话的内容和含义。但是,专家通过多年研究发现,即使是积极地听对方讲话,听者也仅仅能记住不到 50% 的讲话内容,而且,其中只有 1/3 的讲话内容按原意听取了,1/3 被曲解地听取了,另外 1/3 则丝毫没有听进去,并且不同的人对于自己听取的那部分内容的理解也是不同的。一系列实验表明,听存在着听力障碍,在听的方面常常存在的问题是,有听的动作,但是听的结果不能令人满意。

1.注意力不集中

人们在疲劳的状态下很容易注意力不集中。在商务谈判中造成注意力下降而影响倾听的原因主要有:旅途劳累,精力尚未恢复;谈判任务压力太大,致使注意力不能从谈判压力中转移到倾听中;连续谈判,筋疲力尽,产生厌烦。

谈判人员注意力的变化是有一定规律的,一般是在开始和结束时注意力集中。谈判开始时,大家精力都十分充沛,但这一阶段的时间很短。例如,1个小时的谈判,开始的精力旺盛阶段只有10分钟。如果是1周的谈判,头尾2天听的效果是最好的。中间的时间,往往都是在耗着,听的效率很低。当人们意识到双方达成协议的时刻就要到来时,精力会突然复苏、高涨,但时间也非常短暂。

2. 不良的倾听习惯

人们常常是边听边作出判断,肯定的判断就会倾向于听下去,否定的判断则会有所抵抗,从而影响全面、准确地读懂对方。在很多情况下,对方的表达并非与己方完全对立,只是前面一个片段稍有对立,而其后面的内容会有所解释,由于我们习惯于抵抗否定的内容而耽误了对后面内容的接收。这是听的过程中的一种不良习惯。改正的方法就是要将"听"与"判断"分开,听全了以后再作判断。

3. 知识、语言水平的限制

商务谈判总是就某个具体的产品或业务而言的,这将会涉及大量的专业知识。如果对专业知识懂得太少,在谈判中一旦涉及这方面的问题就难以理解。与国内谈判相比,涉外谈判还有一个语言问题。语言不仅仅是一种表达工具,它更是文化的体现。对于语言的理解不能只看作语言翻译的问题,更多的是对语言背后的文化的解读。不同的文化背景,会造成语言理解上的歧义。特别是如果没有专业术语的约定,这种歧义会更加明显。

4. 过于感性、情绪化

只注意与己有关的讲话内容,或凭借感情、兴趣的变化来理解对方讲话的内容,对于不合自己感情、兴趣、观点、立场、利益的话题,产生抵触和反抗情绪,犹如戴着有色眼镜观察事物,所看到的已经不是事物原貌,从而导致曲解、漏听。在谈判中,人们思想或意见的表达,有的是很明确的,有的则是比较含糊或故意谈此而言彼,甚至正话反说或反话正说,因此,最容易出现误解,而造成收听障碍。

5. 环境因素

听是人的一种心理活动,人的心理与生理是相通的,生理上的不适会引起心理上的反应。谈判场所的客观环境对听是有影响作用的,如温度的高低、光线的明暗、音响的效果、座位是否舒适、空气是否新鲜流通等。商务谈判环境千差万别,由于环境干扰,常常会使人注意力分散,而形成听力障碍。

[案例7—1]

Freeze 的含义

1992年11月26日晚,一名叫服部刚丈的日本留学生和一位美国同学化好装去参加万圣节舞会,他们走错门而误入一家私人住宅。男主人见生人闯入,手握一支枪向他们喊道Freeze! 美国男孩听到后立即停下来。但在服部的记忆中,英语课上讲授的"freeze"一词的意思是与冷冻或制冰有关的,因此他继续向前走,结果中弹而亡。

(三)有效倾听的方法

1. 专心致志地倾听

专心致志地倾听要求谈判者在对方发言时要集中精力,即使是自己熟知的话题,也不可充耳不闻。商务谈判是一项复杂的脑力劳动,紧张的谈判需要注意力高度集中,没有好的身体状态是难以完成任务的。另外,心理学研究证明,一般人说话的速度是每分钟120~180个字,而听和思维的速度大约是说的 4 倍。特别是在比较正规严肃的场合,说话会很正规,很少省略,这样,听就会省出很多时间,注意力就会分散,就会开小差。因此,谈判前要保证充足的睡眠,避免大量饮酒,保持一个良好的身体状态;同时,注意克服听和说的节奏差异,保持注意力集中。

2.改正不良的倾听习惯

要学会把"听"与"判断"分开,不要轻易打断对方,切忌匆忙判断、反驳、抢话和轻视对方。听者一定要心胸开阔,抛弃那些先入为主的思想。只有这样,才能尽可能正确理解对方讲话所穿递的信息,准确把握讲话者的重点,更好地与对方沟通和交流。

3.做好必要的记录

人的记忆力是有限的,为弥补这一不足,应在倾听时做好必要的记录。一方面,记录可以帮助记忆,理解对方讲话的含义,而且有助于在对方发言完毕时就某些问题向对方提出疑问;另一方面,记录给讲话者留下重视其讲话内容的印象,当停笔抬头望向对方时,又会对其产生一种激励作用。

4.有鉴别地听

有鉴别地倾听必须建立在专心倾听的基础上。因为不用心听,就无法鉴别对方信息的真假,也无法识别信息的有用性。通常来说,人们说话总是边想边说,来不及整理,不能突出重点,而听者通过用心倾听,可以鉴别对方所传递信息的真伪,去粗取精,去伪存真,这样,才能更好地读懂对方。

5.注意对方说话的方式

一个优秀的谈判者应该是善于观察的专家,要有敏锐的洞察力。在谈判中,对方的措辞、表达方式、语气语调、行为动作等都能成为线索,要善于发现对方一言一行背后隐藏的含义,准确把握对方真实的意图。

总之,倾听是商务谈判语言表达技巧的重要组成部分,是谈判一系列行为的第一个环节。如果能从上述几方面努力,谈判过程中"听"的障碍就可以减轻或消除,也就很少或不会发生因听不见、听不清、没听懂而使双方相互猜疑、争执不下的现象。当然,策略上听的障碍就是另外一回事了。

[案例7-2]

不能说话的谈判代表

有一家美国汽车公司,想选用一种布料装饰汽车内部,有三家公司提供样品。公司董事会经过研究后,请他们每一家来公司做最后的说明,然后决定与谁签约。三家厂商中,有一家的业务代表患有严重的咽喉炎,无法流利讲话,只能由汽车公司的董事长代为说明。董事长按公司的产品介绍讲了产品的优点、特点,各单位有关人员纷纷表示意见,董事长代为回答。而布料公司的业务代表则以微笑、点头或各种动作来表达谢意,结果,他博得了大家的好感。

会谈结束后,这位不能说话的业务代表却获得了 50 万码布的订单,总金额相当于 160 万美元,这是他有生以来获得的最大的一笔成交额。事后,他总结说:如果他当时没有生病,嗓子还可以说话的话,他很可能得不到这笔大数目的订单。因为他过去都是按照自己的一套办法去做生意,并不觉得让对方表示意见比自己头头是道地说明更有效。

二、问的技巧

商务谈判中的问是指谈判一方要求对方陈述或解释某个问题。问看似简单,其实很有讲究。重视和灵活运用发问的技巧,不仅能够引起双方的讨论,获取信息,而且可以控制谈判的方向和进程。

(一)提问的作用

1. 获得己方所需要的信息

己方想要的信息往往不能都在对方的陈述中得到,要提高谈判的效率,达到己方的谈判目的,就要通过提问。这类提问往往会有一些典型的引导词,如"谁""什么""什么时候""怎么""哪个方面""是不是""能不能"等。谈判者通过问话,希望对方提供自己不了解的信息。提问并不简单,很多情况下,人们往往是有疑惑却提不出明确具体的问题。提问是一个梳理思路的过程,一个抓住主要矛盾的思辨过程,一个分清逻辑关系和轻重缓急的过程。

2. 引导和控制谈判的方向

当谈判中谈论的内容偏离了预期的目标时,利用提问把话题引导到既定的轨道上是比较有效的方法。当出现冷场或僵局时,可运用提问打破沉默,借助问话使话题转向,如"我们换个话题好吗?"等。

3. 回避难题,变被动为主动

提问是具有进攻性的,若一味地只是回答就会处于很被动的状态。有时,对方的问题击中了己方的要害,这样的难题不便回答、不愿回答、不能回答,但是不回答又不行,这时反问也许是最好的回答。在辩论赛中我们经常看到这样的情景,一方代表向对方进攻:"请问对方辩友……"这个问题也许只有两个明确的答案,不论哪个,进攻方都准备好了应对的方案,回答方处于被动的地位。但是,有经验的对手却并不急于回答,而是向对方提问:"这个问题很简单,我来回答,但是,在我回答之前,请对方辩友先回答我一个小小的问题。"于是难题轻而易举地化解掉了。

[案例7-3]

国家机密

冷战时期,美、苏两个超级大国的核军备竞赛威胁着世界的和平,每年的核裁军谈判都是全世界瞩目的重大新闻事件。某年,两国达成了各自削减核弹头10%的协议。消息一出,立即引起轰动,全球的媒体对此一致好评。在时任美国国务卿基辛格博士举行的记者招待会上,有好事的记者问:"削减10%的确令人鼓舞,但是,我们不知道准确的数值,请问,美国的核弹头基数是多少?"全场立即鸦雀无声,都不想放过这个敏感的问题。也有人替国务卿捏了一把汗,核弹头的基数肯定是国家机密,是不能说的。说是机密不能告诉你,显得很没有风度,也缺乏智慧,说不知道那岂不是陷入要么渎职要么撒谎的两难境地?充满智慧的博士出人意料地反问道:"我可以告诉你,但你先要回答我一个问题。"该记者立即回答说可以。"请告诉我,核弹头基数是不是国家机密?"记者想,说是的话就没有答案了,于是选择说不是。基辛格于是接着说:"那么你来告诉大家吧!"全场立即哄堂大笑,全都沉浸在博士的幽默机智所带来的欢乐之中,而对于那个令基辛格难堪的问题,再也没有人去注意了,基辛格轻松地化解了难题。

(二)提问的类型

1.引导(诱导)式提问

引导(诱导)式提问是一种反意疑问句,是用对答案具有强烈暗示性的问句,令对手毫无选择地按照发问者所设计的答案作答。在谈判中,这种提问方式往往是在为了让对方对自己的观点表示赞同时采用。例如:"讲求商业道德的人是不会乱提价的,您说是不是?"

2.坦诚式提问

坦诚式提问是一种推心置腹友好性的发问。一般是当对方陷入困境或有难言之隐时,己方出于友好目的帮其排忧解难的发问。这种发问能制造出某种和谐气氛。例如:"请告诉我,您需要我做什么?"

3.证实(澄清)式提问

证实(澄清)式提问是针对对方的表述或答复使用新的意义相同的措辞,对其进行证实或补充的一种发问。这种发问,不但可以确保谈判各方能在叙述"同一语言"的基础上进行沟通,而且可以发掘更充分和准确的信息,表示发问者对该问题的重视。例如:"您刚才说,对目前所进行的这笔买卖,您可以做取舍,这是不是说,您拥有全权与我进行谈判?"

4.假设式提问

假设式提问提出各种假设条件,诱使对方作答,是一种非常重要的谈判语言技术,主要用于试探对方的虚实和底线。例如:"假如我买 200 台,单价是多少?"

5.选择式提问

将本方的意见抛给对方,让对方在一个规定的范围内进行选择回答。例如:"今天我有时间,你说是上午还是下午?"

6.探索式提问

针对双方所讨论的问题要求进一步引申或说明,以便探索新问题、新方法。例如:"这样行得通吗?你说可以如期履约,有什么事实可以说明吗?"

7.间接式(借助式)提问

借助第三者的意图来影响或改变对方意见的发问方式。第三者必须是对方所熟悉而且是他们十分尊重的人,这样使用这种问句才能对对方产生很大的影响力。例如:"某某先生是怎么认为的呢?"

8.封闭式提问

指问题可以在特定领域中得到特定答复,比如答复为"是"或"否"的问句。这种问句可以使发问者获得特定资料或确切回答,可以针对性地做好应对准备,容易控制谈判的方向和结果。但是应注意这种发问方式会让对方觉得有威胁。例如:"我们能否得到最优惠的价格?"

(三)发问的技巧

1.预先准备好问题

谈判是有时间成本的,谈判者随意地提出没有明确目的的问题,既耽误时间又影响谈判目标的实现。谈判者在提问之前要进行思考和准备,明确自己提问的内容和目的。一般应考虑四个主要因素:提出什么问题;如何表述问题;何时进行发问;对方将会产生什么反应。必要时也可先把提出问题的理由解释一下,这样可避免许多意外的麻烦和干扰,达到提问的目的。

2.选择恰当的提问方式

提问的方式很重要,提问的角度不同,引起对方的反应也不同,得到的回答也就不同。首先,问句的类型有很多种,可以根据提问的目的选择合适的问句类型;第二,要以诚恳的态度提出问题,注意提问的语气,尽量避免对方产生敌意与防范心理。

[案例7-4]

机器的温度

一个客户怒气冲冲地闯进经理的办公室,指责对方生产的某种机器的性能有问题,因为该机器在工作时温度很高。经理非常清楚,这不是机器有问题,而是正常的现象。但他并没有据理力争,而是平静地问:"这种机器高出环境的温度好像有国家标准,是吗?""是的,那又怎么样?""我不记得那个具体数据了,你知道吗?""40℃。""哦,你们车间的气温大概是多少℃?""大约是35℃。""那么35加40应该有70多℃了啊!""哎呀,是我搞错了,我没有考虑到还要加上环境温度,不好意思啊!"于是,问题顺利解决了。

3.不要强行追问

一般情况下,问了两遍对方都予以回避或搪塞,就不要再问第三遍了。因为对方不愿意回答的问题,再问也是不会有答案的。还有一种情况就是问题涉及对方的隐私,追问既不道德也违反人性。保护隐私属于安全需要,这是人的基本需要,如果一个人的安全需要受到威胁,他会放弃其他需要来确保安全需要的。

4.不要提含有指责对方人品的问题

即使对方人品确有问题,那也不是谈判要解决和能够解决的。从谈判的角度看,谈判的对方既不是敌人也不是朋友,只是某一个业务项目的合作者,在谈判桌上,合作之外的事情与谈判无关。

5.不要为了表现自己而提问

生活中的某些场合,经常有以表现自己为目的的提问。例如,应聘者提出一些比较专业的问题,当着同学的面向教师提问等。目的决定手段,这都是正常的。但是谈判的目的绝对不是要表现自己,而是达成协议,最终获得利益。

6.提问要尽量简短

提问过于冗长,答者记不住整个问题,不好回答,也给对方造成回避问题的借口。对方会说:"对不起,句子太长了,我没有听清楚,能否再说一遍?""不好意思,你的这个问题怎么和第一次说得不太一样,能否再说一遍?"在商务谈判中,提出问题的句子越短越好,而由问句引出的回答越长越好。

三、答的技巧

有问必有答,问需要艺术,答也要有技巧。问得不当,不利于谈判;答得不好,同样也会使己方陷入被动。通常,同样的问题会有不同的回答,不同的回答又会产生不同的谈判效果。可以说,在某种程度上,答比问更为重要。

(一)避免做出无谓的承诺

这是一条非常重要的回答技巧,因为这与最终的谈判结果直接有关。谈判中的答和生活中的答是有本质区别的。生活中的答一般不含有承诺的意思,即使有承诺的语句,一般也只是表示友好的形式,并非语句的本意,除非经过确认。而谈判中的每一次回答都将被对方视为一种承诺,都是要负责任的。因此,为了获得尽可能多的利益,谈判者要尽可能少地向对方做出承诺,这是所有谈判的基本思路和目标。谈判高手和低手的区别就在于回答时做出承诺的多少。高手总是能够作出最少的承诺,低手总是作出无谓的承诺。要达到高手的境界,需要进行专门的训练,多实践、多总结,最后熟能生巧。

(二)留有思考的时间,不要立即回答

商务谈判中的问题,不同于生活中的问话,必须经过慎重考虑后,才能回答。在商务谈判中,回答的最基本要领是思考,思考内容包括对方提问的意图、己方的回答方式和范围、回答后的效果等。经过思考后的回答肯定更加完善,花费一点时间也是值得的,况且是没有副作用的。如果每次对方刚一提出问题就立即回答,就会有被对方牵着鼻子走之嫌,或者考虑不周回答欠佳而使己方陷入被动。

(三)针对提问者的目的和动机回答

在谈判中,针对问题所作出的准确回答未必就是最好的回答,有时回答得越是准确,就越是愚笨。因为谈判桌上的问题的目的往往是多样的,动机也是复杂的,如果没有把握对方的动机,按照常规来作出回答,结果往往效果不佳。在谈判中,回答的关键在于准确把握对方提问的意图,而不必考虑所回答的是否对题。有时对方对问题本身的答案并不在意,醉翁之意不在酒,在于己方回答的态度、方式、言外之意等。如果我们经过周密思考,准确判断对方的用意,便可作出一个独辟蹊径和精彩的回答。

(四)不要彻底地回答

在商务谈判中,对方提出问题或是了解己方的观点、立场和态度,或是想确认某些信息,对此,对于应该让对方了解,或者需要表明己方立场和态度的问题,谈判者要认真回答;对于那些可能会有损于己方形象、泄密或一些无聊的问题,谈判者也不必为难,不予理睬是最好的回答。总之,回答就意味着作出承诺,我们无须超出对方问题的范围作过多的回答。

(五)不知道的问题不要回答

谈判前尽管准备得很充分,但是谈判者并不是全能全知的人,也经常会遇到陌生难解的问题,这是,谈判者切不可为了维护自己的面子而强作答复。因为这样不仅有可能损害自己的利益,而且对自己的面子也是丝毫无补。谈判者对不懂的问题,应坦率地告诉对方不能回答,或暂不回答,以避免付出惨重的代价。

(六)答非所问、以问代答、避正答偏和幽默——逃避回答问题的方法

在谈判中,我们经常会遇到难以回答的问题,而且问者对答案很在意,谈判者很难从正面回答问题,但又不能拒绝回答对方的问题。这时,谈判高手往往采用答非所问、以问代答和避正答偏和幽默等逃避回答问题的方法,以给自己解围或应对对方的进攻。

答非所问是指对 A 问题故意回答 B 问题的答案。很多情况下,对方会因为注意了 B 问题的答案而忘记或忽略了原来的 A 问题。20 世纪 60 年代"文化大革命"时期,几乎人人都佩戴

领袖的像章。一位来访的外国友人看着周总理胸前的像章,问道:"中国人为什么都要戴像章?"对于这个一两句话难以说清的问题,总理并没有直接回答,而是从能够引起对方兴趣的另一个角度回答他:"看来你很喜欢嘛!这样吧,我把这枚像章赠送给你,你看如何?"对方听后立即连连表示感谢,注意力全都在像章上了,对原来的问题不再追问。

以问代答是用来应付谈判中那些一时难以回答或不想回答的问题的方式。此法如同把对方踢过来的球又踢了回去,请对方在自己的领域内反思后寻找答案。例如,在谈判进展不是很顺利的情况下,一方问另一方:"贵方对双方合作的前景怎样看待?"这个问题在此时可谓十分难以回答,善于处理此类问题的对方可以采用以问代答的方式:"那么,贵方对双方合作的前景又是怎样看待呢?"这时双方自然会加以思考,对于打破谈判困境起到良好的作用。

回答不行,不回答也不行;答非所问不行,以问代答也不行。此时最好的办法就是避正答偏或者幽默,即把提问故意错误地理解成另外一个问题,避开对方问题的实质,这样就能很好地化解难题。一位西方记者曾经别有用心地向周总理提问:"请问,中国人民银行有多少资金?"总理深知对方在讥笑中国贫穷,如果实话实说,自然会让对方的阴谋得逞。于是,总理幽默地理解为货币的面值:"中国人民银行的货币资金有十八元八角八分。中国人民银行发行货币的面额有十元、五元、二元、一元、五角、二角、一角、五分、二分、一分的十种人民币,合计为十八元八角八分。"这样的回答既很好地化解了难题,又不失大国总理的风度,还有利于形成良好的国际形象。

总之,谈判不是上课,不是老师提问学生,谈判中对难以回答的问题,很少有针对问题的确定而简明的回答。回答的要诀在于知道该说什么,不该说什么,而不必考虑所回答的答案是否针对问题。

(七)用重申和打岔争取思考时间

当对方的问题难以回答而陷入被动时,可以借口没有听清楚而要其重述。如果对方的问题很复杂、很长,那更是顺理成章的事情。在对方重述的时候,己方就可以赢得思考的时间,我们可以根本不去听,而只是考虑如何作出回答。有时,对方因为问题过于复杂难以复述而感到无趣,最终放弃提问。

打岔也是赢得思考时间的很好的方式。作为谈判的团队,成员之间应该足够默契。当主谈人员陷入被动难以回答问题时,其他成员可以非常自然地打岔,如"王经理,有你的电话,厂里有紧急情况报告"。这时主谈人员就可以借机出去,暂停回答。等他回来时,问题也许就化解了。

四、叙的技巧

叙和答都是阐述,但二者是不同的。叙是基于己方的立场、观点和方案等,通过陈述来表达对各种问题的具体看法,或对客观事物的具体阐述,以便让对方有所了解;答是基于对方提出的问题,经过思考后所做的有针对性的、被动性的阐述。

另外,谈判语言中的叙述也绝不同于寒暄,凡是与谈判议题没有直接关系的语言都不能称作叙述,却可能属于寒暄。寒暄虽然与谈判议题没有直接关系,但是在谈判中有重要的辅助作用,第一,寒暄能够营造良好的谈判氛围;第二,寒暄还是获取对方信息的有效途径之一。

(一)叙述应简洁、通俗易懂

任何行为都是作为手段为某种目的服务的,谈判的目的是取得与对方的合作,获得一定的利益。这就决定在叙的过程中,语言要简洁、通俗易懂,使对方听了立即能够明白。华丽的辞藻、冷僻的术语、深奥的公式、专业细节的论证只适合在口才表演、应聘面试、大学校园等锻炼和表现才能的环境中使用,在谈判中不易使用。

(二)叙述应注意生动和具体

为了使对方集中精力,全神贯注地倾听,我们在叙述时要注意生动和具体。叙述时一定要避免令人乏味的平铺直叙,以及抽象的说教,要特别注意运用生动、活灵活现的生活用语具体而形象地阐述问题,从而能够吸引对方的注意力,达到叙述的目的。

(三)叙述应主次分明,层次清楚

商务谈判中的叙述不同于日常生活中的闲聊,切忌语无伦次、东拉西扯、没有主次,让人听后不知所云。为了便于对方倾听、记忆和理解,叙述时应主次分明,层次清楚,使对方能够准确、完整地理解己方的观点和立场。

(四)叙述应客观真实

在商务谈判中,叙述应本着客观真实的态度,既不要夸大事实真相,也不缩小本来实情,以使对方相信己方。谈判双方利益对立,带有感性色彩的夸张用语不但于事无补,反而会加重本来就有的逆反心理和抵抗倾向。例如,己方说"这是全市最低价,找不到更低的同类产品了",对方就会想到"一分价钱一分货";己方说"同类产品都是保修1年,售后服务48小时之内响应。我们的产品终身保修,24小时响应",对方就会认为"为什么会比别人的售后更好呢?肯定质量不行,总是需要修理"。留有余地,使用比较中庸的语言,效果反而会更好。

(五)用积极的、肯定的叙述语言结尾

谈判往往不是几句话就能解决问题的,有时需要一整天或者很多天,期间就必然要分成若干时间单元。在每个单元结束时,要用积极的、肯定的语言。例如:"今天上午,我们虽然没有什么实质性的进展和成果,但是你们坚持原则、一丝不苟的作风给我们留下了深刻的印象。我们相信,下午的谈判只要我们怀有诚意,眼光长远,采取适当的、灵活的、双赢的策略,一定会有收获的。"如果使用消极、否定的语言,将会对下一个单元的谈判产生不利的影响。

(六)叙述时要随时注意对方的反应,必要时重复叙述

商务谈判叙述过程中,经常会遇到对方不理解、没有听清楚或有疑问等情况,这时,对方会用有声语言或行为语言向我们传递信息。这就要求谈判人员在叙述的同时,应注意随时观察对方的眼神、表情等,一旦觉察对方有疑惑不解的信息传出,就要放慢速度,必要时重复叙述,以使对方正确理解己方的原意。

五、说的技巧

谈判中的说,是听、问、答、叙的综合运用。谈判双方存在着利益上的对立,要实现合作,使己方利益最大化,前提就是让对方改变或部分改变其观点和行为。改变就要依靠说服,说服对方接受己方的意见,因此,说服是谈判中最艰巨、最复杂,也是最有技巧性的工作。

(一)取得对方的信任

在说服他人时,最重要的是取得对方的信任。只有对方信任你,才会正确地、友好地理解你的观点和理由。说服时,不要总是站在自己的立场上阐述问题,而应该站在对方的立场上,设身处地地从对方的立场和利益阐述,这样就能较好地减轻对方本能的逆反心理和抵抗倾向,比较容易取得对方的信任。在社会心理学中,有一个"自己人效应"的原理,就是当对方有你和他是"一伙"的认同感时,本能的逆反和抵抗就会消失,说服效果就会很好。

(二)寻找共同点,激发认同感

所谓认同,就是人们把说服对象视为与自己相同的人,寻找双方的共同点。认同是人与人之间心灵沟通的桥梁,也是说服对方的基础。在商务谈判中,双方本着合作的思想走到一起来,共同的东西本来就很多,随着谈判的进展,双方越来越熟悉,共同点也会越来越多,这时在某种程度上双方会感到彼此亲近,某些心理上的疑虑和戒心会减轻,从而也就便于说服对方了。同时,对方也容易相信和接受己方的观点和意见。

[案例7—5]

与强盗成为朋友

美国著名作家欧·亨利曾写过一个病人与强盗成为朋友的精彩故事:一天晚上,一个人生病躺在床上。突然,一个蒙面大汉跳进阳台,几步就来到床边。他手中握着一把手枪,对床上的人厉声道:"举起手!起来!把你的钱都拿出来!"躺在床上的病人哭丧着脸说:"我患了十分严重的风湿病,手臂疼痛难忍,哪里举得起来啊!"那强盗听了一愣,口气马上变了:"哎,老哥!我也有风湿病,可是比你的病轻多了。你得这种病有多长时间了?都吃什么药?"躺在床上的病人从水杨酸钠到各类激素药都说了一遍。强盗说:"水杨酸钠不是好药,那是医生骗钱的药,吃了它不见好也不见坏。"两人热烈讨论起来,尤其对一些骗钱的药物的看法颇为一致。两人越谈越热乎,强盗早已在不知不觉中坐在床上,并扶病人坐了起来。强盗突然发现自己还拿着手枪,面对手无缚鸡之力的病人十分尴尬,赶紧偷偷地放进衣袋之中。为了弥补自己的歉意,强盗问道:"有什么需要帮忙的吗?"病人说:"咱们有缘分,酒柜里有酒和酒杯,你拿来,庆祝一下咱俩的相识。"强盗说:"干脆咱们到外边酒馆喝个痛快,怎样?"病人苦着脸说:"可是我手臂太疼了,穿不上外衣。"强盗说:"我能帮忙。"他帮病人穿戴整齐,扶着向酒馆走去。刚出门,病人忽然大叫:"噢,我还没带钱呢!""没关系,我请客。"强盗答道。

(三)说服要有耐心,循序渐进

说服必须耐心细致,不厌其烦,晓之以理,动之以情。谈判人员不能心急,要给对方留出一定时间考虑和接受。同时,说服要遵循循序渐进的方针,开始时避开重要的问题,由易到难逐个击破。一时难以解决的问题可以暂时抛开,等待时机再进一步说服。

[案例 7—6]

聪明的人事经理

对于一个人事部门负责人来说,最困难的工作之一就是劝告职员提早退休,有位人事经理的做法就比较高明。他在走廊里偶尔碰到年事已高的职员,就以亲切的态度邀请对方谈谈,两人约定下班后挑个清静的地方见面。

见面后,人事经理不露痕迹地提到公司所面临的困难局面,以及凡事都可能发生变化的道理。他表示在发表自己的意见之前,想先听听这位职员的意见。不过他补充一句,请对方慢慢考虑。然后,他就改变话题和对方闲聊。这位被劝自动退休的职员在不知不觉中接受了"我快退休了"的想法。其实,很多人只是没有意识到或者不敢去意识到自己迟早会退休。这样的过程很费时间,但效果却很好。人事经理请预定退休的职员们计算可领到多少退休金,以及该缴多少税金,同时建议他们不妨去找财务经理商量商量,因为财务经理在一定范围内可为退休职员做最有利的打算。结果这些有意退休者接受了人事经理的意见,还有不少人对于公司的关怀表达了感激之情。

(四)坦率地阐述利弊得失

说服不是压服,也不是欺骗,成功的说服结果必须要体现双方的真实意见。商务谈判的目的无非是获利,如果对方感到有利可图,或者觉得不会失去利益,或者能更少地失去利益,就会十分重视己方的意见,就更容易接受建议。在说服对方时,也应该坦率地说明自己的利益得失,使对方认为己方要求合情合理。要更多地强调双方利益的一致性。

[案例 7—7]

说服总统

第二次世界大战期间,一些美国科学家试图说服罗斯福总统重视原子弹的研制,以遏制法西斯德国的全球扩张战略。他们委托总统的私人顾问、经济学家萨克斯出面说服总统。

但是,不论是科学家爱因斯坦的长信,还是萨克斯的陈述,总统一概不感兴趣。为了表示歉意,总统邀请萨克斯次日共进早餐。第二天早上,一见面,罗斯福就以攻为守地说:"今天不许再谈爱因斯坦的信,一句也不谈,明白吗?"萨克斯说:"英法战争期间,在欧洲大陆上不可一世的拿破仑在海上屡战屡败。这时,一位年轻的美国发明家富尔顿来到了这位法国皇帝面前,建议把法国战船的桅杆砍掉,撤去风帆,装上蒸汽机,把木板换成钢板。拿破仑却想:船没有帆就不能行走,木板换成钢板就会沉没。于是,他二话没说,就把富尔顿轰了出去。历史学家们在评论这段历史时认为,如果拿破仑采纳了富尔顿的建议,19世纪的欧洲史就得重写。"萨克斯说完,目光深沉地望着总统。

罗斯福总统默默沉思了几分钟,然后取出一瓶拿破仑时代的法国白兰地,斟满了一杯,递给萨克斯,轻缓地说:"你胜利了。"萨克斯顿时热泪盈眶,他终于成功地说服总统作出了美国历史上最重要的决策。

六、辩的技巧

"辩"最能反映谈判的特点,是谈判技巧最典型的体现,商务谈判中的讨价还价集中体现在"辩"上。谈判中的"辩"具有谈判双方相互依赖、相互对抗的二重性,是人类语言艺术和思维艺术的综合运用。

(一)观点明确,立场坚定

商务谈判中"辩"的目的是论证自己的观点,反驳对方的观点。论辩的过程是通过摆事实,讲道理,以说明自己的观点和立场。在论辩时,要充分运用客观材料和所有能够支持己方观点的论据,以增强自己的论辩效果,坚定地捍卫己方观点和立场的正确性和公正性。

(二)思路敏捷,逻辑性强

商务谈判中辩论,往往是双方磋商遇到较大分歧时才发生的;任何一个成功的论辩,都具有思路敏捷,逻辑性强的特点,因此,一个优秀的谈判人员,应该是头脑冷静、思维敏捷、逻辑严密的人,谁能在双方相互辩驳过程中思路敏捷、严密,逻辑性强,谁就能在谈判中立于不败之地。

(三)掌握大原则,不纠缠细枝末节

在辩论过程中,要有战略眼光,掌握大的方向和大的原则,主要问题上一定要集中精力,把握主动,主要问题解决了,次要问题都会好办的,不在枝节问题上与对方纠缠不休。在反驳对方的错误观点时,要能够切中要害,做到有的放矢。同时,切记不可断章取义、强词夺理、恶语伤人,这些都是不健康的、应予以摒弃的辩论方法。

(四)进攻有度,言行文明

商务谈判中的辩论是为了争取有利于己方的谈判结果,切不可认为辩论是一场对抗赛,必须置对方于死地。因此,辩论时应掌握好进攻的尺度,当止则止,切不可穷追不舍,得理不饶人。否则,对方会产生更强的敌对心理,对谈判和以后的合作不利。另外,不论辩论如何针锋相对,言辞多么激烈,谈判双方都必须以客观公正的态度,准确地措辞,切忌用侮辱诽谤、尖酸刻薄的语言进行人身攻击。否则,不仅会损害己方的形象,严重时可能置谈判于破裂的边缘。

第三节 无声语言的运用

无声语言在商务谈判中主要有辅助和替代作用。有声语言可以掩饰，所以未必是真实的意思，有故意撒谎的情况，也有不便于直说的成分。因此对方说话时，可以在听有声语言的同时，配合着观察无声语言，辅助自己阅读对方。对方不说话的时候，仍然可以通过无声语言辅助了解对方的内心。有的思想或情感，通过无声语言传递的效果可能更加准确有效，能够起到替代有声语言的作用，如握手、鼓掌、拥抱、亲吻、微笑、流泪、沉默等。

一、体态语言

体态语言是指通过人体各部位变化所表现出的种种表情、姿态实现信息传递的一种语言符号。人体每一个姿态的变化都包含了一定情感，能表现出谈判者许多内在和外在的信息。因此，谈判不仅有语言交流，也有体态交流，不仅要听其言，还要观其行。

(一)眼睛

一般认为，眼睛是面部最具有沟通功能的部位。眼睛能传神，被誉为"心灵的窗口"。眼睛的变化携带着大量的信息，眼睛的每一个动作、神情和状态都对应着某一种心理活动，人际沟通中的许多情感是通过眼神传递的。

1.注视

相互交谈时，视线接触对方脸部的时间，一般而言，平均应占全部谈话时间的30%～60%，低于这个平均值者，说明对谈话者和谈话内容都不怎么感兴趣；超过这一平均值者，则可认为对谈话者本人比对谈话内容更感兴趣。

倾听对方谈话时，几乎不看对方，那是企图掩饰什么的表现。眼神闪烁不定，是一种反常的举动，常被视为用作掩饰的一种手段或行为上的不诚实。瞪大眼睛看着对方是表示对对方有很大兴趣，但这会令对方不自在。一般情况下，人们都会回避目光的对视，尤其是异性之间。长时间的对视可能是一次面对面的心理战，谁首先将目光避开，谁就是心理上的输家。

2.眨眼

眨眼是一种正常的生理现象，在正常的情况下，一般人每分钟眨眼5～8次，每次眨眼不超过1秒钟。眨眼与心理状态有直接关系。在1秒钟之内连续眨眼，这是神情活跃、对某事物感兴趣的表现，有时也可理解为由于个性怯懦或羞涩不敢正眼直视而做出不停眨眼的动作，在谈判中，通常指前者。眨眼时间如果超过1秒钟则表示厌烦、不感兴趣，或表示自己比对方优越，有藐视对方、不屑一顾的意思。

3.瞳孔

当人处于欢喜与兴奋状态时，往往瞳孔放大，眼睛炯炯有神；当人处于消极、戒备或愤怒状态时，往往瞳孔缩小，愁眉紧锁，目光无神，神情呆滞。实验证明，瞳孔所传递的信息是无法用意志控制的。经验丰富的企业家、政治家和职业赌徒为了不使对方觉察到自己瞳孔的变化,往往喜欢戴上有色眼镜。

[小资料7—1]

谈判对方眼神的分析

1.对方的视线经常停留在你的脸上或与你对视,说明对方对谈判内容很感兴趣,想急于了解你的态度和诚意,成交的可能性大。

2.交谈涉及价格等关键内容时,对方时时躲避与你视线相交,说明对方报价水分很大。

3.对方的视线时时左右转移、眼神闪烁不定,说明对你所谈的内容不感兴趣,但又不好意思打断你的谈话所产生的焦躁情绪。

4.对方在说话和倾听时一直左顾右盼,偶尔瞥一下你的脸便迅速移开,说明对方对生意诚意不足或只想占大便宜。

5.对方眨眼睛的时间明显地长于自然眨眼的瞬间时,说明对方对你谈的内容或对你本人已产生了厌烦情绪,或表明对方较之你而产生了优越感乃至蔑视你。

(资料来源:张翠英.商务谈判理论与实训.首都经济贸易大学出版社,2008.)

(二)嘴角

嘴角是面部富有变化的部位,因而也能反映人的内心世界。嘴负责说话、吃饭,这些都是复杂精细的运动,有许多小的肌肉参与,两边的嘴角和天目穴构成的三角形是面部神经最为丰富、敏感的地带。嘴角在反映人的心理方面丝毫不逊色于眼睛。

嘴每天不停地运动,嘴角的形状和变化非常丰富,所以就携带了大量可以反映心理活动的信息。每个人的各种嘴角形状都有其个性化的意义,接触一段时间熟悉之后,可以根据嘴角形状和变化准确地判断其心理。但是这种嘴形及其变化是难以描述的,下面的描述只是大致的情况,还要根据具体的场合酌情调整:紧紧地抿住嘴,往往表现出意志坚决;噘起嘴是不满意和准备攻击对方的表示;受到挫折时,咬嘴唇意味着自我惩罚或自我解嘲和内疚的心情;注意倾听对方话语时,嘴角会稍稍向后拉或向上拉;不满和固执时往往嘴角向下。

(三)面部表情

面部是最有效的表情器官,人的面部表情主要表现为眼、眉、嘴、鼻、面部肌肉的变化。从面部整体的角度来讲,人的面部表情可以分为微笑的脸、舒展的脸、绷紧的脸和漠然的脸等四类,每一类代表了不同的情感和信息。

微笑的脸表示真诚、友好,"我是你的朋友"。微笑是人类独有的面部表情,到目前为止尚未发现还有什么其他动物会微笑。微笑是人际沟通最好的润滑剂,它没有语言那样的差异性和地域性。不同文化背景下的人,微笑的含义是相同的,都是可以读懂的。陌生人初次相见,微笑是一种很好的自我介绍方式,它能够表达友好之情。

舒展的脸是一种关切的表情,表示"我关心你"。如果说微笑的脸是幸福的,那么舒展的脸是温暖的。与他人进行一场温暖、关切和亲密的交谈时,就拥有这样一张脸;朋友促膝长谈时,也会有这样一张脸。

绷紧的脸表示生气、紧张,"我不喜欢你"。在深思、忧虑和担心,或者生气时,人总会带有这种表情。绷紧的脸展现给对方的是一张可怖的脸,给人留下的印象是压抑、愤怒或卑鄙,任何人不会喜欢这样的脸。

漠然的脸带有一种令人生厌的表情,这是一种毫无生气的表情。漠然的脸似乎在说"我根本不在乎你",对方的反应也是漠不关心。毫无疑问,这种脸会毁掉谈话对象的兴趣。

(四)手势

手势是最常见的无声语言,它携带的信息比较多,在所有的无声语言中,仅次于表情组合(指眼睛、嘴角与面部的组合)。一般而言,说话时使用手势往往是比较自信的标志。缺乏自信时,整个身体比较紧张,四肢受到拘束。握拳表现出向对方挑战或自我紧张的情绪。握拳使人肌肉紧张、能量集中,一般只有在遇到外部的威胁和挑战而准备进行抗击时才会产生。用手指或铅笔敲打桌面,或在纸上乱涂乱画,表示对对方的话题不感兴趣、不同意或不耐烦。吸手指或指甲的动作是婴儿行为的延续,成年人做出这样的动作是个性或性格不成熟的表现。手与手连接放在胸腹部的位置,是谦逊或略带不安心情的反映,歌唱家、获奖者、等待被人介绍时常有这样的姿势。两臂交叉于胸前,表示防卫或保守;两臂交叉于胸前并握拳,则表示怀有敌意。

[小资料7—2]

常见手势语言

1. 伸出并敞开双掌,说明忠厚诚恳、言行一致。
2. 掌心向上的手势表示谦虚、诚实、屈从,不带有任何威胁性。
3. 掌心向下的手势表示控制、压抑、压制,带有强制性,这会使人产生抵触情绪。
4. 挠头,说明对方犹豫不决,感到为难。
5. 托腮,对方托腮时若身体前倾,双目注视你的脸,意味着对你谈的内容颇感兴趣;若是身体后仰托腮,同时视线向下,则意味着对你谈的内容有疑虑、有戒心、不以为然甚至厌烦。
6. 搓手,表示对方对谈判结局的急切期待心理。
7. 当彼此站立交谈时,若对方双手交叉于腹部,则意味着对方比较谦恭、有求于你、交易地位处于下风,成交的期望值较高;若双臂交叉、叠至胸前并上身后仰,表示对方态度优越、傲慢,意味着对方不愿合作;若倒背双手的同时身体重心在分开的两腿中间,意味着对方充满自信和愿意合作的态度;若背手时做"稍息"状,则意味着戒备、敌意、不愿合作、傲慢甚至蔑视。
8. 食指伸出,其余手指紧握,呈指点状,表示教训、镇压,带有很大威胁性。这种行为令人讨厌,在谈判中必须要避免。

(资料来源:张翠英.商务谈判理论与实训.首都经济贸易大学出版社,2008.)

(五)握手

握手是商务谈判中的常见动作。握手起源于原始人,本意是向对方表示友好。原始人在狩猎或战争时,手中常持有石块和棍棒等武器保卫自己。陌生者相遇,为了满足安全需要,若互相没有恶意,就会放下手中的东西,并伸开手掌,让对方摸掌心,表示手中未持武器。久而久之,这种习惯逐渐演变成为今天的"握手"习惯。

标准的握手姿势是:伸出右手,用手指稍用力握住对方的手掌,对方也用同样的姿势用手指稍稍用力回握,用力握手的时间在3秒左右。如果双方握手出现与标准姿势不相符时,便有了另外的含义。握手时手掌出汗,表示兴奋、紧张或情绪不稳定;握手用力过大,表明此人好斗、个性较强,或者为人热情、主动,是急性子;而柔弱软绵绵的握手,意味着对方是个保守、温和、懦弱、含蓄或有城府的人;手掌向下,力求靠近自己身体的握手多数表示握手者是一个极具支配欲望的人,而手掌向上,可能是比较温和厚道或者善于后发制人的对手;用两只手握住对方的一只手并上下摆动,往往是热情欢迎、真诚感谢、有求于人的意思。

(六)耸肩

耸肩,中国人几乎不使用这个肢体动作,而在西方国家,这是比较常见的无声语言,国际商务谈判中会经常见到,一般表示否定、不同意、无奈、遗憾等消极的意思。在耸肩的同时,双手还会掌心向上做出一个向上托起的动作加以配合。

(七)足和腿

摇动足部或抖动腿部,可能是等待一个重要的又没有把握的结果时紧张的表现,也可能是轻视不屑且不耐烦的标志。心中有其他的事情,急于离开但又不能离开现场时,多会出现这种现象。男性足踝交叉而坐,表示处于压抑的状态;女性足踝交叉及膝盖并拢地坐,表示拒绝对方或处于一种防御性的心理状态,尽管此时她的有声语言并没有明显的防御和抵抗之意。如果频频变换架腿姿势是情绪不稳定或焦躁、不耐烦的表现。张开腿而坐,表明此人自信,有安全感,对对方没有戒备心理,是容易接近和合作的。

[小资料7—3]

翘起二郎腿

在下棋的过程中,如果其中一方或双方翘起二郎腿,有经验的观战者马上感应到,盘面上的局面风云诡谲,已经到了比拼内力的程度;而一旦双方放下翘起的腿,身子前倾,那么,胜负数分钟内就会见分晓。商场上,同样如此,谈判双方翘起腿来,是互相发出讯号:"放马过来吧!",而一旦看到对方放下了翘起的腿,那么,离终局阶段就不远了。相反,在上下级关系中,一旦你提出的方案或建议让上司不由自主地翘起二郎腿,那么,他的潜台词,不是要与你争论,而是根本对你的意见没兴趣,不耐烦,这里的二郎腿强化了上司居高临下和不以为意的神情,你为何不赶忙"撤退"呢?

在谈判间隙举行的社交活动中,如果某人总是选择靠墙而立,说明他缺乏安全感,不太合群,比较内向;如果不停走动,喜欢与人打招呼,则此人往往具有比较强的表现欲。

体态语言是多种多样的,许多是只可意会,不可言传。体态语言所表达的意思与以上所述有时未必完全吻合,有时会因环境而异,只能作为一般的参考,精确的意思还需要当事人根据具体情况做一些修正。另外,由于主体差异较大,不同人之间的体态语言不会完全相同。因此,体态语言也不是万能的,谈判者要慎重考虑体态语言传递的信息。

[小资料7—4]

猛地摔坐在沙发上

表面上,这是一种不拘小节、自由松弛的身体语言,其实它隐藏了人内心的极度不安和不自信。通常,员工到老板那里去对待遇、升迁等发泄不满情绪,或者业务伙伴到公司来讨要久拖不还的货款,即会采取此种坐姿,一开始,这种喧宾夺主式的坐姿会给对方一定压力,片刻,这种身体语言的优势不存在了,对方开始不断移动所坐的位置前倾向你,表现出强烈要你认可的心情来。

二、物体语言

物体语言是指在摆弄、佩戴、选用某种物体时传递的某种信息,实际也是通过人的姿势表示信息。在商务谈判中可能随身出现的物品有笔、本、眼镜、贴身手提包、帽子、香烟、打火机、烟斗、茶杯以及服装、衣饰等。这些物品拿在手中,戴在身上,呈现不同姿势,反映不同的内容与含义。

1. 手中玩笔,表示漫不经心,对所谈的内容显示其不在乎的态度。
2. 慢慢打开本子,表示关注对方讲话,快速打开本子说明发现了重要问题。
3. 猛推一下眼镜,则表示因某事而气愤。
4. 摘下眼镜,轻轻揉眼或擦擦镜片,可能反映对方精神疲劳,或对争论不休的问题厌倦,或是喘口气准备再战。
5. 如果轻轻拿起桌上的帽子,则可能表示要结束这轮谈判,或暗示要告辞。
6. 打开包可能想再谈新的问题,关上包则表示到此为止,夹起包则可能无法挽留。但如果是关而不提,夹而不去,则说明还怀有一丝突破的希望,实际上许多谈判都是在这种情况下取得突破性进展的。
7. 不停地吸烟,表示伤脑筋;深吸一口烟后,可能是准备反击。
8. 将烟向上吐,则表示自信、优越感、有主见、傲慢;向下吐则表示情绪低沉、犹豫、沮丧。

无论是体态语言还是物体语言,反映的都是人的形象。谈判者应追求这些态势的最佳组合,树立良好的形象,以争取最佳的谈判地位。

三、文字语言

文字语言是指通过书面形式用文字处理及其载体记录来表达意愿的一种重要的谈判语言形式。

(一)商务谈判文字语言的特征

1. 客观即时

商务谈判中任何一个环节的文字语言都要及时、准确、迅速、精练、如实、完整地反映谈判过程中的全部内容。商务谈判的文字语言不需要像文学作品那样去构思、准备、修改以及最后定稿,所以在商务谈判中归纳、抽象、简明、得体的文字语言处理就十分重要。

2. 格式固定

商务谈判中文字语言的内容均属应用文范畴,一般都有固定的格式。比如,商务信函大致由八个部分组成,即信头、日期、收信人姓名和地址、称谓及客套语、正文、信尾、结束礼词、署名等。如果缺一项会给收信人带来疑问。记录、备忘录、协议书、合同等更是如此。

3. 语言质朴

除记录、备忘录外,商务谈判其他内容的文字语言要求质朴、准确、简明。所谓质朴,是指文字语言表达必须实事求是、直截了当,不追求辞藻,不咬文嚼字,不堆砌词语,不做文字游戏,不过多描绘;准确是指文字不含糊其词、不模棱两可;简明是指语言精练、准确,双方理解或解释不存在歧义。

4.时间性强

商务谈判的文字语言与一般行文的另一重要区别就是它具有很强的时间性。因为这些文字内容具有按法律的规定约束双方行为的作用,也是处理日后合同纠纷的依据。如签订书面合同的依据主要是来往的函电及谈判、磋商后的记录及备忘录。在商务谈判实践中,函电的时间、谈判的时间、出席人数等均成为处理合同纠纷的重要依据。

(二)商务谈判方案的文字语言

商务谈判方案是指为实现商务谈判目标,事前进行全面、总体的设想所写出的书面材料,即根据谈判目标将所指定的谈判内容、谈判方法、谈判组织、谈判策略、完成期限等内容写成文字材料。谈判议程和可行性方案是商务谈判方案的重要组成部分。在商务谈判中如果有个好的计划,就能避免盲目性,增强自觉性;工作起来就能按部就班、有条不紊、提高效率。可见,谈判方案在商务谈判中有着非常重要的作用。拟订商务谈判方案的要求有:

1.讲求写作效率

制订谈判方案的时间性较强,必须认真准备,提高写作效率。为此,谈判文书需事前做好一些工作,如掌握领导意图,领会谈判目标,研究我方可能采取的策略以及所能提供的利益保障;研究谈判对手的基本情况等,以缩短谈判方案的写作时间。

2.从实际出发

从实际出发主要指拟订的谈判方案既要使谈判者有章可循,又要给其留有充分的余地,能应变自如。还要有针对性地为谈判文书提供更多的信息资料,包括书面的和会议的,以便对现实情况做出科学的分析,制订出切实可行的商务谈判方案。

3.行文通畅易记

商务谈判方案要语句通顺流畅、逻辑严谨、结构紧凑。要紧紧围绕已经确定的谈判目标展开,其布局、对策应与目标融为一体,上下连贯。文字必须简洁、醒目、流畅,语言力争言简意赅。

4.具有应变能力

谈判方案要有一定的灵活性。从某种意义上讲,任何谈判方案都是纸上谈兵。在实际谈判中,会有一些难以预料的情况。因此,谈判方案中的一些关键用语不要过于绝对,以免束缚谈判人员的随机应变能力;可以使用一些弹性语言,如接近、尽可能、成功系数在 $x\%\sim y\%$ 之间等,以便于谈判人员有回旋的余地。

5.严格写作格式

谈判方案的写作格式一般包括:谈判方案的名称,如××商品购销谈判方案;正文,主要包括建立目标、预期分析和形式分析、相应的对策、组选谈判队伍、对前述目标的评价和再完善等;结尾,包括谈判方案的附件、拟定时间等。

处理商务谈判方案的文字技巧有很多,比如:句子长短适宜,要巧妙地选择和组织词语,一般句子字数以不超过 20 字为宜;段落简单明了,理想的结构是一个重要部分由三至四个段落组成,各段落之间由一个一句话的段落搭桥衔接,不仅容易理解,而且可以加深记忆;措辞应严谨通俗。

(三)商务谈判记录的文字语言

商务谈判记录是指用文字形式如实、及时、准确、完整地反映谈判全过程的书面材料。其作用在于:一是有利于推动并加速谈判过程,避免无休止地重复、反复谈判;二是可作为约束谈判双方行为的凭据,也为撰写备忘录和最终签订合同(协议)提供依据。

记录必须符合谈判的实际情况,不能随意添加或删改谈判的内容和基本精神。谈判进入达成协议的关键阶段,对重要人物的发言要做详细记录。还要严格谈判记录的格式。谈判记录的格式一般包括如下部分:①谈判概况,包括谈判名称、时间、地点、参加谈判人员、列席人员、主持人、记录人等项;②谈判内容,即谈判记录的主要部分,主要记录双方发言人的发言,谈判中所做出的决议、结论等。

商务谈判记录与一般会议记录的方法大致相同。一般包括谈判的全部内容,包括每个发言人的原话、动作表情、谈判气氛都记录下来;如果谈判时间较长,争论问题较多,中间需要注明休息时间;谈判结果,可另起一行空两格写"结束"二字,以保证内容的真实、完整;关键性的谈判阶段,要由主持人和记录人在记录末尾右下方签名,以示负责。具体采用何种方法,要视谈判的需要而定。

(四)商务谈判合同的文字语言

在商务谈判中一般的交易合同具有多种有效形式,各国也有着不同的规定。在国际上口头达成的合同只要能证明就是有效的,书面合同可以是具有一定格式的正式书面合同,可以是协议书、备忘录等各种书面形式,还可以是由往来函电包括电传构成的合同。我国主张书面形式,但是,如果不将分散的信件、电报、电传中双方协议一致的条件集中于一份书面合同上来,就会影响合同的履行与谈判效率。

书面合同主要有交易合同和交易确认书两种,并且大都有固定的格式。合同开始部分是合同的最重要部分,当争议发生时,这部分内容将起到重大法律作用,不可忽视。其中,合同的名称与编号、签约时间地点、双方当事人的身份意图、有关文件及事项都要特别注意,对于合同中所出现的某些比较复杂和容易引起歧义的概念词语,应该在合同开始的部分给出定义。合同正文部分应该注意商品名称、品质、数量、包装、检验、产权、价格、交货、运输等条款与术语,关于异议索赔、不可抗力、仲裁、合同终止、特约条款也应该清楚地规定说明。

四、个体空间

美国谈判学专家罗伯特经过观察和实验研究,认为人具有一个心理上的个体空间,它就像一个无形的"气泡"一样,为自己割据了一定的"领土"。一旦这个"气泡"被人触犯,就会感到不舒服或不安全,甚至恼怒起来。人们都有一种保护自己的个体空间的需要,这并非表示拒绝与他人交往,而只是想在个体空间不受侵占的情况下自然地交往。在谈判交往中应该注意,不要随便轻易地闯入对方的个体空间,那样是不明智的,也是不够礼貌的举止。

(一)空间位置的划分

谈判双方交往中的个体空间需要多大呢?这就需要考虑到各种具体情况,如交往对象、交往内容、交往场合、交往心境等主客观因素。如表7—1所示,人与人之间的空间位置关系大致有如下的划分：

表 7-1　　　　　　　　　　　空间位置类别及比较

空间位置类别	定义及适用对象
公众距离	大于370厘米,无交往、无干扰的空间,不认识也无须交往的人
社交距离	120~370厘米,一般交往空间,业务伙伴、上下级等
友好距离	44~120厘米,友好交往空间,亲朋好友、同事、同学、师生等
亲密距离	44厘米以内,最亲密的交往空间,夫妻、情人、恋人、父母与幼小子女

1.亲密距离

这是人际交往中的最小间隔,即通常所说的"亲密无间",是最为亲密的关系距离,多见于夫妻、情人、恋人、父母与幼小的子女之间。其距离为44厘米以内,在如此近的距离内,有很多非语言形式可以传递信息,如耳鬓厮磨、体温、体味等。他们之间的"人场"是相吸引的,双方在这样的"人场"中,各自都会在生理和心理上感到很舒适,这种舒适还能促进沟通,沟通的效果会很好。能够靠得这么近这一行为本身,其实也是传递了爱慕、心仪、亲密、贴心等内心的情感信息。但在不具有这样一类内心情感的谈判交往中,谈判人员理所当然地就不能靠近对方到这个程度,否则,会引起对方的不安全、厌恶、反抗、拒绝,最后适得其反地影响了谈判的过程;反之,比较私密的问题也不宜在开放的空间中展开,否则沟通的结果也会适得其反。

2.友好距离

友好距离为44~120厘米,虽不能像亲密关系距离那样传递很多无声语言的信息,但却能实施亲切握手、拍肩搭背等友好动作,从而传递一定的沟通信息。这是与亲朋好友、要好的同学和同事交往的空间,也包括真诚的师生之间的交往。他们之间几乎没有戒备、防卫的心理倾向,相互之间非常信任,长期友好合作且趣味相投的业务伙伴也可进入这一空间。关系一般、素昧平生的人可以短时间地在这个空间尝试交流,切不可不识时务地不顾对方感受以老朋友自居,长时间在此逗留。

3.社交距离

社交距离为1.2~3.7米,一般出现在工作环境、社交场合和谈判场合。在这样的距离中,能够反映个人的比较私密属性的信息就被屏蔽了。由于社交距离相隔较远,声音就比较洪亮,所以是开放的。亲密和友好距离,由于相距很近,可以感受到诸如体温、呼吸、体味、肌肤等所有微小的视觉、听觉、味觉、嗅觉和触觉等私密信息。如果说亲密和友好距离体现了个人比较私密的关系,那么,社交距离则体现了比较公开的工作关系。

谈判过程中保持社交距离,并不仅仅是因为相互关系不够亲密,还有使交往更加正规和庄重之意。例如,为了体现庄重、严肃、正规,在企业或国家领导人之间的谈判、工作招聘时的面试、论文答辩时的师生对话等过程中,保持社交距离是必不可少的。

4.公众距离

相距在3.7米以上,就属于公众距离了。在这个界限之外,人际沟通近乎为零。不相识也不需沟通,所以就会视而不见,听而不闻。

上述空间位置关系是相对的,也是可以转换变通的。亲密关系也并非一直都是这个距离。一般关系的人交谈一段时间后,感到比较融洽时不妨拍拍对方的肩膀,以示友好;如果对方能够接受，那么社交关系就可上升为友好关系了。

(二)谈判中的个体空间

个体空间的范围不是固定不变的，它会随着个性、心境、地位、文化背景、环境条件等因素的变化而变化。

1.个性

内向、孤僻之人，不轻易敞开自己的心扉，所以这类人的空间"气泡"较大，他人不容易接近；反之，外向、开朗之人，喜欢结交朋友，十分愿意与人交心，当然他们的空间"气泡"就小一些。

2.心境

心境是比较持久而微弱的情绪状态，具有弥漫性的特点。心境和情绪都是对客观事物的态度的体验，情绪比较强烈短暂，心境则比较平缓持久。心境的形式带有两极性的特点，如愉快与忧郁，心旷神怡与郁郁寡欢，悠然潇洒与心神不宁。相对而言，在积极的心境状态下，人们会开放自己，个体的空间会缩小，允许他人接近自己；在消极的心境状态下，则会倾向于封闭自己，扩张自己的空间，他人难以接近。

3.社会地位

社会地位不同，个体空间就会有差异。地位尊贵的人物，隐私更需要保护，所以比较矜持，不轻易让他人接近自己，在公众场合往往会比较谨慎，刻意地与下属和人群保持一定的距离，地位越高，这个空间距离就会越大；反之，地位低的人则比较放得开，隐私较少，所以个体的空间距离较小。

4.文化背景

文化的概念很广，释义众多，在人际交往的领域用"文化是指一个国家或民族的历史、地理、风土人情、传统习俗、生活方式、文学艺术、行为规范、思维方式、价值观念等"来解释。不同的文化背景下的民族在个体空间行为上是有差异的。有研究表明：地中海国家的人交往时允许较多的身体接触，相互靠得较近；北欧国家的人相互离得较远，很少有身体接触。同是欧洲国家，法国人与英国人交谈时，法国人总是保持较近的距离，乃至呼吸都会呼到对方脸上，而英国人则感到很不习惯，步步退让，维持适合于自己的空间范围。所以，不同文化背景的人在交往时，常会因个体空间的不同需要而产生误解，一方会觉得另一方粗俗无礼，而另一方则会觉得对方冷淡傲慢，这样就可能影响谈判双方之间的融洽与沟通。

5.环境条件

前面所述的个体空间划分都是在理想的环境中的，在现实生活交往中，由于受到环境条件的限制，理想的个体空间经常被破坏。在这样的场合下，个体的空间距离就会相应地伸缩调节。在拥挤的公共汽车或电梯上，人们无法维持原有的自己的个体空间，只好降低标准，容忍别人靠得很近。为了减轻由此造成的不适，人们常会采取一些相应的行为，如双臂抬起，置于胸腹部之前；对于靠得太近的他人尽量转过身去，避免近距离的目光对视。

在谈判中，谈判人员掌握了谈判活动和人际交往中人们所需要的个体空间及适当的交往距离的概念和原理，并能掌握这种个体空间因个性、心境、地位、文化背景、环境条件等方面的差异，就能有意识地选择与谈判对手交往的最佳空间距离，从而改善谈判的效率和效果，更好地实现谈判目标。

上述无声语言仅就一般情况而言的,不同的民族地区,不同文化层次及个人修养,其无声语言及传达的信息都是不同的,应视具体环境区别对待。在观察和分析对方无声语言时,不能只从某一项无声语言进行判断,应从其连续的、一系列的无声语言去观察和分析。同时,应结合有声语言进行综合分析,这样才能得出较为真实可信的结论。注意,对方可能会利用某些无声语言迷惑己方,要识别其真伪性,进而采取相应的对策。

实训项目:洽谈的语言和行为技巧

一、实训目的
掌握推销洽谈的语言和行为技巧;学会运用推销综合技巧来开展推销业务。

二、实训背景
(节选自"五步推销"知名推销员王永泰口述整理,肖远金供稿)
(前面略)
第二步:推感情
美国推销大王乔·坎多福尔认为:"推销工作98%是感情工作,2%是对产品的了解。"如此看来,实际推销中,没什么比"推感情"更重要了。

推销员与顾客见面后,"10分钟不应谈业务"。

谈什么呢?"谈感情",这才是实质推销过程中所应有的第一步。

推销新手常犯两个毛病:一是起初他们不会"推感情",一见面就冷冰冰地问"买不买""要不要"。二是后来他们学会了这一步,然而总是"跳崖",即正"热乎"的时候,转不到正题上来。于是只好"哈哈哈,哎,王经理,现在咱们来谈点业务吧?"这种做法几乎是在"自杀"。

客户会马上警觉:"噢,原来是让我买东西!"

其实,从"谈感情"到"谈业务",这中间应该有一个巧妙过渡,这个过渡就是"做桥"。"做桥",就不至于"跳崖"摔死。

要"做桥",你就要设计好几段"台词",或见景生情,或编一个有趣的小故事,从而承上启下。

譬如,你是化肥厂的推销员,你可以说:"刚才我注意到了,您说前几天你们这儿下了一场雨,春雨贵如油啊!有好雨,再有好肥料,就是一个大丰收。该春播了,你们这儿的化肥市场不错吧?"这样,自然连贯,巧妙"做桥",请客户从"桥"上走下来,推销就顺理成章了。

第三步:推产品

"做桥"以后,推销就进行到了第三步,即产品推销阶段。

一个推销员应该永远记住,顾客买你的产品,是买产品给他带来的利益和好处,而不是买价格、买新奇、买产品本身,而这些又恰恰是推销新手最容易犯的毛病。

推销产品,必须推销因产品功能而产生的利益。除了利益推销以外,在实际推销中,"演示+暗示"又是推销制胜的一大法宝。

"演示"让人眼见为实。

美国安利公司的推销员在推销清洁剂时,把鞋油涂在手上,然后"一洗了之"。这正如"哑巴卖刀"一样不费口舌即可让人信服。在演示过程中,推销员一定要暗示,以引导顾客顺着你的思路走。

心理学表明,一个人在接触一件新事物时,头脑易呈放射状思维,而暗示会使人思维定向。譬如,客户品尝一种新饮料,你若愚蠢地问:"味道怎么样?"客户立刻会思维"紊乱"或好或坏,或太酸或太甜等。一旦第一概念产生,很难抹掉,于谈判大为不利。你应该正面暗示:"这个饮料先酸后甜,还有一股淡淡的香味。"喝过后再问他"对不对?"事实证明,如果你说"先酸后甜",他点头"不错";如果你说"先甜后酸",他也会点头称"正是"。

第四步:推价格

价格永远是商品的敏感问题。高明的推销员应该采取暗示价格"不贵"的语言对客户巧妙报价。

若客户出现"价高拒买"的心理,就应从"一分钱一分货"处释疑,演示一下产品功效,即可予以佐证。

然后我认为,"小数报价"——这才是"推销价格"的真正要诀。

小数报价,就是由最小的单位报价。

你千万不要说:"这个产品一件10支,共2000元。"而要说:"这样好的产品一支才200元。"这仅仅是一个小花招。不过,因为价格太高,使推销员四处碰壁,你不得不玩点雕虫小技。

目前,市场上有一种保健品叫"××口服液",售价为每盒98.60元,而另一种同类的名牌产品每盒才38元。怎么销?在培训该集团销售经理们的时候,我的方法是,找出两个产品之间的差异点,然后进行"拆细报价"。譬如,顾客问:"为什么这么贵?"销售经理应该说:"您问得好。俗话说'一分钱一分货'。你瞧同类美容品都是草木制剂,不过是一些中草药。而这个产品都是生物制剂,鹿胎、乌鸡、雌蚕蛾等,都是名贵原料。吃'草'和吃'肉'当然不一样了。再说(拆细),你喝其他产品,一个疗程要6盒近230元,而我们的产品两盒一个疗程,不足200元。你看是哪种划算啊?"

经这么点拨,帮顾客算账,顾客痛痛快快地解囊,岂不是两全其美吗?

第五步:推数量

对一个产品来说,通常价格是死的,但数量是活的,即顾客的购买量是活的。为什么有的人业绩一直不景气?关键就在于他不会推销数量,使顾客"多购买一些"。

推销数量的诀窍是:"大数报量",即以大包装、整套、一个使用期、一个出库单报量。你千万不要说:"你要多少盒产品?"或者说:"请多买几盒吧!"而应该说:"这个保健品一个疗程5盒,您是要一个疗程还是两个疗程的产品?"这样以"一"带"五"、以"二"带"十",业绩定然不俗。

如果你的产品有100千克和200千克的包装,报规格的时候就要抓住顾客总要想"少来点试试"的心理,让顾客感觉你告诉他的是最小的包装。为了不"欺骗"顾客,我常使用"一般"一词含蓄作答。如:

顾客:"产品有什么规格?"

答:"客户一般要的是200千克一桶的。你也不妨少来一点试试。"

——我把这种方式叫作"虚报数量"。

如果客户决定少来一点试试,我就说:"我们一个出库单位最少是3桶。您看您是要一个出库单位,还是两个?"

——我把这种方式叫作"出库报量"。

如果要发运外地,我就说:"5吨集装箱不好发,10吨的走得快。"

这就是告诉客户,要买至少10吨。

——我把这种方式叫作"限制报量"。

总之,掌握"推量"技巧,是提高推销员业绩的最重要的一种手段。

三、实训要求

自选一种产品,根据背景资料模拟开展推销业务。

商务谈判语言的类型多种多样,按语言的表达方式,可分为有声语言和无声语言。按语言的行业特征,可分为行业语言、法律语言、外交语言、文学语言等。在商务谈判中,除了使用有声语言来传递信息外,还常采用无声语言的沟通形式来传递信息。注意掌握有声语言中听、问、答、叙、辩、说服的一般方法和技巧,听是说的前提,善解人意方能善于表达;提问具有控制谈判进程和方向的功能,提问可以变被动为主动。一般而言,无声语言由于是无意识的,所以难以掩饰,往往更加真实。每个人都会有一些代表一定信息内容的独特的体态语言、物体语言以及在不同场合下个体空间的展示,务必注意商务谈判中文字语言运用的规范性。总之,无论是哪种语言,其正确应用都关系到谈判的成功。

有声语言→无声语言→倾听→体态语言→个体空间

1.如何理解听是说的前提,善解人意方能善于表达?
2.生活中的答与谈判中的答有什么实质性的区别?
3.通过本章学习,检验自己的沟通能力,拟订一份提高沟通能力的行动计划。

1.你了解身体语言吗?

回答下面8个问题,测试一下你对身体语言的了解。

(1)当一个人试图撒谎时,他会尽力避免与你的视线接触。(对/错)

(2)眉毛是传达一个人的感情状态的关键线索之一。(对/错)

(3)所有的动作和非语言行为都有其含义。(对/错)

(4)大多数非语言沟通是无意识行动的结果,因而是个人心理活动的最真实流露。(对/错)

(5)在下面哪种情况下,一个人最可能采用非语言沟通方式?
　　a.面向15~30个人发表演讲　　b.与另外一个人进行面谈

(6)当一位母亲严厉斥责她的孩子,而又面带微笑时,孩子将会:
　　a.相信语言信息　　b.相信非语言信息　　c.同时相信两种信息
　　d.两种信息都不相信　　e.变得迷惑不解

(7)别人对你的反应取决于你通过沟通留给他们的印象。(对/错)

(8)下面哪些举动能使你给人留下更好的印象?
　　a.谈话中不使用手势　　b.避免较长的视线接触　　c.仅偶然地露出微笑
　　d.上述所有动作　　e.不包括上述任何动作

2.你善于交谈吗?

对下列题目作出"是"或"有时"或"否"的选择。

(1)你是否时常觉得"跟他多讲几句也没有意思"?
(2)你是否觉得那些太过于表现自己感受的人是肤浅的和不诚恳的?
(3)你与一大群人或朋友在一起时,是否常觉得孤寂或失落?
(4)你是否觉得需要有时间一个人静静地思考才能理清头脑和整理思路?
(5)你是否只会对一些经过千挑百选的朋友才吐露心事?
(6)在与一群人交谈时,你是否时常发觉自己在东想西想一些与谈论话题无关的事情?
(7)你是否时常避免表达自己的感受,因为你认为别人不会理解?
(8)当有人与你交谈时或对你讲一些事情时,你是否时常觉得很难聚精会神地听下去?
(9)当一些你不太熟悉的人对你倾诉他的生平遭遇以取得同情时,你是否会觉得不自在?

评分规则:

每题选"是"记3分,选"有时"记2分,选"否"记1分。各题得分相加,统计总分。你的总分是:

22~27分:这表示你只有在极需要的情况下才会同别人交谈,或者对方与你志同道合,但你仍不会以交谈来发展友情。除非对方愿意主动频频跟你接触,否则你便总处于孤独的个人世界里。

15~21分:你大概比较热衷于与别人交朋友。如果跟对方不太熟悉,你开始会表现得很内向似的,不太愿意跟别人交谈。但时间久了,你便乐意常常搭话,彼此谈得来。

9~14分:这表示你与别人交谈不成问题。你非常懂得交际,善于营造一种热烈的气氛,鼓励对方多开口,使得彼此十分投合。

(资料来源:龚荒.商务谈判与沟通－理论、技巧、案例.中国工信出版集团,2018.)

❖ 案例分析题

案例1 听的背后

某著名谈判家的邻居是一位医生,在一次台风过后,医生的房子受到了严重的损害。医生希望能从保险公司多获得一些赔偿,但感到自己没有这种能力,于是找到了这位谈判家。

谈判家答应帮忙,问医生:"你希望能得到多少赔偿呢?"医生回答说:"我希望通过你的帮助,保险公司能赔偿我500美元。"谈判家点点头,然后又问道:"那么请你实实在在地告诉我,这场台风究竟使你损失了多少钱?"医生回答道:"我的房子实际损失应在500美元以上。"

几个小时以后,保险公司的理赔调查员找到了谈判家,对他说:"我知道,像您这样的专家,对于大数目的谈判是权威。但这次你恐怕无法发挥才能了,因为根据现场的调查情况,我们不可能赔得太多。请问,如果我们只赔你300美元,你觉得怎么样?"

谈判家沉吟了一会儿,然后对调查员说:"你的顾客受到这么大的损失,你居然还有心思开玩笑?任何人都不可能接受这样的条件。"

双方沉默了一会儿,理赔调查员打破了僵局:"好吧,你别把刚才的价钱放在心上,不过我们最多也就能赔400美元了。"

谈判家回答说:"看一看毁坏的现场,你就会知道这点钱是多么可怜。绝对不行!""好吧,好吧,500美元总该行了吧?""小伙子,别轻易下结论,我们一起再去看看现场吧。

在谈判家的一再坚持下,这一桩房屋理赔案的谈判,最终竟以不可思议的1500美元的赔偿费了结,这大大地出乎了医生的预料。看到这里,你是否一头"露水",谈判家到底从理赔调查员的谈话里听出了什么,以至于他放心大胆地与对方讨价还价,甚至当对方已出到他和医生预先设定的价格时仍不让步。

◇问题:
请分析谈判家的谈判语言技巧。

案例2　谈判中的真诚赞美

美国著名的柯达公司创始人乔治·伊斯曼成为美国巨富之后,不忘社会公益事业,捐赠巨款在罗彻斯特建造一座音乐堂、一座纪念馆和一座戏院。为承接这批建筑物内座椅的订单,许多制造商展开激烈的竞争。但是,找伊斯曼谈生意的商人无不乘兴而来,败兴而归,毫无所获。正是在这样的情况下,美国优美座位公司的经理亚当森前来会见伊斯曼,希望能够得到这笔价值9万美元的生意。伊斯曼的秘书在引见亚当森前就对亚当森说:"我知道您急于想得到这批订单,但我现在可以告诉您,如果您占用了伊斯曼先生5分钟以上的时间,您就没希望了。他是一个很严厉的大忙人。所以您进去以后要快快地讲。"亚当森微笑着点头称是。

亚当森被引进伊斯曼的办公室后,看见伊斯曼正埋头于桌上的一堆文件,于是静静地站在那里仔细地打量起这间办公室来。过了一会儿,伊斯曼抬起头发现亚当森,便问道:"先生有何见教?"秘书把亚当森作了简单的介绍后,便退了出去。这时,亚当森没有谈生意,而是说:"伊斯曼先生,在我们等您的时候,我仔细地观察了您的这间办公室。我本人长期从事室内的木工装修,但从来没见过装修得这么精致的办公室。"

伊斯曼回答说:"您提醒了我,差不多忘记了的事情。这间办公室是我亲手设计的,当初刚建好的时候,我喜欢极了。但是后来一忙,一连几个星期都没有机会仔细欣赏一下这个房间。"

亚当森走到墙边,用手在木板上一擦,说:"我想这是英国橡木,是不是?意大利的橡木质地不是这样的。""是的。"伊斯曼高兴地站起身来回答说,"那是从英国进口的橡木,是我的一位专门研究室内细木的朋友专程去英国为我订的货。"

伊斯曼心情极好,便带着亚当森仔细地参观起办公室来了。他把办公室内所有的装饰一件件向亚当森做介绍,从木质谈到比例,又从比例扯到颜色,从手艺谈到价格,然后又详细介绍了他设计的经过。此时,亚当森微笑着聆听,饶有兴致。

亚当森看到伊斯曼谈兴正浓,便好奇地询问起他的经历。伊斯曼便向他讲述了自己苦难的青少年时代的生活,母子俩如何在贫困中挣扎,自己发明柯达相机的经历,以及自己打算为社会所作的巨额捐赠……亚当森由衷地赞扬他的美德。

进来之前秘书警告过亚当森,会谈不要超过5分钟。结果,亚当森和伊斯曼谈了一个小时又一个小时,一直谈到中午。

最后,伊斯曼对亚当森说:"上次我在日本买了几把椅子,放在我家的走廊里,由于日晒都脱了漆。昨天我上街买了油漆,打算由我自己把它们重新油好。您有兴趣看看我的油漆表演吗?好了,到我家里和我一起吃午饭,再看看我的手艺。"

午饭以后,伊斯曼便动手把椅子一一漆好,并深感自豪。直到亚当森告别的时候,两人都未谈及生意。

最后,亚当森不但得到了大批的订单,而且和伊斯曼结下了终生的友谊。

◇问题:请分析亚当森的谈判技巧,并说明其在谈判实践中的运用。

第八章 商务谈判心理

人的心理是极其复杂的,在不同的社会活动中,人们会产生与之相联系的各种心理,谈判也不例外。谈判的过程并不像想象的那样简单,它一方面受经济规律的约束,另一方面还受社会文化或个人生活经验养成的心理的作用,所以,探明对方的心理并且调整自己的心理,才能确保谈判中的优势。从某种程度上说谈判就是一场心理战。研究谈判活动中人的心理,有助于我们控制谈判的过程、获得满意的谈判结果。

第一节 谈判心理概述

谈判不仅是当事双方在实力上的较量,更是一场心理战,因此摸透对方的心理、调动对方的情感、引导对方思维就成了谈判成功的关键。如何运用所谓的心理战术呢?这需要我们了解谈判心理方面的相关知识。

一、商务谈判心理概念

笼统地讲,人内心所进行的一切活动都属于心理活动。人们对周围世界的认识、体会生活中的喜怒哀乐、克服困难完成一项任务或工作等,都是人的心理现象和心理活动。

心理是客观世界在人头脑中主观能动的反映,即人的心理活动来源于客观现实和周围的环境。因此,心理是人脑的机能,人脑是心理的器官。人们的心理过程基本一样,比如人的知觉过程和特点都是一样的,但是由于人具有不同的个性特征,每个人对客观世界的反应存在不同的特点,而且外部世界的东西并不是全部反映到人的心理中,所以每个人对物质世界的反应就不完全一样。

商务谈判心理是指在商务谈判活动中谈判者的各种心理活动。它是商务谈判者在谈判活动中对各种情况、条件等客观现实的主观能动的反映。譬如,当谈判人员在商务谈判中第一次与谈判对手会晤时,对手彬彬有礼、态度诚恳、易于沟通,就会对对方有好的印象,对谈判取得成功抱有希望和信心。反之，如果谈判对手态度狂妄、盛气凌人、难以友好相处，谈判人员就会对其留下坏的印象，从而对谈判的顺利开展存有忧虑。

二、商务谈判心理的特点

谈判不仅需要技巧，还需要丰富的心理学知识和过硬的心理素质。和其他心理活动一样，商务谈判心理有其心理活动的特点以及规律性。一般来说，商务谈判心理具有内隐性、相对稳定性、个体差异性等特点。

1.商务谈判心理的内隐性

商务谈判心理的内隐性是指商务谈判心理是藏之于脑、存之于心，别人是无法直接观察到的。但尽管如此，由于人的心理会影响人的行为，行为与心理有密切的联系，因此，人的心理可以反过来从其外显行为加以推测。例如在商务谈判中，对方作为购买方对所购买的商品在价格、质量、售后服务等方面的谈判协议条件都感到满意，那么在双方接触中，谈判对方会表现出温和、友好、礼貌赞赏的态度反应和行为举止；如果很不满意，则会表现出冷漠、粗暴、不友好、怀疑甚至挑衅的态度反应和行为举止。掌握这其中的一定规律，我们就能较为充分地了解对方的心理状态。

2.商务谈判心理的相对稳定性

商务谈判心理的相对稳定性是指人的某种商务谈判心理现象，产生后往往具有一定的稳定性。例如，商务谈判人员的谈判能力会随着谈判经历的增多而有所提高，但在一段时间内却是相对稳定的。正是由于商务谈判心理具有相对稳定性，我们才可以通过观察分析去认识它，而且可以运用一定的心理方法和手段去改变它，使其利于商务谈判的开展。

3.商务谈判心理的个体差异性

商务谈判心理的个体差异性是指因谈判者个体的主客观情况的不同，谈判者个体之间的心理状态存在着一定的差异。商务谈判心理的个体差异性，要求人们在研究商务谈判心理时，既要注重探索商务谈判心理的共同特点和规律，又要注意把握不同个体心理的独特之处，以有效地为商务谈判服务。

三、研究商务谈判心理的意义

在商务谈判中，运用谈判心理知识对谈判进行研究，掌握商务谈判心理现象的特点，认识商务谈判心理发生、发展、变化的规律，预测和引导谈判对手的谈判行为，有着十分重要的意义。

1.有助于培养谈判人员自身良好的心理素质

谈判，既是问题的谈判，又是心理的较量。它不仅被谈判的实际条件所左右，也受到谈判人员心理的影响，谈判人员良好的心理素质是谈判取得成功的重要基础条件。良好的心理素质，可以帮助谈判人员摒弃不良的心理行为习惯，从而把自己造就成从事商务谈判方面的人才。谈判人员应该具备的良好的心理素质包括保持自信心、良好的耐心、具有诚心(诚意)。

2.有助于揣摩谈判对手心理，实施心理诱导

掌握谈判心理的知识，谈判人员可以通过观察分析谈判对手言谈举止，揣摩弄清谈判对手的心理活动状态，针对对手不同的心理状况采用不同的策略，有的放矢，把握谈判的主动权，使谈判向有利于己方的方向转化。

3.有助于恰当地表达和掩饰己方心理

掌握谈判心理的知识,谈判人员可以根据自己对谈判心理的认识,在言谈举止、信息传播、谈判策略等方面施以调控,不让谈判对手了解己方某些真实的心理状态、意图和想法。很多谈判策略都是在一方对另一方的心理活动有充分把握的基础上使用的,如最后通牒策略、时间极限策略等,掩饰自己的心理动机、意图或情绪状态可以化解对方的谈判策略,掌握对方的谈判思路和方法。

4.有助于营造谈判氛围

谈判氛围可以有效地影响谈判人员的情绪和态度,使谈判顺利推进。谈判心理知识还有助于谈判人员处理与对方的交际与谈判,形成一种良好的交际和谈判氛围。一个谈判的高手,同时也是营造谈判氛围的高手,会对不利的谈判气氛加以控制,对有利的气氛加以利用,有时出于谈判利益和谈判情境的需要,必要时也会有意地制造紧张甚至不和谐的气氛。

第二节 心理活动在商务谈判中的运用

一切谈判理论和技巧的提出，必须符合谈判心理的活动规律。谈判是具有强烈目的性的活动，参与者通常都是为了满足某些目的。整个谈判过程的始末，都伴随着当事人各种各样的心理现象和心态反应，它直接影响着谈判当事人的行为活动，对商务谈判的成功与否起着决定性作用。因此，研究谈判对手的心理，确定自己的谈判目标和策略就成了谈判中的一项重要工作。

一、谈判者的情感

谈判心理很重要的一个组成部分是谈判人员的感情及其变化。这种感情色彩在谈判的组织者及执行者身上或浓或淡地存在，即便是素不相识的对手也会存在感情的色彩。

(一)谈判中感情表现

应该说，心理感情的表现极为丰富复杂。不过，谈判人在谈判中的感情，归纳起来，主要表现为喜、怒、忧、惊、悲、惧等六种。

1. 喜

谈判中，喜的心理可能突出地表现为以下几种状态：

乐于合作。对谈判合作很高兴。从组织者到谈判人，均友善地与对手谈判。

进展满意。谈判双方的人员均感到谈判日程、议题、阶段、结果合情合理、平等互利，从心情到言谈举止均有满意的感觉。

沾沾自喜。谈判人因某一谈判计谋的成功或谈判目标的实现而心情愉快，即我们平时所说的"美滋滋的感觉"。

皆大欢喜。即各方谈判人、领导、同事均对谈判的结局、时机、条件感觉满意。

2. 怒

谈判中的怒可分为三个感情层次：

不满。谈判中，双方交换意见困难，沟通方法欠佳，引起相互不满。

愤怒。在谈判过程中，双方在某个议题上，话不投机，各自的立场坚定，从而使双方或某方的情绪愈加不满，直至怒火中烧。

不欢而散。谈判过程中，一方与另一方的观点相差甚远，甚至感到受人戏弄，或者谈判的结局不佳，造成感情上的愤懑，致使双方不欢而散。

3. 忧

忧是谈判中顾虑与郁闷的感情。这种情感在谈判中存在的时间较长，几乎从接受任务起就有，直到谈判结束方"舒一口气"，把"忧"结一扫光。忧的理由主要是担心完不成任务，或在谈判中遇到分歧而犯愁。

4.惊

惊是谈判中的惊讶和奇怪的感觉。这种感觉主要出现在始料不及的事件发生之时。如当对手提出特别的要求或作出不合逻辑的论证时,必然给人以"惊讶"的感觉。

5.悲

悲是谈判中伤心与委屈的感觉。主要产生于谈判人自认为失手或觉得双方地位不平等,谈判结果有失公允时。

6.惧

惧是谈判中的一种畏缩、害怕情绪。这种情绪主要存在于:还价时,谈判人怕还不好价;使用"边缘政策"时,担心事与愿违;做重大或陌生问题的决策时,"对与错"的疑虑会使谈判人畏惧。

(二)感情的表现形式

感情的表现形式可以归为三类:面部表情、身体表达和言语表达。

1.面部表情

面部表情,即通过面部肌肉的活动变化来表现谈判人的情绪。社会心理学家认为,各种表情与面部肌肉活动有关,甚至断言:口部肌肉更多地表达喜悦和怨恨的表情,而眼部肌肉则更多地表达忧愁、愤怒、惊吓等的表情。

2.身体表达

即以身体各部分姿态的变化来表现谈判人的情绪变化。构成身体表达的主要内容有器官与姿势。头、双手、双腿、身躯等姿势的不同分别可表达不同的情绪,其姿势的变化亦可反映其情绪的变化。

3.言语表达

言语的表达是指以声调、声频的变化来反映谈判人的情绪。最常见的是愤怒时的叱责、恐惧时的尖叫、绝望时的哀号、悲伤时的呜咽。谈判中言语表达的变化主要表现为语言强弱、语速快慢、调门正斜以及语气词的运用。

判明感情的真实与虚伪在谈判中极为重要。对于成熟的、精明的谈判人来说,理智占优势,感情的冲动是第二位的。他们表现出的感情有可能是一种策略与技巧,是取得谈判既定目标的手段。区别感情真伪的手法有:

(1)逻辑反应检验法

所谓逻辑反应检验法,即以产生感情的刺激源来跟踪感情表现,同时从背景材料入手,检验谈判人感情表现的因果性,从而判定其感情的真伪。以悲伤为例,当谈判进行顺利,从文字到具体条件均在合理范围内时,谈判手却表现出了悲伤的表情,从逻辑的因果关系看,是令人费解的。悲伤之情可能是假,而另有所求是真,旨在求得善良对手的报酬,即所谓的感情游戏。

(2)实际效果对比法

所谓实际效果对比法,即根据当事各方在谈判中得到的实际利益的大小对比,来判断谈判人感情表现的真伪的方法。例如,有的谈判手,在其十分不合理的条件遭到对方否决时,就表现出受了天大的委屈,或愤怒异常,并以决战的态度相威胁,这种表现当为虚假现象,仅为一种压制对手的策略。

(3)文学用语分析法

文学用语分析法,即从文学的角度,判断谈判手在描述其感情时用词是否贴切,是否有病句,是否故意夸张来断定其感情真伪的办法。例如,从谈判的实际情况看,对手已获利不少,但他仍大肆宣称自己如何无能、吃亏,且脸色忧愁,这有可能是"得了便宜又卖乖"的表现,其用语显然不合实际。

(三)感情的作用

谈判人在谈判过程中表现的感情,总的讲,有两个作用:一是自我发泄;二是影响对手。

1. 自我发泄

自我发泄,主要是指谈判人的感情侧重于表示自身的感受,这种自我表现性的感情发泄有两种可能:

(1)自然的发泄

指个人感情色彩真实的流露,喜则喜,怒则怒,忧则忧,完全是自然意识与感情的反映。一般来讲,在谈判中,感情的自然发泄有其积极的一面,让对手觉着自己"诚实"或"实在"。但其消极性也很大,极易忽略客观的诸多因素,产生片面性。往往使谈判分歧延伸到人际关系上,转移了谈判焦点,使谈判丢失大方向。例如,在与对手谈判交易条件时,过分埋怨对方不讲"交情",不顾"老关系",没有"优惠",感情上表现出"怨""怒",其结果可能会招致对手将论题转移到讨论"我到底欠你什么情?欠多少?"的问题上。总而言之,在谈判业务中,自然发泄个人感情弊多利少。谈判人可谨慎地、有选择地、有控制性地自然发泄个人感情。

(2)自在的发泄

指谈判人的感情在"谨慎与选择"观念的支配下予以披露。感情发泄虽然侧重在表现自我,但仍顾及了客观效果,具有一定的理性。即理性地支配发泄自我感受的时间、地点、对象、深刻程度、延续时间、后果的处理或防范等。

2. 影响对手

所谓影响对手,是指利用感情的发泄影响对手的谈判立场。与自我发泄的区别在于,影响对手时侧重感情发泄的目的及随之产生的效果。其感情发泄方式有理性的和策略的两种。

(1)理性的感情发泄影响对手

谈判人已从自然发泄的"自我"圈子中跳了出来,注重感情发泄的效果,并采用"谨慎与选择"的做法。不过,在以理性的感情发泄影响对手时,应十分注意真切与力度,否则,难以产生效果。

(2)策略性的感情发泄影响对手

这是谈判人根据谈判需要而采用的一种感情发泄。它是人为的产物,犹如演戏,是根据剧情需要而产生的感情。谈判实务中有软性和硬性两种人为的感情发泄。

软性感情发泄,包括愁、悲、惧、亲、善等情绪,旨在博取对手的同情,从而达到软化、动摇谈判对手的态度与立场的目的。它适合于对付性格和感情脆弱的谈判对手。

硬性感情发泄,包括急躁、不满、气愤等。即对手刚启齿陈述明显不可接受的条件时,不待其说完即十分急躁地予以否定;当对手喋喋不休陈述要求时,也可以无言的不满神态表示反对;当对手纠缠某些不合理的条件时,声色俱厉地申明自己的不同意见等。它对某些斯文、怕事的谈判人会有一种震慑作用,对于无理又无礼的谈判对手是一种压制性的反击。即使对于修养高、阅历深的人,也可促其早些放弃策略性攻击。

[案例 8-1]

请到日本谈生意

日本的钢铁和煤炭资源短缺,渴望购买煤和铁。澳大利亚生产煤和铁,并且在国际贸易中不愁找不到买主。按理来说,日本人的谈判者应该到澳大利亚去谈生意。但日本人总是想尽办法把澳大利亚人请到日本去谈生意。

澳大利亚人一般都比较谨慎、讲究礼仪,而不会过分侵犯东道主的权益。澳大利亚人到了日本,使日本方面和澳大利亚方面在谈判桌上的相互地位就发生了显著的变化。澳大利亚人过惯了富裕的舒适生活,他们的谈判代表到了日本之后不几天,就急于想回到故乡别墅的游泳池、海滨和妻儿身旁去,在谈判桌上常常表现出急躁的情绪;而作为东道主的日本谈判代表则不慌不忙地讨价还价,他们掌握了谈判桌上的主动权。结果日本方面仅仅花费了少量款待作"鱼饵",就钓到了"大鱼",取得了大量谈判桌上难以获得的东西。

二、知觉心理

谈判的心理既是谈判者个人心理素质的表露,也是谈判者在谈判过程中对于各种现象、条件的主观能动的综合反映,而这种对各种现象、条件的主观能动的综合反映就是谈判者的知觉。谈判者的知觉是在长期的社会生活实践中形成的,并能够对谈判的最终结果起潜移默化的作用,产生强烈的影响,带来积极或消极的效果。在谈判中知觉的表现形式主要有首因效应、晕轮效应、先入为主和刻板效应四个方面。

(一)首因效应

首因效应也叫首次效应、优先效应或"第一印象"效应。它是指当人们第一次与某物或某人相接触时会留下深刻印象。第一印象作用最强,持续的时间也长,比以后得到的信息对于事物整个印象产生的作用更强。

由于首因效应的影响,很多谈判者都非常注重双方的初次接触,力求给对方留下深刻印象,赢得对方信任与好感,增加谈判的筹码。因此就要求谈判者不但仪表端正,着装得体,而且要注意举止大方稳重,言辞幽默,侃侃而谈,不卑不亢,这样就会给人留下难以忘怀的印象,不然就会产生负面的影响。如果在第一面感觉良好,很可能就会形成对对方的肯定态度,否则,很可能就此形成否定态度,而且这种态度在很长的时间可以左右对方对你的判断。首因效应在谈判中起着非常微妙的作用,只要能准确地把握它,谈判肯定会有一个良好的开端。

[案例 8-2]

人靠衣装

第一印象的形成主要取决于人的外表、着装、言谈和举止。其中 80% 来自于着装。因为视觉接受信息占 85%。曾经有一位营业部经理带着组中两位推销员去做家庭陌生拜访,一位穿着干净利落、说起话来彬彬有礼,而另外一位,穿着一件领子黑黑的衬衫、皮鞋也沾满泥巴、讲话的声音特粗。奇怪的遭遇发生了。第一位推销员每次敲门,只要有人在,客户大都愿意接受他的访问,最后一次促成 3000 多元的保费。而另一位推销员走遍三幢住宅楼,没有一个人愿意开门给他,更谈不上促成。这说明仪表端庄、着装得体、举止大方稳重,较容易获得人们的好感。

(二)晕轮效应

晕轮效应又称"光环效应",是指人们对他人的认知判断首先是根据个人的好恶得出的,然后再从这个判断推论出认知对象的其他品质的现象,通俗地说就是以点概面。一般来说,一个人的见识、经验越少,这种表现就越突出。

在谈判中表现为仅仅根据某人身上一种或几种特征来概括其他一些未曾了解的人格特征。当你给谈判对手印象较好,那么,你就容易和对方沟通,你的要求、建议会引起对方积极的响应,要求的东西也容易得到满足,容易掌握谈判的主动权。但如果给谈判对手的首要印象不好,这种晕轮效应就会向相反的方向扩大,对方会对你提出的任何建议都采取不信任的态度,寻找借口拒绝,甚至回避你个人,这就增加双方的矛盾和冲突,不利于谈判的顺利进行。因此晕轮效应在谈判中的作用要一分为二地来看待。

(三)先入为主

所谓先入为主就是人们最先所得到的关于事物的看法、观点等信息对人存在着强烈的影响,影响人的知觉和判断。先入为主是由于人们日常活动的经验、定向思维和习惯作用的影响,直接影响着人们的知觉认识和客观判断。

先入为主最主要的是它影响、妨碍人们对问题的进一步认识,是凭主观印象下结论,这在谈判中常表现为猜测对方的心理活动,自觉不自觉地走向自己认识的误区。先入为主给谈判者带来的影响可能是正确的,也可能是错误的。在谈判中首先要克服先入为主这种心理现象,以免仅凭经验主观武断地猜测对方,作出错误的决策;另外,要注意谈判初期的交流和言谈举止,正确地判断对方的行为和意图。

(四)刻板效应

刻板效应是指人们对某一类人或事物产生的比较固定、概括而笼统的看法,是我们在认识他人时经常出现的一种相当普遍的现象,简单地说就是在人脑中存在的关于某一类人的固定印象。刻板,最常见的是在看到某个人时把他划归到某一群体中。这主要是因为人在认识事物时,常常会抱以归类的心态,将人归于某一个群体的特征。

在谈判中主要表现为利用刻板效应大体判断谈判对手的特征。谈判者需要在有限的时间和资源条件下作出判断,这时他们缺乏对信息进行系统、全面、深入的加工,难以改变头脑中存在的偏见,往往依赖对谈判对手的刻板印象。利用刻板效应可以使谈判者对对手迅速地作出判断,提高谈判的效率,这是有利的一面,另一方面很多时候利用刻板印象作出的判断是错误的,甚至是有害的,这是刻板效应局限性的一面。

三、个性心理

商务谈判的成功取决于各种因素,从谈判过程和主观的角度来说,其关键的因素是根据对手的个性特征,灵活机动地采用因人而宜的谈判策略。要做到这一点就必须了解对手的谈判个性以及由此而决定的谈判习惯。个性是一个人的整体精神面貌,即具有一定倾向性的心理特征的总和。个性结构是多层次、多侧面的,由复杂的心理特征的独特结合构成的整体,主要包括个性倾向性、个性特征和自我意识等三个子系统。在这里我们重点介绍个性心理特征,就是个体在其心理活动中经常地、稳定地表现出来的特征,主要是指人的气质、性格和能力等。

(一)气质

气质是指个人生来就有的心理活动的动力特征,表现在心理活动的强度、灵活性与指向性等方面的一种最稳定的心理特征。气质具有明显的天赋性,基本上取决于个体的遗传因素。气质作为个体稳定的心理特征,一经形成,便会长期地保持下去,并对人的心理和行为产生持久的影响,但是人的气质并没有好坏和对错之分。不同的人由于气质的不同而千差万别,在工作和生活中有不同的行为和表现。一般把人的气质划分为四种类型即多血质、胆汁质、黏液质和抑郁质。

多血质的人在工作和生活中表现为热情、有能力,适应性强,喜欢交际,精神愉快,机智灵活,注意力易转移,情绪易改变,富于幻想,不愿做耐心细致的工作。在谈判中表现为能适应各种谈判环境,活跃谈判气氛,处理问题灵活,以积极的态度和诚意谋求利益,但往往注意力不持久,性情急躁,不适合长时间谈判。这类谈判者比较适合做谈判工作。

胆汁质的人在工作和生活中表现为兴奋性很高,脾气暴躁,性情直率,精力旺盛,能以很高的热情埋头事业,兴奋时,决心克服一切困难,精力耗尽时,情绪又一落千丈。在谈判中的表现为精力充沛,反应迅速但不灵活,心境变化剧烈,工作起来全神贯注,喜欢提问和建议,但是做事毛躁,忍耐性差。对这类谈判者要态度友好,言行谨慎。

黏液质的人在工作和生活中表现为平静,善于克制忍让,生活有规律,不为无关事情分心,埋头苦干,有耐久力,态度持重,不卑不亢,不爱空谈,严肃认真;但不够灵活,注意力不易转移,因循守旧,对事业缺乏热情。在谈判中表现为安静稳重,沉默寡言,善于克制、忍耐,情绪不易外露,同时也善于聆听他人的讲话并注意观察对方。这类谈判者有助于谈判的成功,比较适合做谈判工作。

抑郁质的人在工作和生活中表现为沉静,易相处,人缘好,办事稳妥可靠,做事坚定,能克服困难;但比较敏感,易受挫折,孤僻、寡断,疲劳不容易恢复,反应缓慢,不图进取。在谈判中表现为观察问题深入细致,考虑问题谨慎多疑,对合同条款往往反复推敲。与这类谈判者进行谈判,要有一定的忍耐力。

(二)性格

性格指一个人对客观现实的基本态度及相适应的习惯化的行为方式中比较稳定的独特的心理特征的综合。性格是一种与社会相关最密切的人格特征,它表现了一个人的品德,受人的价值观、人生观、世界观的影响。性格是在后天社会环境中逐渐形成的,是人个性特征的核心。性格有好坏之分,能最直接地反映出一个人的道德风貌。具有代表性性格的谈判者类型主要有以下四种:

1. 权力型谈判者

权力型谈判者强烈地追求专权,全力以赴地实现目标,敢冒风险,喜欢挑剔,缺少同情心。在谈判中,这是最难对付的一类人。因为如果你顺从他,他必然把你剥夺得一干二净;如果你反抗他,谈判有可能陷入僵局甚至破裂。

权力型谈判者的特征:

(1)对权力、成绩狂热地追求。为了取得最大成就,获得最大利益,他们不惜一切代价。在多数谈判场合,他们喜欢发号施令,想尽一切办法使自己成为权力的中心,我行我素,不给对方留下任何余地。一旦他们控制谈判,就会充分运用手中的权力,向对方讨价还价,甚至不择手段,逼迫对方接受条件。

(2)敢冒风险,喜欢挑战。他们不仅喜欢向对方挑战,而且喜欢迎接困难和接受挑战。因为只有经过艰苦的讨价还价,调动他们的全部力量获取成功,才能显示出他们的能力和树立起自我形象,才会使他们感到满足。一帆风顺的谈判会使他们觉得没劲,不过瘾。

(3)急于建树,决策果断。这种人求胜心切,不喜欢也不能容忍拖沓、延误。他们在要获得更大权力和成绩的心情驱使下,总是迅速地处理手头的工作,然后着手下一步的行动。因此,他们当机立断,充满信心,拍板果断,决策坚决。

权力型谈判者的弱点:
(1)不顾及冒险代价,一意孤行,缺乏必要的警惕性。
(2)没有耐心,急躁,易于冲动,有时控制不住自己。
(3)对细节不感兴趣,不愿陷入琐事。
(4)希望统治他人,包括自己的同事,必须是谈判的主导者,不能当配角。

应对权力型谈判者的策略:
(1)表现出极大的耐心,以柔克刚,压抑对手。即使对方发火,甚至暴跳如雷,也一定要沉着冷静,耐心倾听,不要急于反驳、反击。如果能冷眼旁观,无动于衷,效果会更好。一旦扼制住其气势,他便无计可施,甚至还会对你产生尊重、敬佩之情。

(2)尽量避免面对面的直接冲突。这不是惧怕对方,而是因为这样不能解决问题,应把更多的精力放在引起对手的兴趣和欲望上。例如,"我们一贯承认这样的事实,你是谈判另一方的核心人物"(引诱其权力欲)。"我们的分析表明,谈判已经到了有所创造、有所建树的时刻"(激发其挑战感)。当然,当冲突不可避免时,不可屈服,应冷静以对,沉着回击。

(3)可以在对方内部关系上做文章。在开始谈判时,可用多种方式满足贪权人的追求,让他发号施令,夸夸其谈,对他格外尊重。但当谈判进入决定性阶段后,己方可把兴趣突然转移到其下属身上,造成贪权人的失落。出于本能,贪权人必然要"夺回"自己失去的权力。为了出风头,引人注目,他会出人意料地同意己方的许多要求,这显然对己方是有利的。

(4)在谈判前,做好准备,设计出大量的、具有创造性的建议,一旦谈判陷入僵局,就抛出新的建议。

2.说服型谈判者

在谈判活动中,最普遍、最有代表性的人是说服型谈判者。在某种程度上,这种人比权力型的人更难对付。权力型的人容易引起对方的警觉,但说服型的人却容易被对方忽视。他们十分随和,能迎合对方的兴趣,在不知不觉中把人说服。

说服型谈判者的特征:
(1)具有良好的人际关系。他们待人热情,比较随和,说话谨慎,不露锋芒,外表和蔼,充满魅力,善于发现和迎合对手的兴趣,在不知不觉中把人说服。这种人与下属的关系比较融洽,给下属更多的权力,使下属对他信赖、忠诚。

(2)希望获得更多的报酬,更多的利益,更多的赞赏和满足。

(3)处理问题决不草率盲从,三思而后行。在许多场合下,即使他们不同意对方的提议,也不愿意直截了当地拒绝,总是想方设法说服对方或阐述他们不能接受的理由。

说服型谈判者的弱点：
(1)过分热心与对方搞好关系,忽略了必要的进攻和反击。
(2)对细节问题不感兴趣,不愿进行数字研究。
(3)不能长时间专注于单一的具体工作,希望考虑重大问题。
(4)不适应冲突气氛,不喜欢单独工作等。

应对说服型谈判者的策略：
(1)准备好奉承话,必要时给对方戴高帽。这很有效,但必须恭维得恰到好处。
(2)准备大量细节问题,使对方感到厌烦,产生尽快达成协议的想法。
(3)保持态度上的进攻性,引起一些争论,使对手感到紧张不适。

3.执行型谈判者

这种性格类型的人在谈判中并不少见。执行型谈判者喜欢照章办事,适应能力较差,在处理问题时,往往寻找先例,不愿接受挑战。所以,这类人很少在谈判中能独当一面,缺少构思能力和想象力,决策能力也较差。

执行型谈判者的特征：
(1)对上级的命令和指示,以及事先制订好的计划坚决执行,全力以赴,但是拿不出自己的主张和见解,缺乏创造性。维护现状是他们最大的愿望。
(2)工作安全感强。他们喜欢安全、有秩序、没有太大波折的谈判。他们不愿接受挑战,也不喜欢爱挑战的人。面对各种挑战,他们往往不知所措。

执行型谈判者的弱点：
(1)他们讨厌挑战、冲突,不喜欢新提议、新花样。
(2)没有能力把握大的问题,不习惯、也不善于从全局考虑问题。
(3)不愿意很快决策,也尽量避免决策。
(4)不适应单边谈判,需要得到同伴的支持。
(5)适应能力差,有时无法应付复杂的、多种方案的局面。

应对执行型谈判者的策略：
(1)努力造成一对一谈判的格局,把谈判分解为有明确目标的各个阶段,这样容易获得对方的配合,使谈判更有效率。
(2)争取缩短谈判的每一具体过程,这类人反应迟缓,谈判时间越长,他们的防御性也越强,所以,从某种角度讲,达成协议的速度是成功的关键。
(3)准备详细的资料支持自己的观点。由于执行型谈判者常会要求回答一些详细和具体的问题,因此,必须有足够的准备来应付,但不要轻易提出新建议或主张,这会引起他们的反感或防卫。
(4)讲话的态度、措辞也很重要,冷静、耐心都是不可缺少的。

4.疑虑型谈判者

疑虑型谈判者的特征：
(1)怀疑多虑是这类人的典型特征。他们对任何事都持怀疑、批评的态度。每当一项新建议拿到谈判桌上来,即使是对他们有明显的好处,只要是对方提出的,他们就会怀疑、反对,千方百计地探求他们所不知道的一切。
(2)犹豫不定,难于决策。他们对问题考虑慎重,不轻易下结论。在关键时刻,如拍板、签合同、选择方案等问题上，不能当机立断，老是犹豫反复，拿不定主意，担心吃亏上当，结果，常常贻误时机，错过达成更有利的协议的机会。

（3）对细节问题观察仔细，注意较多，而且设想具体，常常提出一些出人意料的问题。

（4）不喜欢矛盾冲突。虽然他们经常怀疑一切，经常批评、抱怨他人，但很少会弄到冲突激化的程度，他们竭力避免对立，如果真的发生冲突，也很少固执己见。

应对疑虑型谈判者的策略：

（1）提出的方案、建议一定要详细、具体、准确，避免使用"大概""差不多"等词句，要论点清楚，论据充分。

（2）在谈判中耐心、细心是十分重要的，如果对方决策时间长，千万不要催促，逼迫对方表态，这样反会更加重他的疑心。在陈述问题的同时，留出充裕的时间让对方思考，并提出详细的数据说明。

（3）在谈判中要尽量胸怀坦荡、诚实、热情。如果他发现有一个问题欺骗了他，那么再想获得他的信任是不可能的。虽然这类人不适应矛盾冲突，但也不能过多地运用这种方法，否则，会促使他更多的防卫、封闭自己来躲避你的进攻，双方无法进行坦诚、友好的合作。

（三）能力

能力是指人顺利完成某种活动所必须的主观条件。能力总是和人完成一定的活动相联系在一起的，它能直接影响活动的效率，并在活动中得到发展。能力受到遗传和环境的双重影响。谈判能力是谈判人员具有的可以促使活动顺利完成的个性心理特征，是谈判人员的能力表现。为了能顺利地开展谈判活动，商务谈判人员必须具备一定的谈判能力。一般地，谈判人员应具备以下的能力：

1. 良好的意志力

商务谈判有时往往不仅是智力和实力的较量，更是一种意志力和耐心的角逐。很多大型的、艰难的谈判，往往不是一轮、两轮就能完成的。对谈判者而言，如果缺乏应有的坚忍不拔的意志力和耐心，是很难在谈判中成功的，因此意志力不仅是进行谈判的一种方法和技巧，更是谈判者必须具备的一种心理素质和能力。

2. 语言表达能力

语言作为谈判和交际的手段，谈判人员必须熟练地掌握它，必须提高自身的语言表达能力。要提高沟通的能力，就必须有效地克服语言沟通的障碍，提高语言表达技巧，在注意语言表达的规范性、准确性、逻辑性和艺术性的基础上，还要注重无声语言、暗示性语言、模糊语言、幽默语言和情感语言的运用。除此以外，谈判人员还应善于运用和理解身体语言，以增强谈判的沟通能力和理解能力。

3. 观察能力和决断能力

观察力是能够随时而又敏锐地注意到有关事物的各种极不显著但却重要的细节或特征的能力。作为一个谈判人员，在云谲波诡的商务谈判中，必须具备良好的观察力，才能在商务谈判的独立作战或群体作战中明察秋毫，洞察对方的心理状态、意图，审时度势，避开险难，探索行动的方向和路子，寻求突破。

决断能力表现在谈判人员综合运用各种方法、手段，对不同条件、不同形势下的问题能及时做出正确的行为反应和行动选择。谈判人员的决断能力与了解掌握科学的判断和决策的有关知识方法有关,与一定的专业实践经验的积累有关,谈判人员应注意在学习和实践这两个方面下功夫,提高自身的决断能力。

4. 应变能力

应变能力是指人对异常情况的适应和应付的能力。面对复杂多变的情况,谈判者要善于根据谈判情势的变化修订自己的目标和策略,冷静而沉着地处理各种可能出现的问题。处变不惊,应是一个优秀的谈判人员具备的品质。

5. 良好的心理调控能力

一名成功的谈判者,在整个谈判过程中始终保持清醒、冷静的头脑,保持灵敏的反应能力、较强的思辨性和准确的语言表达,只有这样在遭受心理挫折时,才能善于做自我调控、临危不乱、受挫不惊,使自己的作用和潜能得以充分发挥,从而促进谈判的成功。

四、挫折心理

在商务谈判中,谈判者会遇到各种各样的问题、困难和阻碍,由此引起谈判人员心理波动,产生挫折是不可避免的。如何正确对待心理挫折呢?

(一)挫折心理及表现形式

1. 挫折心理

挫折心理是指人们为实现预定目标采取的行动受到阻碍而不能克服的、所产生的一种紧张心理和情绪反应,它是一种消极的心理状态。

对于同样的挫折情境,不同的人会有不同的感受。引起某一个人挫折的情境,不一定是引起其他人挫折的情境;对于同一个人来说,对不同的挫折,其容忍力也不相同,如有的人能容忍生活上的挫折,却不能容忍工作中的挫折,有的人则恰恰相反。挫折的感受因人而异的原因主要是人的挫折容忍力不同,挫折容忍力与人的生理、社会经验、抱负水准、对目标的期望以及个性特征等有关,它在一定程度上反应了人对环境的适应能力。

2. 挫折心理的表现形式

挫折是人的内心活动,它是通过人的行为表现和摆脱挫折困扰的方式反映出来的。主要有以下几种表现形式:

(1)言行过激。人们在感到挫折时,最容易产生也是最常见的反应莫过于生气、愤怒了,这种情绪会在言行上表现出来,比如说出一些极端的话,做出一些挑衅性的动作等等。当然,在这种条件下每个人的反应不可能相同,这主要取决于每个人的个人素质以及他们平时的正常行为,因为过激本身就是相对于正常而言的。

(2)焦虑。这种行为反应主要是人们在心理挫折的状态下对自己失去信心,缺乏勇气造成的。主要有三个方面的表现:紧张、害怕;烦躁不安、心神不宁;担心、忧虑。在这种精神状态下,谈判人员无法客观、准确地分析和判断谈判的发展趋势,实施谈判策略受到干扰,容易作出错误的判断,这实际上为对手的胜利提供了条件。

(3)盲目固执。这是指人们在感受到心理挫折以后,不愿面对现实认真思考、判断,而是非常顽固地坚持一种错误的思想或意见,表现出与自己的身份、知识和能力不相称的行为。谈判人员一旦出现上述表现,表明谈判人员对自己彻底地丧失了信心,距离谈判失败已经为时不远了。

(二)挫折心理产生的原因

引起心理挫折的原因既有主观的,也有客观的。

主观原因来自个体的生理和心理因素,比如身体素质不佳、个人能力有限、认识事物有偏差、性格缺陷、个人动机冲突等。由于环境因素的变化使得谈判者的谈判期望难以实现时,谈判者就会产生一定的心理挫折。

客观原因主要来自于社会因素,如企业组织管理方式引起的冲突、人际关系不协调、工作条件不良、工作安排不当等。由于这些因素的影响使得理想与现实的矛盾冲突而引发心理挫折,而且对谈判者以后的行为还会产生很多的影响。

挫折的形成是由于人的认知与外界刺激因素相互作用失调所致,人是否受到挫折与许多随机因素有关,也因人而异。

(三)摆脱挫折困扰的心理防卫机制

谈判是人与人之间斗智斗勇的一项交际活动,需要谈判者全力以赴,始终保持高度的敏感性和思辨能力。任何形式的心理挫折、情绪激动,都必然分散谈判人员的注意力,造成反应迟钝、判断能力下降,而这一切都会使谈判人员不能充分发挥个人潜能,从而会对谈判的圆满成功产生不利的影响。要克服心理挫折对商务谈判的不利影响,就必须培养高素质的谈判人员。

1. 提高谈判人员的心理素质

谈判人员良好的心理素质是抵抗挫折的重要手段,也是谈判成功的重要条件。良好的心理素质就是要保持信心和诚心。信心是谈判者充分发挥自己潜能的前提条件,面对艰辛的谈判,自信才会克服一切艰难险阻,百折不挠表现出惊人的胆识,勇敢地面对压力和挫折毫不退缩,才能使谈判走向成功;诚心是谈判人员必不可少的心理品质,是谈判双方合作的基础,只有诚心才能保持谈判双方良好的心理沟通,保持谈判气氛的融洽和稳定,建立互信的合作关系,提高谈判的效率,使谈判顺利地发展。商务谈判更是如此,因为商务谈判是一种建设性谈判,没有所谓绝对的赢家和输家。

2. 消除和减轻心理挫折

心理挫折是伴随客观挫折而产生的,而客观挫折是必然存在的、不可避免的,因为任何事情的发展都不可能一帆风顺,因此要消除和减少心理挫折,首先必须正确地认识挫折。其次作好充分的准备,减少引起客观挫折的因素。只有作好充分的信息准备方能科学地分析和判断谈判的形势,并恰当地运用各种谈判的策略和技巧,减少错误的发生,才能胜券在握。再次确立恰当的目标水平。目标是商务谈判的动力,是我们要达到的最终结果。目标水平应根据企业的状况和谈判人员的能力素质来确定,目标水平太低,谈判人员难以产生成就感;目标水平过高,谈判人员会产生心理压力,一旦谈判目标不能实现,就会产生心理挫折。因此,谈判目标既要符合企业和谈判人员的实际,又要具有一定挑战性,增强谈判人员的成就感。最后还要改变谈判环境,建立和谐的人际关系。商务谈判环境的建立离不开和谐的人际关系,一个和谐的人际关系环境可以把人的积极性和创造性充分地调动起来,不但赢得谈判的成功,还可以推进双方感情的融洽和默契地配合,为以后的长期合作打下坚实的基础。

实训项目:谈判心理对谈判行为与谈判过程的影响及运用

一、实训目的
要求学生认识和了解谈判者心理,掌握不同谈判阶段中的谈判者心理过程和心理效应。

二、实训要求
思考给出的五个场景中的销售人员试图采用何种做法以抓住顾客的心理。对于这些做法不足的地方,提出改进建议。

三、实训背景

使顾客满意的艺术

一天,北京某书画古玩商店来了两位香港顾客,接待他们的营业员小张凭借自己的谈判经验得知他们购物是为了经商,果然这两位顾客说明他们是批发货物回港出售。小张对他们说:"我们一定使您满意。您从我们商店买回去的商品赚了钱,我们也高兴。"顾客听了很舒服,心理距离一下子拉近了不少。他们选了一种绿色玉炉,小张却对他们说:"据我们了解这种货在香港销路不太好,我给您们挑一种粉红色的,既便宜,又好销。"顾客见小张诚心诚意,又是内行,就信任地委托他选了件700元的商品。顾客回港后,只用了4天时间就将所购货物一销而空,随即就打电话托小张再挑2000元的商品,速发往香港。

面对忘了付款的顾客

一个小店的一位营业员,一次接待一位年近花甲的老大娘。老大娘买了两把牙刷后,营业员忙着接待另外一位顾客,老大娘在道谢后忘记付钱就往外走。营业员侧头看到这种情况,便略提高声音,十分亲切地说:"大娘,你……"老大娘以为什么东西忘在柜台上了便返回来,营业员举着手里的包装纸说:"大娘,真对不起您老人家,您看我忘了把您的牙刷包好了,让您那么拿着容易落上灰尘,这入口的东西多不卫生呀。"说着,接过大娘的牙刷包装起来,边包装边说:"大娘,这牙刷每支一元三角,两支二元六角。"

老大娘反应过来了:"呀!你看看,我还忘记给钱了,真对不起!""大娘,没事的,我妈也有您这么大年纪了,她也什么都好忘!"

如何让顾客买得高兴

有一天,一位北方客人来到上海绣品商店,他是为好友来购买绣花被面的。面对五彩缤纷的绣花被面,他被其中一对白头翁的被面吸引住了,但又显得有点犹豫,目光盯住这对白头翁,自言自语地说:"这鸟的姿态很好,就是嘴巴太长了点,以后夫妻会吵嘴。"营业员听到后,笑眯眯地向他介绍道:"您看见了吗?这鸟头上发白,象征夫妻白头偕老。它们的嘴巴伸得长,是在说悄悄话,是相亲相爱的表示。"这位北方顾客听了,连说:"有道理有道理!"高兴地为朋友买下了这条绣花被面。

一问就走

某位女顾客正在一家商场的服装柜前观看几件服装,当还没有拿定主意要什么颜色、什么式样时,一位营业员走过来,说道:"您好,请问您喜欢什么颜色的?"顾客看看她,无从回答,只好到别处看看。

越买越贵

一对颇有名望的外国夫妇,在我国一家商店选购首饰时,太太对一枚8000元的翡翠戒指很感兴趣,两只眼睛看过来看过去,一双手拿着摸了一遍又一遍,但因价格昂贵而犹豫不决。

这时一个善于察言观色的营业员走过来介绍说:"某国总统夫人来店时也曾看过这枚戒指,而且非常喜爱,但由于价格太贵,没有买。"这对夫妇听完后,为了证明自己比那位总统夫人更有钱,就当即买下了这枚戒指,高高兴兴离开了。

(资料来源:雷娟、全婧.商务谈判.西安交通大学出版社,2015.)

商务谈判不但是商务问题的谈判也是心理的较量,研究谈判心理有助于培养谈判人员自身良好的心理素质和揣摩谈判对手心理,恰当地表达和掩饰己方心理,同时也有助于营造良好的谈判氛围。本章讲述心理活动在商务谈判中的运用,主要阐述了商务谈判者的情感表现和情感作用,谈判者知觉心理中的首因效应、晕轮效应、先入为主、刻板效应等内容,同时分析了谈判者的个性特征,主要包括气质、性格、能力等以及挫折心理产生的原因,谈判者应该通过提高自身素质、充分准备、适当调整谈判目标等方法来消除和减轻心理挫折等内容。

商务谈判心理→晕轮效应→刻板效应→气质→性格→挫折心理

1.试述研究商务谈判心理的意义。
2.在商务谈判中谈判人员有什么感情表现形式?
3.商务谈判人员应具备什么能力?

心理测试
1.你有一个小范围但是十分紧密的朋友圈子吗?
2.你愿意为做一件事花很多时间吗?
3.你认为与新人打交道是一件快乐的事情吗?
4.你通常准时到会吗?
5.你感到与新人交朋友很容易吗?
6.你认为处理具体问题是一件快乐的事情吗?
7.你喜欢在小组讨论中牵头吗?
8.你更愿意做一项日常工作吗?
9.遇到烦恼时,你更愿意别人不打搅你吗?
10.你喜欢看设计杂乱的建筑吗?
11.你认为你非常固执己见吗?
12.在需要的时候,你会采取措施极力推动自己愿望的实现吗?
13.你喜欢自己的行为举止吗?
14.你一般会注意别人忽略的问题吗?
15.你的自我感觉如何?
16.你的朋友认为你是一个依赖性很强的人吗?

17. 你认为你能从各种不同的背景了解他人吗？
18. 你认为你很准时吗？
19. 你会帮助朋友脱离困境吗，即使这对你十分不方便？
20. 你喜欢在家独享清闲，还是与朋友一起去酒吧？

本测试选自目前一些用人单位使用的性格测试，是由职业心理研究中心设计的。测试于1986年引入中国，已经有200多家企业使用这一测试系统来评价它们雇员的心理状况。测试中的问题主要涉及受试者性格的四个方面，它们是：(1)社交能力：1、5、9、17、20（数字为该测试中的问题的序号，下同）；(2)对细节的关注力：2、6、8、10、14；(3)自信心：3、7、11、13、15；(4)可靠性：4、12、16、18、19。

如果你对每组问题的肯定回答超过3个，你便可获得肯定的性格评价。当然，在正式的测试中会包括更多的问题。

(资料来源：白远.国际商务谈判——理论、案例分析与实践.中国人民大学出版社，2019.)

❖ 案例分析题

美国汽车业"三驾马车"之一的克莱斯勒汽车公司拥有近70亿美元的资金，是美国第十大制造企业，但自进入70年代以来该公司却屡遭厄运，从1970年至1978年的9年内，竟有4年亏损，其中1978年亏损额达2.04亿美元。在此危难之际，亚柯卡出任总经理。为了维持公司最低限度的生产活动，亚柯卡请求政府给予紧急经济援助，提供贷款担保。

但这一请求引起了美国社会的轩然大波，社会舆论几乎众口一词：克莱斯勒赶快倒闭吧。按照企业自由竞争原则，政府决不应该给予经济援助。最使亚柯卡感到头痛的是国会为此而举行了听证会，那简直就是在接受审判。委员会成员坐在半圆形高出地面八尺的会议桌上俯视着证人，而证人必须仰着头去看询问者。

参议员、银行业务委员会主席威廉·普洛斯迈质问他："如果保证贷款案获得通过的话，那么政府对克莱斯勒将介入更深，这对你长久以来鼓吹得十分动听的主张（指自由企业的竞争）来说，不是自相矛盾吗？"

"你说得一点也不错，"亚柯卡回答说，"我这一辈子一直都是自由企业的拥护者，我是极不情愿来到这里的，但我们目前的处境进退维谷，除非我们能取得联邦政府的某种保证贷款，否则我根本没办法去拯救克莱斯勒。"他接着说，"我这不是在说谎，其实在座的参议员们都比我还清楚，克莱斯勒的请求贷款案并非首开先例。事实上，你们的账册上目前已有了4090亿美元的保证贷款，因此务请你们通融一下，不要到此为止，请你们也全力为克莱斯勒争取4100万美元的贷款吧，因为克莱斯勒乃是美国的第十大公司，它关系到60万人的工作机会。"亚柯卡随后指出日本汽车正乘虚而入，如果克莱斯勒倒闭了，它的几十万职员就得成为日本的佣工，根据财政部的调查材料，如果克莱斯勒倒闭的话，国家在第一年里就得为所有失业人口花费27亿美元的保险金和福利金。

所以他向国会议员们说："各位眼前有个选择，你们愿意现在就付出27亿美元呢？还是将它一半作为保证贷款，日后并可全数收回？"持反对意见的国会议员无言以对，贷款终获通过。

◇问题：
1. 在谈判中亚柯卡是怎样影响对方态度的？
2. 在谈判中体现了亚柯卡哪些谈判能力？

第九章 商务谈判礼仪

礼仪是人类社会文明发展的产物,是人们在社交活动中遵守的行为准则与行为规范。所谓商务谈判礼仪是指在商务谈判活动中,人们向谈判对象表示尊敬与友好、塑造自身良好的形象所遵循的行为规范和活动程序。商务谈判需要在平等互利的基础上消除分歧,达成一致意见,礼仪是拉近谈判双方距离的桥梁,建立和发展双方友好关系的手段。了解并遵守谈判礼仪是商务谈判人员必须具备的基本素养。

第一节 商务谈判人员的个人礼仪

个人礼仪是商务谈判礼仪的基础,主要包括仪容、服饰和仪态等礼仪,它反映一个人的基本修养,关系到个人和所在单位的形象。周恩来总理的仪表座右铭"面必净,发必理,衣必整,钮必结;头容正,肩容平,胸容宽,背容直;气象勿傲、勿暴、勿怠;颜色宜和、宜静、宜庄"值得每一个谈判人员学习。

一、仪容礼仪

(一)脸部

脸:洁净,无明显粉刺。女性施粉适度,不留痕迹。

眼睛:无眼屎,无睡意,不充血,不斜视。眼镜端正、洁净明亮。不戴墨镜或有色眼镜。女性不画眼影,不用人造睫毛。

耳朵:内外干净,无耳屎。

鼻子:鼻孔干净,不流鼻涕,鼻毛不外露。

胡子:胡须要么剃干净,要么正儿八经地留型;不留长胡子,不留八字胡或其他怪状胡子。

嘴:牙齿整齐洁白,口中无异味,嘴角无泡沫,会客时不嚼口香糖等食物。女性不用深色或艳丽口红。

(二)头发

洁净、整齐,无头屑,不粘连,无异味,不做奇异发型。男性不留长发,女性不用华丽头饰。

(三)手

洁净,无汗渍,无异味,保持手部皮肤柔软光洁,指甲整齐,不留长指甲,指甲内部不能有污垢,不戴结婚戒指以外的戒指。

二、服饰礼仪

古今中外,服饰都体现着一种社会文化,体现着一个人的文化修养和审美情趣,是一个人的身份、气质、内在素质的无言的介绍信。在不同场合,穿着得体、适度的人,给人留下良好的印象;而穿着不当,则会降低人的身份,损害自身的形象。在商务谈判活动中,谈判人员着装要严肃、庄重和大方。一般来讲,男士要着西装,女士要着西装套裙。

(一)西装的穿着

西装以其设计造型美观、线条简洁流畅、立体感强、适应性广泛等特点而越来越深受人们青睐。尤其是在重要的商务和政务场合中,几乎成为世界性通用的服装,可谓男女老少皆宜。西装的穿着和搭配是很有讲究的。

1.西装

在商务谈判活动中,西装最好选择以深色调为主,无明显花纹图案,但面料高档的单色西装。西装的整体协调很重要,要使西装与人的身份、年龄、性格以及场合、季节等相吻合,要使西装、衬衫、领带、皮鞋、袜子等相互协调。男士的西装一般有单排扣和双排扣之分。双排扣西装,通常情况下纽扣全部扣好。单排扣西装,一粒扣的,扣子应系上;两粒扣的,只系上面一粒;三粒扣的,系上面两粒或只系中间一粒,不能全系。

2.衬衫

商务谈判人员应尽量选择属于正装的长袖衬衫。衬衫领口的大小要根据脖子的粗细选择,以能伸进两个手指为宜,并且内部不能穿高领衫,内衣也不要穿太多,穿得过分臃肿会破坏西装的整体线条美。正式场合男士不宜穿色彩鲜艳的格子或花色衬衫。西装的袖长以能达到手腕为宜,衬衫的袖长应比西装袖口长出1~2厘米,衬衫的领口也应高出西装领口1~2厘米。衬衫的下摆要均匀地掖进裤腰中。

3.领带

在正式场合穿西装必须打领带,其他场合不一定都要打领带。打领带时衬衫领口的纽扣必须系好,不打领带时衬衫领口的纽扣应解开。西装、衬衫和领带是同一色系时,要求衬衫颜色最浅,领带的颜色最深。系领带时,领带的长度以触及皮带扣为宜,领带夹戴在衬衫第二、第三粒纽扣之间。

4.鞋袜

穿着西装时最好配以黑色皮鞋,并保持鞋面整洁,不允许穿运动鞋、凉鞋或布鞋。穿深色西装不要穿白袜子和尼龙袜,最好选择纯棉、纯毛制品,以深色、单色为宜,以与西装同色为最好。

5.西装穿着的注意事项

西装袖口的商标应摘掉,否则不符合西装穿着规范,高雅场合会让人贻笑大方。西装的口袋往往属于装饰性的口袋,里面一般不要放置物品。穿着西装要讲求"三色"原则,即全身颜色不能多于三种,其中同一色系中深浅不同的颜色算一种颜色。皮鞋、腰带和公文包要同一颜色,腰部不要挂东西。

(二)西装套裙的穿着

西装套裙能体现女性的秀美和端庄,是女士参加商务谈判场合的最佳选择。

1.套裙

套裙应选择质地匀称、平整、华润、光洁、柔软、挺括的上乘面料,并且弹性好,不起褶皱,最好选择素色面料。在选择丝、麻、棉等薄型面料或浅色面料的套裙时,必须加一条衬裙。套裙应上下颜色搭配,最好选择淡雅、庄重的颜色,以冷色调为宜,以体现商界女士的端庄和稳重。女士在穿着套裙时对于上装和裙子的长短有严格的要求,不宜过长和过短。上装最短以向上伸出手臂不露出裙腰为限,最长可以盖住臀部;裙子最短不能短于膝上10厘米,最长不能长于小腿中部,最适合的长度是膝上5厘米。

2.鞋袜

穿着套裙时,应当搭配黑色或白色的高跟或半高跟皮鞋,与套装同色的皮鞋也可以选择。穿着套裙应当搭配肉色的高筒袜或连裤袜,不能搭配色彩艳丽的袜子,也不能选择中、低筒袜,以免出现三截腿现象。

[小资料9-1]

服饰的TPO原则

TPO是英文time、place、object三个词首字母的缩写。T代表时间、季节、时令、时代;P代表地点、场合、职位;O代表目的、对象。着装的TPO原则是世界通行的着装打扮的最基本的原则。它要求人们的着装要与时间、时令、时代相吻合;要与所处的场合、环境相吻合,要与个人身份、年龄、职业、肤色、体形等相吻合。总之,着装最基本的原则应力求和谐,体现和谐美。

(三)饰物礼仪

饰物指对服装起修饰作用的与服装搭配的其他物品,主要有领带、胸针、帽子、丝巾、首饰、手提包、手套等。在商务谈判活动中,饰物要与自身特点和着装巧妙搭配、整体协调,以衬托仪表,体现个性。佩戴的饰品不可太多、太豪华,全身饰品不得多于三件,真正起到"点缀"的作用,展示谈判人员内在的气质和高雅的品味。总之,饰物的选用也应遵循TPO原则,重要的是以"和谐"为美。

饰物主要用于女士,但是女士在佩戴饰物时,要注意两类饰物最好不戴:一是贵重的珠宝饰物不戴,这与商务谈判人员身份不符合;二是过分展示性别魅力的首饰不戴,如胸针、脚链等,这会分散对方的注意力,诱使对方想入非非,既不尊重他人,也不尊重自己。

男士饰物一定不宜太多,太多则会少了阳刚之气和潇洒之美。一条领带、一枚领带夹,某些特殊场合,在西装上衣胸前口袋上配一块装饰手帕就够了。男士在带公文包时,要用真皮做的包,注意皮包与皮鞋的颜色要相近。

三、仪态礼仪

(一)站立

优美挺拔的站姿能够显示个人的自信、气质和风度,给他人留下美好的印象。正确的站立是昂首、挺胸、收腹,双手自然下垂,双脚与肩同宽,脚尖成外八字。应注意避免不良的站姿:一是身体东倒西歪,驼背弓腰,眼睛斜视;二是双腿随意乱动,双臂随意摆动;三是双手叉在腰间和环抱在胸前,盛气凌人;四是双手插在口袋里,玩弄小物品。

(二)就座

端庄典雅的就座可以展现商务谈判人员的气质和良好的修养。正确的就座要点是轻入席,雅落座,慢离身。轻入席是指先将椅子轻轻地移到欲就座处,然后从椅子的左边入座。女士应用手把裙子向前拢一下。入座时声音要轻,动作要柔和。应注意在地位高者未坐定之前不宜先就座。落座时要文雅,面带微笑,脊背要和椅背有一拳左右的距离。在正式场合或有地位较高的人在座时不要坐满座位,一般只占座位的2/3。脊背要直,挺胸收腹,上身正直,抬头,目视前方,双肩持平,略向后展,双手放于膝上或扶手上,双膝双脚并拢,双腿不能过于前伸,也不能过于后展,更不能腿脚摇晃。离座时要轻轻起身,由椅子的左侧离座。

(三)行走

商务谈判人员的行走应从容稳健,这样可以增强自信,使谈判对象产生信任感。在行进中,保持目视前方,上身正直不动,两肩持平不能随意晃动,两臂自然协调摆动。两腿伸直但不僵硬,膝关节与脚尖正对前进方向,步幅均匀。切忌两脚尖向内或向外歪,大摇大摆,摇头晃肩,双手或单手插兜等不良步姿。

(四)手势

手势是常用的体态语言。谈判人员要能够恰当地运用手势来表达真情实意。含蓄、彬彬有礼、优雅自如的手势,会强化口头语言的效果,促进谈判的顺利开展。介绍某人或给对方指示方向时,应掌心向上,四指并拢,大拇指张开,以肘关节为轴,前臂自然上抬伸直,指示方向时上体稍向前倾,面带微笑,自己的眼睛看着目标方向并兼顾对方是否意会到目标。向远距离的人打招呼时,伸出右手,右胳膊伸直高举,掌心朝着对方,轻轻摆动,不可向上级和长辈招手。应避免出现的手势有:搔头发、掏耳朵、抠鼻孔、剔牙、咬指甲、剜眼屎、搓泥垢、修指甲、揉衣角、用手指在桌上乱画、玩手中的笔或其他工具,切不可用手指指人、乱做手势或指指点点。

(五)目光

目光是有眼神和视线组成的。在商务谈判中,眼神要平和热情,视线要平视,目光注视对方的正确做法是散点柔视,范围在对方胸部以上、额头以下部位,这样既显真诚,又不会使对方不自在。在正常情况下,视线接触对方脸部的时间应占全部谈话时间的30%～60%,超过或不足都不合适。同时,要正确把握对视的时机,对视一般视交谈内容而定,当强调某一问题与恳请对方时,或当对方注视自己发出交流信号时,可与对方对视。目光注视对方时要慎用瞪与盯,勿用斜视或东张西望他人他物,避免让对方感到自己非礼和心不在焉。

第二节 商务谈判过程的社交礼仪

商务谈判是一种社交活动,谈判各方从最初见面到最后成交,为了树立自身良好的形象,营造良好的谈判氛围,谈判人员必须遵守商务谈判过程的社交礼仪。

一、迎送礼仪

"迎来送往"是常见的社交礼仪之一。在国际交往中,对外国来访的客人,通常都要视对方的身份和访问性质,以及两国关系等因素,安排相应的迎送活动。对应邀前来的访问者,无论对方身份如何,在他们抵离时,均应安排相应身份人员前往抵达和离开地点迎送。这就需要遵守一定的规格和标准。

(一)确定迎送规格

确定迎送规格,主要依据来访者的身份和访问目的,适当考虑双方的关系,同时要注意国际惯例,综合平衡,确定哪一级人员出面迎送。谈判是平等的沟通,根据国际惯例,主要的迎送人员通常要与来宾的身份相当,同客人对口、对等为宜。但实际中由于各种原因,往往做不到完全对等。如果遇到特殊情况,如当事人不在当地、身体不适等不能出面时,则可以由职位相当的人员或副职出面迎送。同时,应主动向对方做出解释并真诚地表示歉意。如果事关重大,如双方准备建立长期业务关系或进行重要交易的谈判时,安排规格较高的迎送也是可以的。但是,要注意,一方面要正确表明己方的态度,不要因此而使对方轻视己方;另一方面不要给其他同等人员留下厚此薄彼的印象。

(二)掌握抵达和离开的时间

为顺利迎送客人,迎送人员应该准确掌握来宾乘坐飞机(火车、船舶)的抵离时间。由于天气变化等意外原因,飞机(火车、船舶)可能不准时,迎接人员应在客人抵达之前到达机场(车站、码头),不能出现让客人等候的现象。如果安排献花,则花束要整洁、鲜艳,并且献花者通常由儿童或年轻女性承担。献花应安排在迎送的主要领导人与客人握手之后。送行人员应在客人启程之前到达,如有欢送仪式,应在欢送仪式之前到达,直到客人乘坐的交通工具看不见时离去。

(三)迎送工作中的具体事务

首先,如果被迎送者是身份高的客人,则应该事先在机场(车站、码头)安排贵宾休息室,并准备饮料等其他必需物品。

其次,安排车辆,预订食宿。如果条件允许,在客人到达之前可以将车辆和房间号码通知客人,也可将房间和车辆安排表打印出来,在客人到达时及时发到每个人手中,或通过对方的联络秘书转达。这样既可避免混乱，又可以使客人心中有数，主动配合。

最后，指派专人协助办理出入境手续以及行李提取或托运等事宜。如果对方是重要的代表团，由于人数众多，行李也会较多，这时应先将主要客人的行李取出（最好请对方派人配合），及时送往住处，以便更衣。另外，客人抵达住处后，一般不要马上安排活动，应让对方稍作休息，至少给对方留下更衣时间。

二、会见礼仪

会见是谈判过程中给对方留下良好印象的重要机会，商务谈判人员对见面的礼仪规范应予以特别的重视。

（一）称呼

称呼也叫作称谓，即在与对方谈话前所使用的用以表示彼此身份与关系的名称。在商务谈判过程中，选择正确、适当称呼能够反映自身的修养和对对方的尊敬。

1. 正式称呼

在商务谈判过程中，最正式的称呼有三种：

（1）行政职务。可以只称呼职务，如董事长、总经理、主任等；也可以在职务前面加上姓氏，如王董事长、张总经理、李主任等。

（2）技术职称。可以只称呼职称，如工程师、会计师等；也可在职称前加上姓氏，如王工程师、张会计师等。

（3）泛尊称。一般对男子称"先生"，对女子称"夫人""女士"，这些称呼均可以冠以姓氏、职称和职务等。在我国，对德高望重的女士，有时也称"先生"。对年纪较大的人，习惯上不直呼其名，而应称"某先生""某公""某翁""某老"等，以示特别尊重。

2. 称呼顺序

与多人见面打招呼时，称呼对方应遵循先上级后下级、先长辈后晚辈、先女士后男士、先疏后亲的顺序进行，这样做比较礼貌、得体和周到。

（二）介绍

介绍是双方谈判人员见面时相互认识的重要环节，是谈判活动的起点，因此，商务谈判人员要重视介绍礼仪。

1. 自我介绍

自我介绍是指主动向他人介绍自己或应他人的请求对自己做介绍。介绍自己时要不卑不亢，面带微笑，陈述简洁清楚。在商务谈判活动中，应首先问候对方，然后介绍自己所在企业的名称、自己的姓名和身份，并表达出希望和对方结识的意愿，如"您好！很高兴认识您！我是××企业××部经理，我叫××。请多关照！"

2. 介绍他人

介绍他人是指为彼此素不相识的双方相互介绍、引见。在商务谈判活动中，通常由双方的谈判负责人充当介绍人，如果双方负责人互不认识，也可以由中间人或礼宾进行介绍。介绍他人时，要将被介绍人的姓名、身份、单位（国家）等情况作简要说明，更详细的内容根据被介绍人的意愿去介绍。同时，要有礼貌地以手示意，正确的手势是，四指并拢，拇指张开，手心朝上，手指指向被介绍者,切记不要用手指指点被介绍者。

介绍他人有先后之别,要注意介绍的顺序,一般的介绍顺序是:把职务、身份较低的先介绍给职务、身份较高的,把年纪轻的先介绍给年纪大的,把男士先介绍给女士,把客人先介绍给主人。在正式场合介绍某一方时,按照职务先高后低的顺序介绍,先后顺序的原则是:职务高者、长者、女士享有优先知情权。被介绍时,除女士和年长者外,一般应起立面向对方;但在宴会桌或会谈桌上可不必起立,被介绍者只要微笑点头有所表示即可。

(三)握手

握手是会见中最常用的见面礼节,在全世界被广泛地使用,人们在相互介绍和会见时握手,在谈判成功和告别时也以握手为礼。握手的力量、姿势和时间长短往往能表现出一方对另一方的态度,影响到谈判的成功。

在问候之后或互致问候之时,双方各自伸出自己的右手,彼此之间保持一步的距离,手掌略向前下方伸出,四指并拢,拇指张开,手臂弯曲,与对方相握。握手时间不宜超过3秒钟,用力要适度,上下抖动3~5下,不要左右摇晃。同时,还要注意上身稍向前倾,头略低一些,双目注视对方微笑致意,不要看着第三者握手。男士与女士握手时,往往只握一下女士的手指部分。

握手也有先后顺序,应由主人、年长者、身份高者、女士先伸手,客人、年轻者、身份低者、男士见面先问候,待对方伸手再握。握手顺序的原则是:身份高者、年长者、女士享有优先选择权。年轻者对年长者,身份低者对身份高者还应稍稍欠身,双手握住对方的手,以示尊敬。多人同时握手致意不要交叉,待别人握完再伸手。男士在握手前应先脱下手套摘下帽子;女士身着礼服礼帽时,与他人握手可以不摘下手套。军人戴军帽与对方握手时,应先行举手礼,然后再握手。

此外,某些国家还有一些传统的见面礼节,如东南亚佛教国家是双手合十致意,日本人是行鞠躬礼,我国旧时传统是抱拳。对这些礼节应有所了解,在一定场合也可使用。

在西方,亲人、熟人之间见面多是拥抱、亲脸、贴面颊等。夫妻之间是拥抱亲吻,父母与子女之间是亲脸、亲额头,兄弟姐妹平辈的亲友是贴面颊。一般在公共场合,关系亲近的妇女之间是亲脸,男子之间是抱肩拥抱,男女之间是贴面颊,长辈对晚辈一般亲额头,男士对尊贵的女宾往往亲一下手背(手指)以示尊敬。在一些欢迎、祝贺或感谢的隆重场合,在官方或民间的仪式中,也有拥抱的礼节,有时是热情友好的拥抱,有时则纯属礼节性的拥抱。这种礼节,一般是两人相对而立,上身稍稍向前倾,右臂偏上,左臂偏下,右手环拥对方左肩部位,左手环拥对方右腰部位,按各自的方位,彼此头部及上身向左先相互拥抱一次,然后再向右拥抱一次,最后再向左拥抱一次后,礼毕。

(四)名片

名片是一种重要的自我介绍的手段,初次见面双方为了加深印象,建立联系,常常互换名片。同时,名片也是身份和地位的象征,能够体现出一个人的尊严、价值和修养。

1. 名片的递送

首先要把自己的名片准备好,整齐地放在名片夹或盒中,要放在易于掏出的口袋或皮包里,最好是单独存放,不要把自己的名片和他人的名片或其他杂物混在一起,以免掏名片时手忙脚乱或掏错名片。递送名片要注意顺序,地位较低的人、年轻人或是客人要先递出名片。如果对方的人较多,应先与主人或地位较高的人交换。递送名片时最好站起来,手指并拢,将名片放在掌上,用大拇指夹住名片的左端,恭敬地送到对方的胸前,或食指弯曲与大拇指夹住名片递上,或双手的食指和大拇指分别夹住名片的左右两端奉上。让名片文字正面朝向对方,以便对方阅读,同时目光注视对方,微笑致意,可顺带一句"这是我的名片,请多多关照"。不要递送破损的、不整洁的、修改过的名片。

2.名片的接受

接受名片时,应该起身,面带微笑,注视对方,最好用双手去捧接。拿到对方名片时,首先仔细地读一遍,表示对对方的尊重,同时也确认一下对方的姓名职务等。同时与对方交换名片时,可以右手递名片,左手接名片。接过他人名片时要妥善存放,不要手头把玩、弃之桌上、随便装入衣袋、交予他人、随便在对方名片上记录备忘事情等。

三、会谈礼仪

会谈是商务谈判活动的中心环节。恰当地、有礼貌地会谈不仅能增进双方的了解、信任和友谊,而且能促进谈判更加顺利有效地进行。所以,遵守会谈礼仪具有十分重要的意义。

(一)会谈位次

在商务活动中,位次的排列往往备受人们的关注,因为位次是否规范,是否合乎礼仪要求,不仅反映了商务人员自身的修养、阅历和见识,也反映了对交往对象的尊重和友好。在不同的商务场合中,位次的具体排列要求是不同的,但是基本遵循"面门为上、以右为尊、居中为重、前面为大"的原则。举行正式谈判时,各方在谈判现场具体就座的位次,同样有很强的礼仪要求。会谈通常采用长方形、椭圆形或圆形桌子,按照谈判桌形状和摆放位置划分,正式谈判的座次有横桌式、竖桌式、并列式和圆桌式四种。

1.横桌式座次

横桌式座次是指长方形或椭圆形谈判桌在谈判室内横着摆放,客方人员面门而坐,主方人员背门而坐,双方主谈者居中就座,各方的其他人员则依其身份和地位的高低,各自按先右后左、自高而低的顺序分别在主谈人员两侧就座。

2.竖桌式座次

竖桌式座次是指长方形或椭圆形谈判桌在谈判室内竖着摆放,以进门的方向为准,客方人员在右侧,主方人员在左侧,双方主谈者居中就座,各方的其他人员则依其身份和地位的高低,各自按先右后左、自高而低的顺序分别在主谈人员两侧就座。

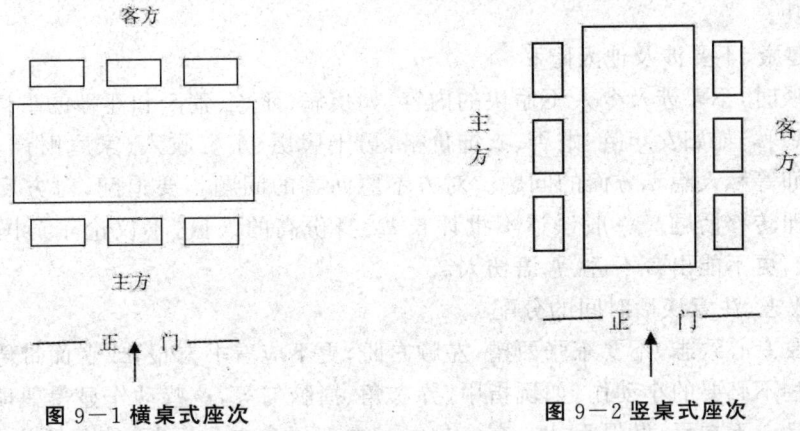

图 9-1 横桌式座次　　　　　　　图 9-2 竖桌式座次

3.并列式座次

并列式座次是指宾主并排而坐，中间可设谈判桌，也可不设谈判桌，直接在中间长沙发上落座，客人在主人的右边，双方其余人员分坐两边，呈马蹄形。这样双方交谈比较随和友好，谈判气氛轻松，但是这种落座方式只适用于小范围谈判，较为正式的谈判不宜采用。

4.圆桌式座次

圆桌式座次适用于三方或三方以上的多边谈判。为了尽量避免座位主次的安排，则以圆形桌为布局，谈判各方围桌而坐，国际上称为"圆桌会议"。在圆桌会议中，通常以门作为基准点，比较靠里面的位置是主要座位，其他位次可以不必拘泥。

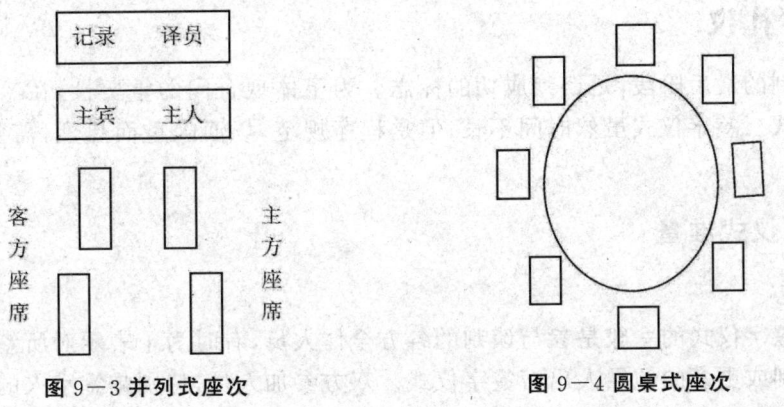

图 9-3 并列式座次　　　　　　　图 9-4 圆桌式座次

(二)谈判语言礼仪

商务谈判实质上是谈判双方交谈的过程。在商务谈判过程中，交谈并非只限于谈判桌前，还有谈判之余，如谈判中的休息时间、谈判桌外的社交场合等。交谈的话题也并非只限于和谈判相关的问题，还可能是生活中的方方面面。所以，谈判人员一定要注意谈判语言礼仪，以免产生一些不必要的麻烦，甚至使谈判破裂。

1.以礼相待，尊重对方

商务谈判双方是平等的合作关系，以礼相待，不仅能显示出自身的人格尊严，还可以满足对方的自尊需要。因此，谈判中要随时随地有意识地使用礼貌语言，这是商务谈判人员应当具备的基本素养。当对方发言时，要认真倾听，不要插嘴、干扰和打断对方；当发表己见时，不能强词夺理，自以为是。在交谈中，只有尊重对方、理解对方，才能赢得对方的尊重和信任，谈判才有可能成功。

2.话题健康,不要涉及他人隐私

双方交谈时,不要涉及令人不愉快的内容,如疾病、死亡、荒诞和淫秽的事情等。话题不要涉及他人的隐私,如妇女年龄、婚否、衣饰价格、男士履历、工资收入、家庭财产,个人的宗教信仰和政治信仰等私人隐私方面的问题。对方不愿回答的问题不要追问,对方反感的问题应表示歉意或立即转移话题。一般谈话不批评长辈、身份高的人员,不议论东道国的内政。不讥笑、讽刺他人,更不能出言不逊、恶语伤人。

3.专心致志,注意谈话时间的分配

交谈时要专心致志,不要东张西望,左顾右盼,更不应看书看报,或者面带倦意,哈欠连天。也不要做一些不必要的小动作,如玩指甲、弄衣角、搔脑勺等,这些动作显得猥琐、不礼貌,也会使人感到自己心不在焉,傲慢无礼。交谈是每一方都要参与说话,不能只听别人讲话,也不能只顾自己发表意见,而不愿听别人讲话。多人交谈时,应不时与在场所有人交谈几句,不要冷落任何人;双方交谈时要掌握各自所占时间,不要出现一方独霸的局面。

4.用语准确,声音平稳

用语指在洽谈中如何选择词语表明自己的立场、观点、态度和意思。用语既要准确明白,又要文雅中听,留有回旋余地表达自己的不同意见,不能伤害对方的自尊心。在洽谈中,一般问题尽量平稳中速进行,使用正常的语调,保持能让对方清晰听见而不引起反感的高低适中的音量。

四、签字礼仪

签字是谈判的最后阶段,是谈判成功的标志。为了体现合同的重要性,在签署合同时,往往举行签字仪式。签字仪式虽然时间不长,但是程序规范,场面隆重而热烈,需要遵循一定的礼仪规范。

(一)签字仪式准备

1.人员确定

正式出席签字仪式的一般是参与谈判的各方全体人员,有时为了表示对所签协议的重视,还邀请更高级别或更多的领导人出席签字仪式。双方参加人员,特别是签字人的身份应对等,人数最好大体相等。

2.签字细节的准备

在签字仪式之前,首先应做好签字文本的准备工作,包括定稿、翻译、校对、印刷、装订等。不能出现协议不完整,有矛盾、漏洞或含糊之处的现象,也不能存在文本翻译不准确,印刷和装订不好,正本数量不够的问题。还需准备好签字用的文具,如果是国际商务谈判,还要准备好国旗。同时,与对方商定助签人员的安排和签字仪式程序等其他细节,助签人员要做好准备。

3.签字厅的布置

可将会议室、洽谈室、会客厅临时用作签字厅。一般将长方形签字桌横放在签字厅内,双方签字人员面对房间正门而坐,其他人员并排站立在签字者身后。通常,面对房门,右侧的人是客方,左侧的人是主方。如果是国际商务谈判,还需要在签字桌上摆放旗架,悬挂双方国家的国旗。

(二)签字过程

签字仪式开始,双方参加签字的人员按照礼宾次序进入签字厅。签字人员入座后,其他人员按身份顺序排列于己方签字人员的座位之后;助签人员分别站立在己方签字人员的外侧,协助翻文本及指明签字处。在签完本方保存的文本后,由助签人员传递文本,再在对方保存的文本上签字,然后由双方的签字人员交换文本。签字之后,双方签字人员握手,全场人员热烈鼓掌,以表示祝贺。此时,可以安排礼仪人员分别为双方的签字人员或全体人员呈上香槟酒,双方干杯、祝贺、道谢。最后,一般还要在签字厅合影留念。

第三节 谈判相关活动的礼仪

在商务谈判过程中,伴随着谈判活动的进行,为了加强双方的关系,增进双方的了解,谈判双方会举办某些活动。这些活动虽然与谈判内容没有直接的关系,但是对谈判的顺利发展会产生重要的影响。因此,商务谈判人员必须了解和遵循谈判相关活动的礼仪。

一、宴请礼仪

宴请是加强谈判双方的关系、联络谈判双方感情的最常见的交际活动之一,商务谈判人员必须了解宴请相关的礼仪和礼节。

(一)宴请形式

宴请的形式较多,目前常用的宴请形式有宴会、招待会、茶会、工作餐等,谈判人员可以根据活动目的、邀请对象以及经费开支等各种因素来确定采用何种宴请形式。

1.宴会

宴会指比较正式、隆重的设宴招待,是宾主在一起饮酒、吃饭的聚会。正式的宴会,一般来说,座位都要事先安排好,有主次座位之分,有专门设计的菜单依次上菜,有餐前讲话、席间致辞、祝酒词等,因此参加宴会要有所准备。宴会按其规格可分为国宴、正式宴会、便宴和家宴等。

国宴是国家元首或政府首脑为国家庆典或为外国元首、政府首脑来访而举行的规格最高的正式宴会。国宴需要排座次,宴会厅内要悬挂国旗,并且安排专门乐队演奏国歌及席间乐,同时举行席间致辞或祝酒。

正式宴会除不挂国旗、不奏国歌以及出席规格不同外,其余安排大体与国宴相同,有时亦安排乐队奏席间乐。宾主均按身份排位就座。外国人对宴会服饰比较讲究,往往从服饰上体现宴会的隆重程度,所以许多国家会在正式宴会请柬上注明对客人服饰的要求。另外,正式宴会对餐具、酒水、菜肴道数、陈设以及服务员的装束、仪态都要求很严格。

便宴即非正式宴会,常见的有午宴、晚宴,有时亦有早餐。这类宴会形式较简便、灵活,可以不安排席位,不作正式讲话,菜肴道数亦可酌减。便宴较随便、亲切,适用于日常友好交往。

家宴即在家中设便宴招待客人。西方人喜欢采用这种形式,以示亲切友好。家宴往往由主妇亲自下厨烹调,家人共同招待,有时客人也可以下厨一起帮忙。

2.招待会

招待会是指各种不备正餐、较为灵活的宴请形式。在招待会上一般备有食品、酒水饮料,但不安排席位,中间可以自由活动。常见的招待会形式有:

冷餐会,规格、隆重程度可高可低,常用于官方正式活动,以宴请众多的宾客。这种宴请形式的特点是不排席位,举办时间一般在中午十二时至下午二时、下午五时至七时。菜肴以冷食为主,也可用热菜,连同餐具陈设在餐桌上,供客人自取,客人自由活动,并多次取食,酒水陈放在桌上或者由招待员端送。冷餐会通常会在室内或院子里、花园里举行,可设小桌、椅子,自由入座,也可以不设座椅,站立进餐。

酒会,又称鸡尾酒会,形式较活泼,便于广泛接触交谈。招待品以酒水为主,略备小吃。不设座椅,仅置小桌或茶几,以便客人随意走动。酒会举行的时间亦较灵活,中午、下午、晚上均可,请柬上往往注明整个活动延续的时间,客人可在其间任何时候到达和退席。鸡尾酒是用多种酒配成的混合饮料。酒会上不一定都用鸡尾酒,通常酒类品种较多,并配以各种果汁,不用或少用烈性酒。食品多为三明治、小香肠、炸春卷等各种小吃,以牙签取食。饮料和食品由招待员用托盘端送,或部分放置小桌上。

3.茶会

茶会是一种简便的招待形式,举行的时间一般在下午四时左右(亦有上午十时举行的)。茶会通常设在客厅,不用餐厅。厅内设茶几、座椅,不排席位。如果为某贵宾举办活动,入座时应有意识地将主宾同主人安排坐到一起,其他人随意就座。茶会,顾名思义是请客人品茶。因此,茶叶、茶具的选择要有所讲究,或具有地方特色。一般用陶瓷器皿,不用玻璃杯,也不用暖水瓶代替茶壶。外国人一般饮用红茶,略备点心和地方风味小吃。亦有不用茶而用咖啡者,其组织安排与茶会相同。

4.工作餐

工作餐是现代交际中经常采用的一种非正式宴请形式。按用餐时间,工作餐可分为工作早餐、工作午餐和工作晚餐,利用进餐时间,边吃边谈。在代表团访问中,往往因日程安排紧张而采用这种形式。此类活动一般只请与工作有关的人员,不请配偶。双边工作进餐往往排席位,尤以用长桌更便于谈话。如用长桌,其座位排法与会谈桌席位安排相仿。

(二)宴请的组织

由于宴请形式较多,不同的宴请组织工作有很大差别。工作餐较简单,而正式宴会,特别是国宴,组织工作则相当复杂,有很多国际惯例和礼仪要求,需要高度重视和认真筹划。

1.确定宴请目的、名义与对象

宴请的目的多种多样,可以为某一个人,也可以为某一事件,如为代表团来访,为庆祝某一节日或纪念日,为外交官员的到任离任,为展览会的开幕或闭幕,为某项工程动工或竣工等。在国际交往中,还会根据需要举办一些日常的宴请活动。

宴请名义和对象的确定主要根据是主客双方的身份,也就是说主客身份应该对等。例如,作为东道国宴请来访的外国代表团,主人的职务和专业一般同代表团团长对口、对等,身份低使人感到冷淡,规格过高亦无必要。通常如果请主宾携夫人赴宴,主人一般以夫妇名义发出邀请。在我国,大型正式活动以一人名义发出邀请,日常交往小型宴请则根据具体情况以个人名义或以夫妇名义出面邀请。

2.确定宴请范围与形式

宴请的范围指请什么人士,请到哪一级别,请多少人,主人一方请什么人出席作陪。这需要综合考虑多方面因素,如宴请的性质、主宾身份、国际惯例、与己方的关系以及当前政治气候等。

宴请范围与规模确定之后,即可草拟具体邀请名单。被邀请人的姓名、职务、称呼,以及对方是否有配偶都要准确。多边活动尤其要考虑政治关系,对政治上相互对立的国家是否邀请其人员出席同一活动,要慎重考虑。

宴请采取何种形式,在很大程度上取决于当地的习惯做法。一般来说,正式、规格高、人数少的宴请以宴会为宜,人数多则以冷餐会或酒会更为合适,妇女界活动多用茶会。

目前各国礼宾工作都在简化,宴请范围趋向缩小,形式也更为简便。酒会、冷餐会被广泛采用,而且中午举行的酒会往往不请配偶。不少国家招待国宾宴会只请身份较高的陪同人员,不请随行人员。我国也在进行改革,提倡多举办冷餐会和酒会以代替宴会。

3. 确定宴请时间、地点

宴请的时间应对主、客双方都合适。驻外机构举行较大规模的活动,应与驻在国主管部门商定时间。注意不要选择对方的重大节假日、有重要活动或有禁忌的时间。例如,对信奉基督教的人士不要选13号,更不要选13号星期五;伊斯兰教在斋月内白天禁食,宴请宜在日落后举行。小型宴请应首先征询主宾意见,最好相机口头当面约请,也可用电话联系。主宾同意后,时间即被认为最后确定,可以按此约请其他宾客。

宴请地点要按活动性质、规模、宴请形式、主人意愿及实际情况而定。官方正式隆重的活动一般安排在政府、议会大厦或宾馆内举行,选定的场所要能容纳全体人员。举行小型正式宴会,在可能条件下,宴会厅外另设休息厅(又称等候厅),供宴会前简短交谈用,待主宾到达后一起进宴会厅入席。

4. 发出邀请

各种宴请活动,一般均发请柬,这既是礼貌,亦对客人起提醒、备忘之用。便宴经口头约妥后,可发亦可不发请柬。工作餐一般不发请柬。请柬一般提前一至两周发出,以便被邀请人及早安排。国际上习惯对夫妇发一张请柬,我国在凭请柬入场的场合夫妇每人一张。已经口头约妥的活动,仍应补送请柬,在请柬右上方或下方注上"To remind"(备忘)字样。需安排座位的宴请活动,为确切掌握出席情况,往往要求被邀者答复能否出席。此时,请柬上一般用法文缩写注上"R.S.V.P."(请答复)字样,如只需不出席者答复,则可注上"Regrets only"(因故不能出席请答复),并注明电话号码。也可以在请柬发出后,用电话询问能否出席。

请柬内容包括活动形式、举行的时间及地点、主人的姓名(如以单位名义邀请,则用单位名称)。请柬行文不用标点符号,所提到的人名、单位名、节日名称都应用全称。中文请柬行文中不提被邀请人姓名(其姓名和职务写在请柬信封上),主人姓名放在落款处。中外文本请柬的格式与行文差异较大,注意不能生硬照译。请柬可以印刷也可以手写,但手写字迹要美观、清晰。

5. 订菜

宴请的酒菜根据活动形式和规格,在规定的预算标准以内安排。选菜不以主人的爱好为准,主要考虑主宾的喜好与禁忌,后者尤其重要。如果宴会上有个别人有特殊需要,也可以单独为其上菜。菜肴道数和分量都要适宜,宜用有地方特色的食品招待为佳。无论哪一种宴请,事先均应开列菜单,并征求主管负责人的同意。讲究的宴请每人一份菜单,一般宴会至少每桌一份。

6. 席位安排

正式宴会一般均排桌次和席位,也可只排部分主要宾客的席位,其他人只排桌次或自由入座。无论采用哪种做法,都要在入席前通知到每一位出席者,使大家心中有数。现场还要有人引导。大型的宴会,最好是排席位,以免混乱。

礼宾次序是排席位的主要依据。除此之外,在具体安排席位时,还需要考虑其他一些因素,如客人之间的政治关系、语言沟通和专业志趣等。依据国际惯例,桌次高低以离主桌位置远近而定,右高左低。桌数较多时,要摆桌次牌。同一桌上,席位高低以离主人的座位远近而定。依据外国习惯,男女穿插安排,以女主人为准,主宾在女主人右上方,主宾夫人在男主人右上方。我国习惯按个人职务排列,以便于谈话。如夫人出席,通常把女方排在一起,即主宾坐男主人右上方,其夫人坐女主人右上方。译员一般安排在主宾右侧。

以上是国际上安排席位的一些常规。如遇特殊情况,可灵活处理。席位排妥后着手写座位卡。我国举行的宴会,中文写在上面,外文写在下面。卡片用钢笔或毛笔书写,字应尽量写得大些,以便于辨认。便宴、家宴可以不放座位卡,但主人对客人的座位也要有大致安排。

7.现场布置

宴会厅和休息厅的布置取决于活动的性质和形式。官方正式活动场所的布置应该严肃、庄重、大方,不要用红绿灯、霓虹灯装饰,可以少量点缀鲜花、刻花等。

宴会可以用圆桌,也可以用长桌或方桌,桌子之间的距离要适当,各个座位之间也要距离相等。如安排有乐队演奏席间乐,不要离得太近,乐声宜轻。宴会休息厅通常放小茶几或小圆桌,与酒会布置类同,如人数少,也可按客厅布置。

冷餐会的菜台用长方桌,通常靠四周陈设,也可根据宴会厅情况,摆在房间的中间。如坐下用餐,可摆四五人一桌的方桌或圆桌。座位要略多于全体宾客人数,以便客人自由就座。

酒会一般摆小圆桌或茶几,以便放花瓶、烟缸、干果、小吃等。也可在四周放些椅子,供妇女和年老体弱者就座。

8.餐具的准备

根据宴请人数和酒、菜的道数准备足够的餐具。餐桌上的一切用品都要十分清洁卫生。桌布、餐巾都应浆洗干净并熨平。水杯、酒杯、筷子、刀、叉、碗、碟等,在宴会之前都应洗净擦亮。如果是宴会,应该准备每道菜撤换用的菜盘。

中餐用筷子、盘、碗、匙、小碟等。水杯放在菜盘上方,右上方放酒杯,酒杯数目和种类应配合所上酒的品种。餐巾叠成花插在水杯中,或平放在菜盘上。我国宴请外国宾客,除筷子外还摆上刀和叉。酱油、醋、辣椒油等作料,通常一桌数份。公筷、公勺应备有筷、勺座,其中一套摆在主人面前。餐桌上应备有牙签筒等。

西餐具的摆设与中餐不同。西餐具有刀、叉、匙、盘、杯等。西餐具的摆法是:正面放食盘(汤盘),左手放叉,右手放刀。食盘上方放匙,再上方放酒杯,右起烈酒杯或开胃酒杯、葡萄酒杯、香槟酒杯、啤酒杯(水杯)。餐巾插在水杯内或摆在食盘上。面包盘、奶油盘在左上方。吃正餐,刀叉数目应与菜的道数相等,按上菜顺序由外至里排列,刀口向内。用餐时应按此顺序取用。撤盘时,一并撤去使用过的刀叉。

(三)宴请程序

非正式宴请无须讲究程序,只要双方能彼此呼应就行。正式宴请可分为迎宾、致辞、席间交流和送别四个部分。

1.迎宾

宴请时,主人一般在门口迎接客人。官方活动,除男女主人外,还有少数主要官员陪同主人排列成行迎宾,通常称为迎宾线。其位置宜在客人进门存衣以后进入休息厅之前。相互握手后,由工作人员引进休息厅,休息厅内应有相应身份的人员照料客人。如无休息厅则直接进入宴会厅,但不入座。主宾到达后,由主人陪同进入休息厅与其他客人见面。如其他客人尚未到齐,由迎宾线上其他官员代表主人在门口迎接。

2. 致辞

主人陪同主宾进入宴会厅,全体客人就座,宴会即开始。正式宴会由主宾双方发表致辞,致辞时间一般安排在宾主双方入座之后,或在热菜之后、甜食之前。非正式宴请通常由主客双方代表以敬酒方式简单说几句即开始就餐。

3. 席间交流

按照商务惯例,主、宾致辞后,大家彼此先敬酒、用餐。酒过三巡之后,再安排正式讲话,主人先讲,宾客后讲,也可安排即席发言。席间,主人与客人之间互相碰杯,互相祝愿。在就餐时,一方面注意用餐气氛的调节,另一方面注意相关的礼仪。

4. 送别

一般在吃完水果后,主人应向宾客示意,让其做好离席的准备,然后从座位上起立,这是全体离席的信号,即意味着宴会结束。主宾告辞,主人送至门口。主宾离去后,原迎宾人员顺序排列,与其他客人握手话别。

(四)应邀赴宴

应邀接到宴会邀请,能否出席要尽早答复对方,以便主人安排。一般来说,对注有"R.S.V.P."(请答复)字样的,无论出席与否,均应迅速答复。注有"Regrets only"(不能出席请答复)字样的,则不能出席时才回复,但也应及时回复。经口头约妥再发来的请柬,上面一般都注有"To remind"(备忘)字样,只起提醒作用,可不必答复。答复对方,可打电话或复以便函。

应邀出席一项活动之前,要核实宴请的主人,活动举办的时间和地点,是否邀请了配偶,以及主人对服装的要求。出席宴请活动,抵达时间迟早,逗留时间长短,在一定程度上反映对主人的尊重,应根据活动的性质和当地的习惯掌握。迟到、早退、逗留时间过短被视为失礼或有意冷落。身份高者可略晚到达,一般客人宜略早到达,但也不要过早,以免给主人增加麻烦。一般客人要等主宾退席后再陆续告辞。出席宴会,各地习惯略有不同,一般正点或晚一两分钟抵达都是可以的;在我国则正点、提前两三分钟或按主人的要求到达。出席酒会,可在请柬上注明的时间内到达。确实有事需提前退席,应向主人说明后悄悄离去,也可事前打招呼,届时离席。

抵达宴请地点,先到衣帽间脱下大衣和帽子,然后前往主人迎宾处,主动向主人问好。如果是节庆活动,应表示祝贺。参加外事庆祝活动,可以按当地习惯以及两国关系,赠送花束或花篮。参加家庭宴会,可酌情给女主人赠少量鲜花。

1. 入座

进入宴会厅之前,应先了解自己的桌次和座位,入座时注意桌上座位卡是否写着自己的名字,不要随意乱坐。如果邻座是年长者或妇女,应主动协助他们先坐下。坐下后主动与周围的人打招呼,进行自我介绍。无论是做主人、陪客或宾客,都应与同桌的人交谈,特别是左右邻座。不要只同几个熟人或只同一两个人说话。

2. 进餐

大家入座后,主人招呼客人用餐,在中国是男主人为主,在西方是女主人为主。招呼的方法是将餐巾拿起来,意思为"可以开始用餐了"。餐巾应铺在膝盖上,进餐时姿势要端正。

取菜时,不要盛得过多。盘中食物吃完后,如不够,可以再取。如由招待员分菜,需增添时,待招待员送上时再取。如果本人不能吃或不爱吃的菜肴,当招待员上菜或主人夹菜时,不要拒绝,可取少量放在盘内,并表示"谢谢,够了",勿显露出难堪的表情。

进餐要文雅。闭嘴咀嚼,喝汤或吃食物不要发出声音。如汤、菜太热,可稍待凉后再吃,切勿用嘴吹。嘴内的鱼刺、骨头不要直接外吐,用餐巾掩嘴,用手(吃中餐可用筷子)取出,或轻轻吐在叉上,放在菜盘内。

除喝汤外,不用匙进食。汤用深盘或小碗盛放,喝时用汤匙由内往外舀起送入嘴。吃带有腥味的食品,如鱼、虾、野味等均配有柠檬,可用手将汁挤出滴在食品上,以去腥味。

喝茶、咖啡时,通常牛奶、白糖均用单独器皿盛放,可自取加入杯中,用小茶匙搅拌后,将茶匙仍放回小碟内。喝时右手拿杯把,左手端小碟。

吃梨、苹果时,不要整个拿着咬,应先用水果刀切成四或六瓣,再用刀去皮、核,然后用手拿着吃。削皮时刀口朝内,从外往里削。香蕉先剥皮,用刀切成小块吃。橙子用刀切成块吃,橘子、荔枝、龙眼等则可剥了皮吃。其余如西瓜、菠萝等,通常都去皮切成块,吃时可用水果刀切成小块用叉取食。

在宴会上,上鸡、龙虾、水果时,有时送上一小水盂(铜盆、瓷碗或水晶玻璃缸),水面上漂有玫瑰花瓣或柠檬片,供洗手用。洗时两手轮流沾湿指头,轻轻涮洗,然后用餐巾或小毛巾擦干。

吃剩的菜,用过的餐具、牙签,都应放在盘内,勿置桌上。嘴内有食物时,切勿说话。剔牙时,用手或餐巾遮口。

3. 祝酒

作为主宾参加外国举行的宴请,应了解对方祝酒习惯,即为何人祝酒、何时祝酒等,以便做必要的准备。碰杯时,主人和主宾先碰,人多可同时举杯示意,不一定碰杯。祝酒时注意不要交叉碰杯。在主人和主宾致辞、祝酒时,应暂停进餐,停止交谈,注意倾听,也不要借此机会抽烟。奏国歌时应肃立。主人和主宾讲完话与贵宾席人员碰杯后,往往到其他各桌敬酒,遇此情况应起立举杯。碰杯时,要目视对方致意。

宴会上相互敬酒表示友好,活跃气氛,但切忌喝酒过量。喝酒过量容易失言,甚至失态,因此必须控制在本人酒量的三分之一以内。

4. 宽衣

在社交场合,无论天气如何炎热,不能当众解开纽扣脱下衣服。小型便宴,如主人请客人宽衣,男宾可脱下外衣搭在椅背上。

5. 纪念物品

有时主人为每位出席者备有小纪念品或一朵鲜花,宴会结束时,主人招呼客人带上。遇此,可说一两句赞扬小礼品的话,但不必郑重表示感谢。除主人特别示意作为纪念品的东西外,各种招待用品,包括糖果、水果、香烟等,都不要拿走。

6. 致谢

在出席私人宴请活动之后,往往在三日内致以便函或名片表示感谢。

7.餐具的使用

中餐的餐具主要是碗、筷,西餐则是刀、叉、盘子。通常宴请外国人吃中餐,亦以中餐西吃为多,既摆碗、筷,又设刀、叉。刀、叉的使用方法是右手持刀,左手持叉,将食物切成小块,然后用叉送入嘴内。欧洲人使用时不换手,即从切割到送食均以左手持叉。美国人则切割后,把刀放下,右手持叉送食入口。就餐时按刀、叉顺序由外往里取用,讲究吃一道菜换一副刀叉。每道菜吃完后,将刀、叉并拢摆放在盘内,以示吃完。如未吃完,则呈八字形摆放在餐盘上,刀口应向内。

吃鸡、龙虾时,经主人示意,可以用手撕开吃,否则可用刀、叉把肉割下,切成小块吃。切带骨头或硬壳的肉食,叉子一定要把肉叉牢,刀紧贴叉边下切,以免滑开。切菜时,注意不要用力过猛,以致撞击盘子发出声音。不容易叉的食品,或不易上叉的食品,可用刀把它轻轻推上叉。

二、馈赠礼仪

馈赠是商务活动中一项重要内容。在商务活动中,礼品是谈判的"润滑剂",有助于加强双方的交往,增进双方的感情,巩固彼此的交易关系。

(一)馈赠礼品礼仪

1.礼品的选择

礼品是感情的载体,正确地选择礼品,对谈判的成功往往有意想不到的效果。礼品的选择首先应体现自己的心意,并使受礼者觉得礼物非同寻常、倍感珍贵。例如,1972年日本首相田中角荣赠送给我国的1000棵日本樱花树,寓意是希望中日两国的和平友好相传千年。周总理在第二年樱花盛开时,让人将几片樱花带给田中角荣也寓意着中日友好开始开花。这样的礼物就很好地表达了赠礼的象征意义,达到了赠礼的目的。礼品也要突出纪念意义,越是具有民族特色和赠礼人自己特点的礼品,越有其独特的纪念意义和礼品魅力。选择礼品还要考虑赠礼的场合、赠礼的对象、礼品的观赏性和实用性等。总之,礼品的选择是一个复杂、敏感和困难的过程,它检验一个人是否有敏锐的观察力和记忆力,也考察一个人是否有创造性和想象力。

赠送礼品应轻重适宜。一般地讲,礼物太轻没有意义,很容易让人误解为瞧不起他。但是,礼物太重,又会使受礼人有接受贿赂之嫌。因此,礼物的轻重选择应以对方能够愉快接受为尺度。一般情况下,欧美等国的社交在送礼方面,较注重礼品的意义价值,而不是礼物的货币价值,因此,在选择礼物时,其货币价值不要过高。相对而言,亚洲和中东地区的客商,较注重礼物的货币价值,对这些国家的客商赠送礼物可适当贵重一些。

赠送礼品要注意对方的宗教信仰、风俗习惯、生活方式和文化修养等社会文化因素。谈判人员由于所属国家、地区有较大的差异,社会文化背景有所不同,其爱好和禁忌必然存在差别。而礼品往往具有一定的寓意,必须小心翼翼,不要因送礼而造成误解。例如,在阿拉伯国家,伊斯兰教禁酒,不能以酒作为馈赠礼品。英国人讨厌标有送礼单位或公司标识的礼品,法国人讨厌别人送菊花,日本人不喜欢有狐狸图案的礼品,中国人忌讳送钟等。这些都是由不同的习俗和文化造成的。因此,送礼时一定要考虑周全,以免适得其反。

2.赠礼时机

在国际商务活动中,赠礼的具体时间是一个需要特别注意的问题。一般而言,当作为客人拜访他人时,最好在双方见面之初向对方送上礼品,即所谓的"见面礼"。当作为主人接待来访者时,则应该在客人离去的前夜或者举行告别宴会上,把礼品赠予对方。与日本人做生意,则要等对方先送礼物,己方方可回礼,否则,如果己方赠礼在前会使日本人觉得很丢面子。而与阿拉伯国家的交往中,则一般要在见过几次面后,赠送小礼物才为妥当。法国人喜欢下次重逢时馈赠礼品,英国人多喜欢在晚餐或看完戏剧演出后赠送礼品,而中国一般是在离别前赠送礼品较为自然。可见,应根据各国习惯的不同做出不同的送礼时间安排。

考虑礼品的赠送地点时要注意公私有别。一般而言,公务交往中所赠送的礼品应该在公务场合赠送。在谈判之余、商务活动之外或私人交往中赠送的礼品,则应在私人居所赠送。

3.赠送的方式

赠礼一定要重视礼品的包装,包装盒的颜色和图案要考虑受礼人的习俗和禁忌。赠送礼品时要附上赠送者写的卡片,在卡片上可注明礼品的含义、具体用途及其特殊之处,这样可以更加突出礼品的意义和赠礼人的用心。注意在欧洲,把名片放在礼物中是失礼的行为,如果需要加放名片,则要放入精致的信封与礼物一并交给受礼人。

赠送礼品时,如果允许,一般应由单位最高领导或公司最高代表亲自赠送,并应先赠予对方职务最高者。同时,还要注意赠送礼品时的措辞。首先注意不要漏掉任何人,还要注意对方的职务,并根据职务的重要性来决定说话时的顺序。先说最重要的人,而且明确表示对他的感谢,也可说明送礼的原因和赠礼人的美好愿望。在现代社会,礼物可以不是实物,如组织客户旅游观光等,也可以起到同赠送实物一样的作用。

(二)收受礼品礼仪

除馈赠礼品外,商务谈判人员也会遇到受礼问题。对于赠送的礼品是否可以接受,谈判人员要心中有数,接受礼物必须符合国家和企业的有关规定与纪律。

受礼者在收受礼品时,一般双手接过礼品,并向对方真诚地表示感谢,同时应赞美礼品的精致、优雅或实用,或赞扬赠礼者的用心、周到和细致。受礼后还有还礼的问题。还礼可以是实物,一般为对方礼物价值的二分之一;也可以在适当时候提及,表示"不忘"和再次感谢对方。

在日本、新加坡、韩国、中国和马来西亚,一般受礼人不当着赠礼人的面打开礼物,以表明他们重视的是送礼这一活动而不是礼物本身。相反,在西方,收到礼品时,要当面亲自拆开礼品包装,并由衷地表示感谢,以表示对赠礼人的尊重。

另外,在不能接受礼品时,要礼貌委婉地向赠送人解释不能接受的原因(如公司规定等),同时表达对赠送人的谢意,但一般不当面拒绝礼品。

三、参观礼仪

参观,是指因工作需要,有计划、有准备地实地观察特定的项目。在商务谈判中,东道主安排来宾参观本方的企业,有助于对方正确认识企业的管理能力、技术水平和员工素质,增进相互了解,提高对方与己方合作的信心。参观礼仪不仅包括东道主组织和陪同参观的行为规范,也包括参观者的参观行为要求。

(一)优选参观项目

参观项目的正式确定,一般应由双方确定为宜,但当参观者不太了解情况时,也可由接待方根据情况先行确定。无论哪种方式,都应坚持如下原则:

1.根据参观的性质和目的确定参观项目,以使参观项目的安排具有一定针对性。

2.根据参观者的意愿和兴趣确定参观项目,要尽最大可能让参观者感到满意。

3.参观任何项目都要符合国家法律和企业的规定。

4.参观项目的安排,要考虑参观的费用、时间、路途以及近期工作等各种因素,同时确保不受气候、交通等客观条件的影响。

(二)制订参观计划,做好参观组织工作

项目确定之后,要制订参观计划,具体内容包括:参观项目、参观人数、负责人和工作人员、起止时间、饮食住宿、交通工具、安全保卫、费用预算等。参观计划应该向东道主,特别是接待单位,以及全体参观人员进行传达,以便大家做到心中有数。整个参观活动的组织工作要严密、具体、细致、周到。

(三)参观人员做好参观的准备

依照参观礼仪的基本规范,在外出参观之前,参观人员应当重点做好以下准备工作:

1.了解参观项目的背景

为了使参观者对参观项目有初步的认识,在参观前向参观者介绍一下参观项目的背景,避免在参观时信口开河,提出不必要、不适当甚至令人见笑的问题。

在国内进行参观需要了解的背景材料是:参观项目的历史、现状、发展前途,参观项目的主要特色、优点与不足,参观项目在本地区、本行业以及国内外的地位与反响等。

在国外进行参观时,除对参观项目的背景要有所了解之外,还应进行外事纪律教育,并组织参观者学习参观项目所在国的政治、经济、文化、习俗等方面的常识。

2.对参观者进行合理的分工

为了使参观顺利进行和取得实效,最好的办法是在参观之前对全体参观者进行必要的分工,把领队、带路、接洽、应酬、翻译以及交通、膳食、安全、记录、录音、拍照等各个方面的具体工作,都落实到个人,使每件事情都有专人负责。

3.做好必要的礼仪准备

参观者在参观时,不可避免地要与出面接待的东道主之间发生交际应酬关系。因此,参观者,尤其是参观团队的负责人,应提前为此做好必要的准备,以免在参观中失礼于人。具体来讲,要安排专人,负责在礼仪性场合的工作,包括主动向对方问好,通报参观团的情况,向对方做自我介绍后,把参观团的主要成员也介绍给对方,使对方对参观团及其成员有一个大致的了解,从而保证参观活动顺利、有序地进行。

4.遵守参观的具体规定

参观者特别是领导干部在参观之时,其行为往往代表着国家和企业的形象。为维护国家和企业的形象与声誉,要认真遵从东道主方面有关参观的具体规定,绝不能明知故犯,如时间规定、服饰规定、物品规定、路线规定等。

(四)参观人员的参观要求

参观访问是工作需要,参观人员要专心致志,服从组织安排,力求有所收获。

1.作好记录

参观的时候,要看好、听好、记好。在规定允许的前提下,参观者应当尽自己的一切可能,以笔记、绘画、录音、拍照、摄像等各种形式,为自己的参观作好记录。不能走马观花,更不能中途退出。

2.服从组织安排

在参加集体性的参观活动时,必须注意个人服从集体。整个参观过程中,每一个参观者都要服从命令、听从指挥,不允许随意自行其事,尽量不要在集体参观时个人独自行动。

3.文明礼貌

参观者代表的是国家和企业的形象,所以要注意个人的言谈举止,严禁高谈阔论、随地吐痰、乱扔垃圾、乱刻乱画等不良行为的发生。

(五)精选陪同人员

陪同人员包括与参观者职位相当的对等领导、解说员、资料采集员(摄像摄影人员)、引导员或导游人员,如果参观者是外宾还应包括翻译人员。

1.陪同人员的人数不宜太多,形象气质应当高雅,以彰显接待方的整体素养。

2.所有陪同人员应当是熟悉相关情况的人员,并做好相应准备,以便接受参观者的垂询,应对各种可能出现的问题。

(六)参观中的介绍

所有陪同人员都应具有较强的表达能力,要郑重地作好介绍。要主动把接待方需要向社会宣传,而参观方还不够了解的内容主动介绍给来宾。在参观方不反对的情况下,可加大介绍宣传的力度。

(七)参观中的组织工作

整个参观过程中,应设立总负责人和分项负责人,以做好协调工作。如果参观路途时间较长,还应在交通工具上组织开展一些联谊活动,以使参观者能始终保持激情。对于参观过程中可能出现的问题,要有充分的思想准备,并要及时地加以解决。

实训项目:商务谈判中的礼仪

一、实训目的

学会谈判礼仪的具体应用。

二、实训背景

Tom 先生是美国 A 公司的总裁,他将带领公司一行六人(其中有两名女性)乘机抵达上海,参加与上海 B 公司合资建立公司的谈判。

三、实训要求

1.假如你是上海 B 公司总裁,此次谈判的中方负责人,你应该做哪些方面的安排?

2.为了融洽中美双方的感情,我方准备在美方谈判人员抵达后第二天举办晚宴,为 Tom 先生等美方谈判人员接风洗尘,如果你作为此次宴会的具体负责人,你应该做哪些准备?参加晚宴时你方代表将如何着装?

3. 经过艰辛的谈判,中美双方最终签署了有关的协议,Tom 先生即将回国,你方公司准备赠送美方一些礼品,请问你会如何选择?

本 章 小 结

商务礼仪是商务活动中体现相互尊重的行为准则,掌握必要的商务礼仪是商务谈判人员应该具备的基本素质。在商务谈判中,美好的印象是迈向成功的关键,因此,谈判人员的仪容仪态、着装打扮非常重要。在谈判过程中,周到的迎来送往、精心的会见会谈安排、宴请活动的合理组织以及恰如其分的礼品馈赠和参观活动,对谈判的成功起着至关重要的作用。通过本章学习,商务人员在商务谈判活动中可以避免礼仪和礼节方面的错误,明确自己在商务谈判中应该做什么,不应该做什么,应该如何做,从而能够促进谈判的顺利进行。

基 本 概 念

商务谈判礼仪→服饰的 TOP 原则→宴会→参观

思 考 题

1. 简述商务谈判中迎送礼仪的注意事项。
2. 就餐时应注意哪些礼仪?
3. 试述商务谈判的服饰礼仪。
4. 馈赠礼品时应注意哪些问题?

❖ 案例分析题

案例 1　见面

某年夏天,H 市木炭公司经理助理柯女士到 G 市金属硅厂谈判其木炭的销售合同。H 市木炭公司是生产木炭专业厂,想扩大市场范围,对这次谈判很重视。会面当天,柯女士脸上粉底打得较厚,脸上涂着腮红,戴着垂吊式的耳环、金项链,右手戴有两个指环、一个钻戒,穿着大黄衬衫、红色大花真丝裙。G 市金属硅厂销售科的马经理和秘书小李接待了柯女士。马经理穿着布质夹克衫、劳动布的裤子,皮鞋较旧,蒙着车间的硅灰,脸上留着胡茬。

柯女士与马经理在会议室见面,互相握手,马经理伸出大手握着柯女士的手,却马上收回并抬手检查手上情况。原来柯女士右手的戒指扎了马经理的手。看着马经理收回的手,柯女士眼中闪过一丝冷漠。

◇问题:请分别评价马经理与柯女士的见面礼仪。

案例 2　闲聊

某国建筑企业谈判小组赴沙特阿拉伯进行一项工程承包的谈判。谈判休会期间,双方随意地闲聊。聊到服饰问题时,该谈判小组一成员对阿拉伯女性穿着发表了一些个人的意见,认为过于保守、不舒服,也不好看。对方听后并未表态,只是很礼貌地说要出去接一个电话。随后,双方共进午餐。在下午的继续谈判中,该国谈判人员明显感到对方的冷淡和消极情绪,与上午的谈判有显著的差别,整个下午没有什么实质性的进展,在后来的谈判中也是困难重重,最终谈判以破裂告终。

◇问题：
1.案例中沟通出现障碍的原因何在？
2.从该案例中我们应该吸取什么教训？

第十章 商务谈判风格

不同的国家具有不同的民族文化、风俗习惯和价值观念。在商务谈判中,这种社会文化上的差异导致了各国商人在语言沟通、思维方式、决策过程、谈判策略等方面有着显著的区别,进而形成了不同的商务谈判风格。所谓商务谈判风格,是指商务谈判人员在谈判过程中通过言行举止表现出来的,与其文化背景密切相关的,关于谈判的思想、策略和行为方式等一系列特点的总和。商务谈判人员只有熟悉各国商人不同的谈判风格,才能灵活运用各种谈判策略,取得谈判的成功。

第一节 美国商人的谈判风格

在全球经济和国际贸易中,美国占有举足轻重的地位。美国是世界上经济技术最发达的国家,英语是国际谈判通用的语言,美元是世界通用货币。相应地,美国商人的谈判风格在世界上具有相当大的影响力。另外,由于美国是中国的主要贸易伙伴,因此,了解美国商人的谈判方式对中国商务谈判人员具有十分重要的意义。

一、外向,自信直率

美国谈判人员有着与生俱来的自信和优越感,他们性格直爽、坦率,待人热情、真挚,具有强烈的创新意识、竞争意识和进取精神。在谈判桌上,美国商人精力充沛,头脑灵活,充满自信,喜欢迅速切入正题,在不知不觉中将一般性交谈引向实质性磋商。美国人认为谈判是双方自由平等的协商,因此沟通比较直接和坦率。他们不喜欢拐弯抹角,不讲客套,当无法接受对方提出的条件时,就明白地告诉对方自己不能接受,而且从不含糊其词。

二、讲究实际,注重利益

美国人做生意时,更多考虑的是交易带来的实际利益,而不是生意人之间的私人交情。美国商人不太注重谈判前个人关系的建立,个人交往和商业交往是明确分开的。尽管他们注重实际利益,但一般不漫天要价,也不喜欢他人漫天要价。他们认为,做生意双方都要获利,不管哪一方提出的方案都要公平合理。所以,美国人对于亚洲文化中的注重友情和看在老朋友的面子上可以随意通融的做法很不适应。

三、注重时间效率

美国商人时间观念强,工作节奏快,办事讲究效率,喜欢速战速决。在谈判中他们希望尽可能减少繁多的仪式尽快进入正题,不喜欢谈话绕圈子,能解决的问题决不拖延,越快越好,有时甚至会直接拿出一份拟好的合同来讨论,在最短的时间里促成交易。在商务谈判中,美国人常抱怨其他国家的谈判对手拖延,缺乏工作效率,而这些国家的人也埋怨美国人缺少耐心。另外,美国商人做事有一定的计划性,一切井然有序,办事要预约,并且准时。与美国人约见,早到或迟到都是不礼貌的。

四、注重个人能力,自我表现欲强

受美国文化的影响,美国人强调个人主义和自由平等,等级观念较差。在企业决策上,常常以个人(或少数人)决策为特点,自上而下地进行,在决策中强调个人责任。美国人的自我表现欲望很强,在谈判中表现出大权在握的自信模样,遇到问题他们往往有权作出决定,先斩后奏之事常有发生。

五、重合同,法律观念强

美国是一个高度法制化的国家。美国人的法制观念根深蒂固,律师在谈判中扮演着重要的角色。美国人认为,交易最重要的是获得经济利益;为了保护自己的利益,最公正、最稳妥的办法是依靠法律、依靠合同,而其他都是靠不住的。因此,美国人特别看重合同,认真地讨论合同条款,而且特别重视合同违约的赔偿条款。一旦双方在执行合同时出现意外情况,就按双方事先同意的责任条款处理。

另外,与美国人谈判,最好不要指名批评某人,或指责对方公司的某些缺点,也不要把以前与某人有过摩擦的事作为话题,或者披露处于竞争关系的公司的问题,加以贬损。否则,不仅达不到预想的目的,反而有可能遭到对方的蔑视。

第二节 英国商人的谈判风格

英国的全称是大不列颠及北爱尔兰联合王国,它是世界上最早的工业化国家,其经济、政治和军事实力曾经显赫一时,被称为"世界工厂""日不落帝国"。英国人的民族性格是传统、内向、傲慢和保守,有很强的民族自豪感和排外心理。

一、讲究绅士风度,注重身份和等级

英国人重礼仪,讲究绅士风度。他们谈吐不俗,举止高雅,遵守社会公德,很有礼让精神。在谈判过程中,英国谈判人员很注重个人修养,尊重谈判业务,不会没有分寸地逼迫对方。同时,他们也很关注对方的修养和风度,如果对手能在谈判中显示出良好的教养和风度,就会很快赢得他们的尊重。

英国人等级观念很重,尽管英国是老牌的资本主义国家,但平等和自由理念更多地表现在形式上。在谈判中,英国人比较注重对方的身份、经历和业绩,而不是像美国人那样更看重对手在谈判中的表现。所以,在必要的情况下,选择较高身份和地位的人与英国人谈判,有一定的积极作用。英国商人比较看重秩序、纪律和责任,组织中的权力自上而下流动,等级性很强,决策多来自上层。

二、不轻易与对方建立个人关系

英国商人不轻易与对方建立个人关系。即使是本国人,人们个人之间的交往也比较谨慎,很难一见如故。他们不轻易相信别人,依靠别人。这种保守、传统的个性,在某种程度上反映了英国人的优越感。但是你一旦与英国人建立了友谊,他们会十分珍惜,长期信任你,在做生意上关系也会十分融洽。所以,如果没有与英国人长期打交道的历史,没有赢得他们的信任,没有最优秀的中间人作介绍,你就不要期望与他们做大买卖。

三、注意选择谈论的话题

与英国人交谈时,要尽量避免讨论政治、宗教、皇家是非等话题。英国人反感客人将皇家的事作为谈笑资料,也讨厌客人问及他们的私事或向其打听别人和别的公司的事。这一点在谈判与交谈中必须切记。另外还必须注意英国人包括英格兰人、苏格兰人、威尔士人和爱尔兰人,而英国人原意仅指英格兰人,所以苏格兰人、威尔士人和爱尔兰人讨厌人们把他们统称为英国人,而不列颠人这个称呼则会使所有的人感到满意。

四、谈判准备不充分,缺乏灵活性

英国商人对谈判的准备不充分,不够详细周密。他们谈判稳健,善于简明扼要地阐述立场,陈述观点;然后便是更多的沉默、平静、自信、谨慎,而不是激动、冒险和夸夸其谈。英国人在谈判中缺乏灵活性,他们通常采取一种非此即彼,不允许讨价还价的态度。在谈判的关键时刻,他们往往表现得既固执又不肯花大力气争取。英国商人对于物质利益的追求,不像日本人那么强烈,也不像美国人那么直接。他们宁愿做风险小、利润少的买卖,也不愿意做冒大风险、赚大利润的生意。

五、重视合同细节,但不能按期履行合同

英国商人比较谨慎,在订立合同时,总喜欢细细推敲,一旦认为某个细节不妥,便不会签字,除非耐心说服,并提供有力的证明材料。英国商人一般比较守信用,履约率较高,注意维护合同的严肃性。但是英国商人有一个共同特征,就是不能保证合同按期履行,不能按时交货。所以,与英国人签订合同时,要注明延迟发货的索赔条款加以约束。

另外,英国人时间观念很强,崇尚准时和守时,有按日程或计划办事的习惯和传统。在商务活动中,讲究效率,谈判大多进行得较紧凑,不拖沓。英国人以英语为母语很骄傲,即使他们会讲第二外语,也不愿在谈判中使用,因此,与他们做生意时尽可能用英语沟通交流。

第三节 法国商人的谈判风格

法国商人具有浓厚的国家意识和强烈的民族自豪感,他们乐观、开朗、热情、幽默,富有浓郁的人情味和浪漫情怀。法国商人注重穿着打扮,在他们看来,衣着代表着一个人的修养、身份和地位。法国商人以尊重妇女而自豪,处处关照妇女,保护妇女。

一、重视人际关系的建立

法国人很有人情味,非常珍惜谈判中的人际关系,在没有互相成为朋友之前,一般不会与对方做大笔的买卖。在谈判之初,与法国人不要只谈生意上的事,适当情况下,聊聊社会新闻或文化生活方面的话题,更能融洽双方的关系,创造良好的会谈气氛。但需注意,与法国人交谈,切忌打听个人和家庭私事以及商业秘密。法国商人在谈判进入正题后是比较认真的,特别在关键问题上富有顽强精神。因此在谈判中要有一定的警惕,不要被最初的闲聊或友好气氛所蒙蔽。

二、重原则,轻细节,偏爱横向谈判

法国人重原则,轻细节,偏爱横向谈判。也就是说,他们喜欢先为谈判协议勾画出一个大致的轮廓,然后再达成原则协议,最后再确定协议中的各项内容。法国商人对签约比较马虎,在谈判中往往当主要问题谈妥以后就催促签约。法国人的做法是:签署交易的大概内容,如果协议执行起来对他们有利,他们会若无其事;如果协议对他们不利,他们也会毁约,并要求修改或重新签署。他们认为细节问题可以留待日后再商讨或待发现问题时再谈,然而正是这些细节问题可能引起日后的纠纷,后患无穷。所以与法国商人签约要慎重,必须在谈判中将各细节都谈妥,确认无异议后方可签约。

三、重视个人的力量

法国商人重视个人的力量,很少有集体决策的情况。这是由于他们组织机构明确、简单,实行个人负责制,个人权力很大。在商务谈判中,也多是由个人决策负责,所以谈判的效率较高。法国商人知识面广,即使是专业性很强的洽谈,他们也能一个人独挡一面,因此在谈判中应做好相应准备,避免因迟疑不决而引起不快。

四、时间观念不同

法国人的时间意识是单方面的,对别人要求严格,对自己比较随便是法国人时间观念的一大特点。另外,法国人严格区分工作时间和休息时间,这与日本人相比有着极大的反差。每年的8月是法国全国性的假期,这时候想同他们做生意是徒劳的,应避免在这段时期去法国安排商务活动。

五、坚持使用法语

法国人有很强的民族自豪感。在他们看来,法语是世界上最高贵的语言。在大多数商务谈判中,法国人往往会坚持使用法语,即使法国的谈判人员英语讲得很好,也是如此。有专家指出,如果一个法国人在谈判中使用英语,可以说是最大让步了。因此,与法国人谈判,须选择懂法语的人员前往,或者配备法语翻译。

第四节 德国商人的谈判风格

德国是世界上经济实力最强的国家之一,该国工业极其发达,生产率高,产品质量堪称世界一流。从整个民族来看,德国人具有沉稳、自信、好强、勤奋、严谨、刻板的特点,办事富有计划性,注重工作效率,做事喜欢追求完美。德国谈判人员所具有的这种日耳曼民族的性格特征会在谈判桌上得到充分的体现。

一、自信而固执

德国人非常自信,对本国的产品极有信心。在商务谈判中,他们常常会把本国的产品作为衡量的标准。如果要与德国人谈生意,务必要使他们相信己方的产品可以满足德国人要求的标准。在谈判中可以通过与德国同类商品的比较据理力争来说服对方。

德国人比较固执,很难通融,考虑问题周到,准备充分,但缺乏灵活性和妥协性,在谈判中常常坚持己见,强调自己方案的可行性,一般不会向对方让步,却常常想尽办法迫使对方让步。这种谈判特点与德国人的性格有着惊人的相同之处。

二、重视长期合作

德国人比较重视长期合作,所以忌讳投机生意。他们对发展个人关系和商业关系都很严肃,不大重视在建立商务往来之前先融洽个人关系,对商业事务他们极其小心谨慎,对人际关系也正规刻板,并且希望对方也如此。但一旦建立商务关系且赢得他们的信任后,便有希望长期保持。

三、谈判准备工作充分

德国人的思维讲究系统性和逻辑性,在谈判前准备工作非常充分和周到。他们会想方设法掌握大量详细的第一手资料,不仅研究对方要购买或销售的产品,还要仔细研究对方的企业,以确定对方能否成为己方可靠的商业伙伴。因此与德国商人进行谈判必须做好充分的准备,以便回答他们的详细提问,并注意讲话的逻辑性。

四、时间观念强,讲究效率

德国人非常守时,在商务谈判和一般的社交活动中忌讳迟到。对迟到者,德国人会毫不掩饰他们的不信任和厌恶。德国人具有认真负责的工作态度、高效率的工作程序,他们信奉的座右铭是"马上解决",不喜欢对方支支吾吾,"研究研究""考虑考虑"等拖拖拉拉的谈判语言。另外,同德国人谈判尽量不要安排在晚上,他们认为晚上是家人团聚、共享天伦之乐的时间。

五、重合同,守信用

德国人素有"契约之民"的雅称。德国人处事比较严谨,重合同、守信用。在谈判过程中,德国人的陈述和报价都非常清楚、明确、坚决和果断。谈判中会涉及每一个细节,只有在各个细节都谈妥以后,才会同意正式签约。一旦签约,则要求双方严格遵守,不容一点变更,因此与德国商人谈判要极其认真、慎重,容不得半点疏忽。德国人很善于商务谈判,他们的讨价还价与其说是为了争取更多的利益,不如说是工作认真,一丝不苟,他们严守合同信誉,认真研究和推敲合同中的每一句话和各项具体条款。一旦达成协议,很少出现毁约行为,所以合同履约率很高,在世界贸易中有着十分良好的信誉。

第五节 日本商人的谈判风格

日本是东方文化型的国家,儒家文化深深植根于日本人的内心深处,并在行为方式中处处体现出来。又由于日本是岛国,资源贫乏,人口密集,市场有限,这样形成了其民族特性:进取心强,态度认真,等级观念强,自信且非常爱面子,彬彬有礼,很少直接拒绝别人或反驳别人,喜欢通过迂回曲折的方式陈述自己的观点。日本人刻苦耐劳,世间少有。日本商人号称"世界上最难对付的商人"。

一、重视和谐的人际关系

日本人很重视和谐的人际关系,在谈判中,他们有相当的时间和精力是花在人际关系中的。要想在日本社会取得成功,关键是看你能否成功地与日本人结交。假如你与日本商人曾有过交往,那么在谈判之前就应尽力地回忆一下过去双方的交往与友谊,这对后面将要进行的谈判是很有好处的。他们不赞成也不习惯直接的、纯粹的商务活动。如果有人想开门见山直接地进入商务问题谈判而不愿开展人际交往,那么他就会处处碰壁,反而欲速则不达。如果初次同日本企业建立交易关系,或者商谈的内容十分重要,那么,在谈判开始的时候,己方地位较高的负责人拜访对方日本企业中同等地位的负责人是十分重要的,它会促使日本企业重视与己方之间的交易关系。日本人不把合同放在眼里,他们喜欢相信人而不相信契约,在他们看来,合同无关紧要,至关重要的是相互间的信任和诚实。

二、讲究礼节,注重身份

日本是一个礼仪社会,日本人所做的一切要受礼仪的严格约束。如,在待人接物方面,见面鞠躬,日本人对此习以为常。不仅是走访亲友、商店开门营业,甚至家里人见面时也是如此。对不起几乎成为日本人的口头禅,即使在我们看来很正常的要求和行为也要说对不起。因此,在与日本人谈判中,应该理解和尊重日本人的礼仪,这样才能获得日本人的好感,使谈判获得成功。否则,谈判中的任何失礼行为都可能导致谈判的失败。

日本人的等级观念根深蒂固,他们非常重视尊卑秩序。日本企业都有尊老的倾向,一般能担任公司代表的是有15～20年经验的人。他们讲究资历,不愿与年轻的对手谈判,因为他们不相信对方年轻的代表会有真正的决策权。日本人进行商务谈判时,总希望对方谈判人员能与自己地位相当,特别是谈判的主要负责人在职务、资格,甚至年龄、性别上要与日方必须相当,以示对谈判的诚意和重视。

三、讲究面子,沟通含蓄

日本人非常讲究面子,他们不愿对任何事情说"不"字。他们认为直接的拒绝会使对方难堪甚至恼怒,是极大的无礼。因此,在谈判中,即使对对方的提议有所保留,他们也很少直接予以反驳,而是一般以迂回的方式陈述自己的观点。日本人在谈判中往往不直接表态,谈话比较婉转、留有余地,常常给人以含混不清、模棱两可的印象。另外,不要把日本人的礼节性的表示误认为是同意的表示。日本人在谈判中往往会不断点头并说"哈依!"这常常是告诉对方他们在注意听,并不是表示"同意",因此在谈判中既要有耐心,又要谨慎,避免误解。

[案例 10—1]

哈依、哈依

纽约大学打算成立一家日本经济研究中心,大约需要 300 万美元,其中 150 万美元想在日本筹集。他们派了一位很有名望的学者前去日本,拜会了首相和金融界的头面人物,结果得到了日本人"哈依、哈依"的回应。于是美国学者兴冲冲地回国了。当筹款开始后,日方却连 1 美元也没捐出来,愤怒的学者马上拜会了日本驻美大使,强烈指责日方不讲信义。

四、谈判颇具耐心,喜欢用沉默策略

日本商人时间观念强,生活节奏快,办事计划性强,谈判前准备工作细致而周到。但日本人的决策过程缓慢,决策时间长,并且总喜欢使用拖延战术。日本人忌讳急躁和没有耐心,日本人的耐心举世闻名。日本商人大多会通过各种渠道千方百计打探谈判对手的最后期限,然后使用拖延战术到谈判的最后期限,对方没时间再拖下去而不得不放弃自己的条件。与日本人谈判,谁缺乏耐心,急于求成,谁就会一败涂地。

沉默是日本人常用的谈判策略。在许多场合,日本商人不愿率先行动并表明自己的意图,因此会长时间保持沉默。日本人认为"沉默是金""祸从口出",只要沉默就可避免麻烦,只要不将自己的意见告诉别人就是一种贤明。日本人在故作镇静、掩盖事实和感情方面是很高明的,他们把能否将心事不表露在脸上而隐藏在内心作为衡量谈判者是否成熟的标志。不可否认,日本人的这种沉默策略往往会给对手增加压力,造成对手的信心瓦解,而沉默也成为日本人谈判走向成功的砝码。

五、具有强烈的群体意识,集体决策

日本文化塑造的日本人的价值观念与精神取向都是集体主义的,以集体为核心。日本人具有强烈的群体意识,体现在谈判中就是集体决策,集体负责。日本企业的决策并未实行高层集权,而是采用自下而上的流程,任何个人都不能对谈判全过程负责,也无权不征求小组内其他人的意见而单独赞同或否决一项提议。由于日本人的决策是集体制定的且只有在全组成员都认可后才能实施,所以他们的决策过程和决策时间往往很长。但日本人一旦做出决策,执行起来十分迅速。

六、通晓"吃小亏占大便宜"和"放长线钓大鱼"的谈判哲理

"打折扣吃小亏,抬高价占大便宜"是日本商人商务谈判的典型特征。无论在谈判桌前还是谈判室外,他们善于用小恩小惠或表明的小利去软化对方的谈判立场,从而获取更大的利益。例如,日本商人常用折扣手法来逢迎买方心理,其实在主动打折之前,他们早已抬高了价格,留足了余地。又如,他们喜欢采用出钱让对方人员出国监造设备、监装货物或用请客送礼等办法软化对手。面对日本商人的这种做法,谈判人员应注意避免舍本逐末,要追求根本利益而不要贪图表面的小利。另外,日本人比较注重交易的长远利益,不十分讲究眼前利益。例

如,他们在整套机械设备上让利,达成交易,从而获得之后的专用零配件的供应权。因此,与日本人谈生意,要对交易利益通盘考虑,以防得今日、失明朝。

另外,日本人非常重视信息收集工作。他们不仅详细调查了解各种情报,在会谈中对具体的问题作反复权衡,即使在达成协议之后,他们也会索取大量情况介绍、调查报告和图表等。送礼是日本社会常见的现象。日本人在送礼上很慷慨大方。给日本人送礼时,要注意根据日方职位的高低,确定礼品价值的大小。对特殊或重要人物,最好送带有特殊标记的礼品,一般可酌情选择具有民族特色的纪念品等。

第六节 俄罗斯商人的谈判风格

俄罗斯人热情好客,豪爽大方,待人谦虚,但近几年的社会变革使得俄罗斯人较为忧虑、自信心不足,缺乏信任和进取心。在日常生活中,俄罗斯人热衷于社交活动,固守传统,缺乏灵活性。另外,一些俄罗斯人仍然带有明显的计划体制的烙印。

一、注重建立个人关系

俄罗斯是礼仪之邦,非常注重人与人之间的关系。俄罗斯商人与他人谈生意前一般要经熟人引见,并且只有在双方建立信任和友谊后才可能得到生意机会,他们的商务关系是建立在个人关系的基础上的。没有个人关系,即使是一家优秀的外国公司进入俄罗斯市场,也很难维持其发展。在俄罗斯,生意和友情是分不开的。

俄罗斯人主要通过参加各种社会活动来建立关系,增进彼此友谊。这些活动包括拜访、生日晚会、参观、聊天等。在与俄罗斯人交往时,必须注重礼节,尊重民族习惯,对当地的风土人情表现出兴趣。只有这样,在谈判中才会赢得他们的好感、诚意与信任。

二、善于讨价还价

俄罗斯人在谈判桌前绝对精明,善于讨价还价。为了降低价格,他们一般采取的方法有:欲擒故纵;降价求名;虚张声势。俄罗斯人十分善于与外国人做生意。假如俄罗斯商人想要引进某个项目,首先对外招标,引来数家竞争者,从而不慌不忙地进行选择。并采取各种手段,让争取合同的对手之间竞相压价,相互残杀,最后从中渔利。俄罗斯人是讨价还价的行家里手,不论对方的报价是多么公平合理,怎么精确计算,他们也不会相信,更不会接受外商的第一次所报价格。他们会千方百计挤出报价中的水分,达到他们认为的理想的结果。

三、固守传统,谈判节奏缓慢

俄罗斯人常常坚持己见,比较固执,不肯退让,在需要作出决定时,往往反复考虑。在涉外谈判中,俄罗斯人喜欢按计划办事,如果对方的让步与他们原订的具体目标吻合,则容易达成协议;如果有差距,让他们作出让步就特别困难,甚至明知自己的要求不符合客观标准,也拒不妥协让步。俄罗斯人继承了前苏联官僚主义的作风,办事拖拉,效率特别低。他们决不可能让自己的工作节奏适应你的时间表。在谈判中,俄罗斯人往往以谈判小组的形式出现,等级地位观念重,责任常常不太明确具体。他们推崇集体成员的一致决策和决策过程的等级化。他们遇事要汇报请示,决策与反馈的时间较长。

四、重视合同细节和履行

俄罗斯人重视合同。在订立合同时,他们会对各条款仔细推敲;一旦达成谈判协议,他们会按照协议的字面严格执行,同时,很少接受对手变更合同条款的要求。俄罗斯人的谈判能力很强,这是源于苏联的传统,这一点美国人、日本人都感受至深。俄罗斯商人特别重视谈判项目中的技术内容与索赔条款。这是因为引进技术要具有先进性、实用性。由于技术引进项目通常都比较复杂,对方在报价中又可能会有较大的水分,为了尽可能以较低的价格购买最有用的技术,俄罗斯商人特别重视技术的具体细节,索要的东西也包罗万象,如详细的车间设计图纸、零件清单、设备装配图纸、原材料证明书、化学药品与各种试剂、各种商品的技术说明、维修指南等等。所以,在与俄罗斯人进行洽商时,要有充分的准备,可能会就商品的技术问题进行反复大量的谈判。

第七节 阿拉伯商人的谈判风格

阿拉伯国家主要分布在西亚和北非地区。由于受地理、宗教和民族等的影响,阿拉伯人以宗教划派,以部族为群。阿拉伯人家族观念很重,热情好客,注重以诚实创立自己的信誉。性情固执而保守,脾气倔强,不轻易相信别人。尽管不同的阿拉伯国家在观念、习惯和经济力量方面存在较大差异,但作为整个阿拉伯民族来讲,有较强的凝聚力。

一、宗教影响大,谈判禁忌多

在阿拉伯国家,宗教控制和影响着国家的经济、政治和日常生活,忽视了宗教就不能从事商务活动,不尊重阿拉伯人的教义和习俗,他们是不可能与对方做生意的。同宗同族的人在做生意时占有天然的优势,因此,与阿拉伯人谈判,谈判人员中应有回族或懂伊斯兰教教义又会说阿拉伯语的人。

阿拉伯人信奉伊斯兰教,禁忌很多:酒是绝对不能饮的,也不能作为礼品馈赠;遇到斋月,阿拉伯人在太阳落山之前是既不吃也不喝;左手是肮脏下贱之手,不要用左手接递东西,拿刀叉;不要用脚掌对着他们,他们认为这是侮辱人的动作;可给其孩子送礼物,但不要给其妻子送礼物;他们不喜欢印有动物图案的东西,禁用六角星作图案,不喜欢黄色和红色,喜欢绿色;谈生意时,尽量避免涉及政治问题。

由于阿拉伯社会宗教意识的影响,妇女地位较低,一般不在公共场合露面。因此,应该避免派女性到阿拉伯国家谈生意,而且男士到阿拉伯国家谈生意时也不要涉及妇女问题,不要问候对方的女眷。

二、好客,重视感情和朋友关系

阿拉伯人十分好客,任何人来访,他们都会非常热情地接待。因此,谈判过程中常常被一些突然来访的客人打断,主人可能会抛下谈判对象,与新来的人谈天说地。所以,与他们谈判,必须适应这种习惯,学会忍耐和见机行事。这样,就会获得阿拉伯人的信赖,这是达成交易的关键。阿拉伯人重感情,讲信誉,争取他们的好感和信任,与之建立朋友关系,是和他们进行商务往来的基础。他们善于用友情创造利润,不喜欢一见面就谈生意。许多外国商人认为,初次与阿拉伯人交往,很难在一两次交谈中涉及业务问题,只有经过长时间交往,特别是与他们建立了友谊,才可能开始真正的商务谈判。

三、习惯讨价还价,但不喜欢冲突和激烈对抗

阿拉伯人极爱讨价还价,无论商店大小均可讨价还价,更有甚者,不还价即买东西的人还不如讨价还价后什么也不买的人更受卖主的尊重。他们认为精于讨价还价者是行家,因此以能胜于行家而骄傲,否则会采取不屑一顾的态度。

但是，阿拉伯商人不喜欢同外国人面对面地争执。对外商的失误，他们可以表现得宽宏大量。他们有一套委婉拒绝别人的办法，这就是IBM。I是"因谢拉"，意为"神的意志"；B是"布克拉"，意为"明天"；M是"迈利西"，意为"不要介意"。这是阿拉伯人在谈判中保护自己、抵挡对方的一种有利武器。如果阿拉伯人想取消已订好的合同，就会名正言顺地说这是"神的意志"；如果形势对外商有利，他们却耸耸肩说"明天"再谈吧，等到明天又要一切重来。当外商因阿拉伯人的上述行为或其他不愉快的行为而恼怒不已时，他们会拍着外商的肩膀，轻松地说"不要介意"。

四、时间观念较差

阿拉伯人时间观念较差，他们约会经常迟到，谈判节奏较慢，决策过程较长，谈判中会出现随意中断或拖延谈判的现象。阿拉伯人决策过程较长，不能归结于他们拖延和无效率，这种拖延也可能表明他们对对方的建议有不满之处，但对方却没有捕捉到这些信号，也没有做出积极的反应。这时，他们并不当面说"不"字，而是根本不做任何决定。他们希望时间能帮助他们达到目的，否则就让谈判在置之不理中告吹。阿拉伯人谈判时喜欢采取悠然自得的态度，说话慢吞吞的，往往对于某些极简单的事情也要考虑再考虑。有时谈判刚刚有些苗头，他们就会提出休会。因此与阿拉伯人谈判要有耐心，急不得，欲速则不达。

五、代理商和中下级谈判人员发挥着重要的作用

几乎所有阿拉伯国家的政府都坚持：无论生意伙伴是个人还是政府部门，外商的商业活动都必须通过阿拉伯代理商来开展业务。因此，与阿拉伯人进行商务合作，一般必须通过当地代理商，没有一个得力的代理商，外商就很难做成长久生意。

在阿拉伯国家，谈判决策由企业上层人员做出，但决策的意见和依据是由精通业务的中下级人员提供的。因此，外商在谈判中常常需要同时与两种人打交道：首先是决策者，他们只对宏观问题感兴趣；其次是专家和业务人员，他们希望对方尽可能提供一些结构严谨、内容翔实的资料以便仔细加以论证。所以，与阿拉伯人做生意时，千万不要忽视了中下级谈判人员的重要作用。

第八节 中国商人的谈判风格

中国素有"礼仪之邦"的美称,是儒家文化的发源地。中国人勤劳善良,性格温和,热情好客,善于忍耐,诚实含蓄,讲究面子,工作节奏总体不快,比较保守,不轻易冒险,富有智慧,足智多谋。中国经济发展迅速,人口众多,被称为世界上最后一个巨大的市场,外商纷纷来中国投资和商务洽谈,因此,中国商人的谈判风格成为各国商界研究的对象。

一、以礼相待,讲究面子

中国人待客非常殷勤和慷慨,几乎每一个来过中国的外商都能感受到中国人的情谊。在洽谈生意时,中国商人习惯以礼相待,常常要求在本国进行谈判,以控制议事日程,掌握谈判节奏,并在此过程中仔细观察对方,让客人相信他们的诚意,期待着建立信任和友谊。

中国人很看重面子,地位越高的人,越讲究面子。在商务谈判中,中国商人常常给对方面子,他们很少直截了当地拒绝对方;同时,他们也需要对方给自己面子。在谈判中当强迫中国人让步时,千万注意不要使他们在让步中感到丢面子。可以说,如果你能帮助中国人获得面子,你就会得到许多;反之,任何当众侮辱或轻蔑,即使是无意的,你仍然会损失很多。

二、十分重视人际关系

中国商人十分重视人际关系。在做东道主时,他们并不急于谈判,而是耐心地认识和熟悉对方,并尽可能地建立一种长久而牢固的关系。在中国,建立关系是寻求信任和安全感的一种表现。中国的商业领域和社会交往的各个环节,都渗透着关系,关系成为人们所依赖的与他人、与社会进行沟通联系的一个重要渠道。中国商人对于老朋友、老关系比较重视,在力所能及的情况下会予以照顾。因此,与中国商人谈判时将各种人际关系都用上,可以避免不必要的感情障碍,营造良好的谈判气氛。

三、比较含蓄,不喜欢直截了当地表明自己的态度

在商务谈判中,中国商人不喜欢直接、强硬的交流方式,对对方提出的要求常常采取含糊其词、模棱两可的方式作答,或利用反问把重点转移。在谈判初始阶段,中国商人很少提出自己对产品的要求和建议,他们总是要求对方介绍产品的性能,认真倾听对方关于交易的想法、观点和建议。在谈判中,他们常常有技术专家参与进来,用竞争者的产品特点来探求对方产品、技术方面的资料。若对方提出的问题、条件超出自己的权限或难以回答,中国商人常常把这些问题置于腹中,待向上级请示或大家讨论后有了确切把握才予以答复。所以,在谈判时,一时难以把握中国人的真实想法时,千万要沉住气,不必过早表白自己,更不必在没有摸清对手意向的情况下,盲目改变自己的立场。

四、原则性与灵活性的统一

中国商人对问题的原则性和灵活性把握得很有分寸。当谈判进入实质性阶段,中国商人往往会要求首先以意向书的形式达成一个原则框架,然后再洽谈具体细节。中国商人在原则问题上寸步不让,表现得非常固执。在谈判中,如果发现原则框架中的某条原则受到了挑战,或谈判内容不符合长期目标,或者提出的建议与目前的计划不适合,中国人的态度就严肃起来,并表现出不屈不挠的决心。同时,在具体事务上,他们则表现出极大的灵活性。

五、港澳台地区商人的谈判风格

香港、台湾、澳门地区因其文化与内地同源,同时又深受西方文化的影响,故其商人的谈判风格与内地商人既有相同之处,也存在较大差异。一方面,他们作为中国人具有中国人的一般特点,如勤劳智慧,讲人情,重面子等;另一方面,他们的商业意识极强,善于与对方拉关系、套近乎,很多时候会变相行贿;擅长施用小恩小惠做诱饵取大利;报价灵活,水分很大;注重眼前利益,缺少长远打算,一旦行情变化,就会想方设法钻合同的漏洞。港澳台地区企业多如牛毛,很多是资本少、实力弱的公司,其中不乏皮包公司,因此要注意资信调查,谨防上当受骗。

实训项目:如何面对阿拉伯代理商

一、实训目的

分析在谈判中,如何与阿拉伯人进行谈判,分析他们的谈判风格。

二、实训背景

你和当地一位重要的阿拉伯代理商会面,在花了几个小时进行社交活动和喝咖啡以后,还没有论及任何生意问题,你急着要讨论你的建议,那么你应该怎样做?

三、实训要求

结合背景资料,学生分组,每组5~6人,设组长一名,讨论与阿拉伯人进行谈判的注意事项,分析他们的谈判风格。学生分组,用情景模拟、角色扮演来回复对方。安排两组中的1~2名学生,进行发言总结,时间15~20分钟。

四、实训提示

(1)在适当的时候主动提起。

(2)等着阿拉伯人提起这件事。

(3)在聊天过程中引导对方提出生意话题。

(4)避免提出生意话题。

(5)你决定等着让东道主提起这件事,但你离开的时间又到了,那么你该怎样做?

A.问他你什么时候可以再来看他。

B.留下一套关于你的产品的材料。

C.请他定下一个确切的会面日期,再讨论生意问题。

(6)其他……

本章小结

由于国家和地区民族文化、风俗习惯和价值观念等的不同,形成了世界各国商人之间独具特色的谈判风格。要想在国际商务谈判中不辱使命取得谈判的成功,商务谈判人员就必须了解、熟悉世界各地商人不同的谈判习惯与特点,针对不同的谈判风格采取不同的应对措施。本章主要介绍了美国商人、英国商人、法国商人、德国商人、俄罗斯商人、日本商人、阿拉伯商人和中国商人的谈判风格。

基本概念

商务谈判风格→人际关系

思考题

1. 试述美国商人的谈判风格。
2. 试述日本商人的谈判风格。
3. 试述阿拉伯商人的谈判风格。
4. 试述中国商人的谈判风格。

❖ 案例分析题

案例 "给面子"如何"酝酿"谈判的成功

(一)背景概述

澳大利亚一家化学工程咨询公司的所有者本杰明·皮特对于那些想在中国做生意的人有一个忠告:"许多中国人把击败外国人看作一种爱国义务,所以你可能成为对方靶子下的一只瓷飞鸽。"然而尽管如此,本杰明在中国还是成功了,他负责设计了中国一些现代化酿酒厂。

本杰明刚开始与中国人打交道时很不顺利。他与中国人谈的第一笔生意是广东省一家大型酿酒厂的建设项目。他调侃说:"我们一开始接触的中国人不过是些看客,他们并不真的想与我们做生意,他们不过是想试试水。"于是本杰明发出了一份调查问卷,询问关于规格、原料、酿酒能力、计划生产的产品、预算和经营计划等方面的信息。得到的回应使他确信他必须亲赴中国商谈建立广东省最大酿酒厂这个价值 2000 万美元的潜在项目。但是在听到许多人讲述了他们在中国的经商经历后,他决定在自己公司具有特殊技术优势的领域寻找商机。他建议说,"在中国 你要理解的最重要的事情之一是你无法与价格低廉的当地竞争者竞争。我们只有提供给中国人本国得不到的特殊技术,他们才会让外国人参与进来。如果中国人在当地就能得到我们所提供的技术,他们就不会选择我们。"

(二)谈判前期准备

本杰明很清楚自己在谈判中的优势。他可以为中国酿酒企业带来它们不具有的价值,因为他有提高酿酒厂生产能力和减少所产生废料的技术,他还很擅长了解和预测市场趋势,而且他可以获得中国企业缺乏的成熟的国际市场数据。

中国人可以说在酿酒厂设计方面没有任何经验,而本杰明从 1983 年就开始创建或重新设计了大部分澳大利亚大型酿酒厂。在谈判开始前,他对中国市场做了全面的调研,包括啤酒产业和位于广州的这家酿酒厂。他发现尽管这家酿酒厂已经在上海证券交易所上市,但它与中国政府有直接的关系。"如果你同中国的酿酒厂合作,那么你就是在与政府共事,因为这个行业受到高度管制。"

本杰明到达中国后发现中国方面同时还在与德国、法国和比利时的公司就这个项目进行谈判,此外,中国公司计划建设的酿酒厂并不像开始时给人感觉的那样好。根据以上情况,他决定他的谈判策略是以专家的口吻告诉中方他们需要什么,而不是让他们告诉自己他们需要什么,因为显然他们对酿酒厂的设计一无所知。

本杰明知道指出中国人计划中的不足是一个敏感话题。他曾和澳裔华人交谈过(包括他的中国谈判队伍中的两位重要的来自中国的成员),并通过阅读广泛了解中国文化,因此他知道让中国人丢面子会带来风险。为了避免这种情况发生,他主动提出与中方一起制订一个采用最新技术并有竞争力的简要计划。如此,在招投标开始之前他就同中方建立了关系,这同时也让中方首席谈判代表在老板(和中国政府官员)面前很有面子,因为他将能利用外国技术开发一个更好的商业计划。它也使本杰明的公司在招标竞争中处于优势地位。

(三)采取罕见的策略

本杰明介绍说:"在投标开始前,在其他外国公司无所事事的时候,我们就已经开始同客户一起研究开展该计划了。"中国人为前来参加投标的公司安排了住宿。广东省政府将所有外国团队——法国、德国、比利时和澳大利亚——都安排住在同一个宾馆。本杰明说,"我们往往逐个去同中方会谈。当我们谈完返回酒店时,总会看见其他公司的人员等候在大厅里等人来接他们去参加会谈。很明显,我们相互之间在竞争。"在酿酒厂设计这样一个专业领域,各国谈判队伍相互之间都很了解,中方正是利用这一点使形势对自己有利。

"我们知道中方正设法让我们彼此竞争,所以我们并不按他们的套路走,而是每天下午都会在宾馆酒吧里见面,对比会议记录,共同讨论此轮谈判是关于价格、技术、信誉还是其他问题。当然,谈判的关键问题总是价格和技术。"

谈判进行了几个星期,在这期间每个外国代表队几乎每天都与中方面谈,谈判议题始终围绕着技术、价格、项目涉及的范围,以及采用哪个预算方案既能使用最好的技术又能省钱。"中方的谈判队伍大概有30人,每次会面都有不同的人与你商谈。你原以为已经达成了协议,但之后总有一个中方成员突然把你叫到一边,告诉你完全相反的观点,令人感到十分困惑。"

(四)加强优势

谈判一开始的翻译工作由中方人员承担。本杰明其实也从澳大利亚带来了两个出生于中国的队员,一个是化学工程师,一个是会计。"我决定让团队中来自中国的两个成员做我的翻译,因为中国人的语言常常是隐晦的,他们通常通过暗示来表达自己。这是一个最好的决定,因为我终于有机会得到我想要的回复。"

本杰明也开始把语言障碍看作一种优势。"他们不知道中国语言也给了我反悔的机会,因为我可以借口说没有完全理解对方而推翻自己以前说过的话。他们不断改变对我所谈的内容,我也借机做同样的事情,并且侥幸成功。"

本杰明对自己的竞争者抱着尊敬的态度,因为他们是专业的管理者和公司员工。但是他们却用傲慢的态度对待中国人,甚至如此对待本杰明和澳大利亚。他们不相信在澳大利亚会有世界级的酿酒厂设计师。

几周过后，因为受不了持久战式的谈判进程，法国和比利时公司退出。法国和比利时谈判团队成员在第一次出价被拒绝后就开出了底线价格，这使他们在以后的谈判中没有任何回旋余地。法国和比利时谈判团队成员还有两个其他问题。首先，他们是另外几个项目的责任经理，因此放弃这里的竞争回国处理手头的其他项目是件很容易的事情；其次，法国团队中没有一个人喜欢中国餐饮，因此回国对他们来说非常有吸引力。然而，本杰明既是专业化学工程师，又是自己公司的老板，他为此谈判已经先期投入了35万美元，因此不会轻易离开。

（五）耐心得到回报

"我开始怀疑我们要把90%的时间耗在争论价格上了，尤其是中国人开始在谈判中哭穷的时候。他们一直说预算有限，所以我开始开价很高，但是不断做出最小的让步，而且从来没有接近我的底线。从之前的问卷调研中我已经知道他们付得起我的技术和我提供的咨询服务。虽然能够进入中国市场是一个极好的机会，但我还是要得到合适的回报。"

"我第一次到中国时就被告知，'中国有5000年的历史，那么再多100年又能怎么样呢？'这句话的含义是他们有足够的耐心等待合适的交易机会。我们为了来中国发展已经投入了许多资金，我们不会仅仅因为谈判比想象的花费了更长的时间而掉头回国。"

中国团队随后又想将本杰明计划回国的时间作为砝码，基于他快要离开中国这一事实，迫使本杰明同意中方开出的价格条件。但是他识破了这个策略。"我发现他们想把谈判拖延到我离开的那天，所以我告诉对方我的时间是很灵活的，谈判结束后我才会离开。我表现得好像我不再有最后期限，并礼貌地指出他们必须在规定的期限内建成酿酒厂。"

本杰明每天晚上都要与他的谈判队伍中来自中国的两个成员分析当天的谈判，尝试找出中方的谈判策略。来自中国的两个成员帮助他分析、解释中国的文化观念，他发现这对他理解中国人的策略十分有价值。

（六）被试探

"在有一次会谈期间，中方的一个成员变得非常生气和不耐烦。当天晚上我的一个翻译告诉我那个人可能在试探我的反应。他解释说中国人一般不与陌生人做生意，而且有时候他们会采用不同的态度试探对方在压力下的反应。"

"中国文化与澳大利亚文化差异巨大，因此谈判队伍成员非常需要中国本地人的加入。你绝不能凭直觉去理解什么在影响和推动着他们，要做到这一点得活50次。如果没有50条命，最好的办法就是得到当地人的指点。"

本杰明又发现了谈判过程中其他令人困惑的地方。"有时谈判双方在一些问题上已经达成原则性的协议，但随后中方又会改变主意。从那以后我们知道了这种现象较普遍。即使双方已经达成书面协议，它也仅仅是一个'讨论文件'。中国人期望你像根竹子，随风变化。"

当谈判仅剩下两家公司的时候，本杰明采用了新的策略。他开始强调他的设计具有环保优势，并解释说他的技术可以使中国酿酒厂在废料管理上处于世界领先地位。他的技术方案可以在减少环境污染物的同时确保最大的产能，并让这家中国酿酒厂拥有世界领先的声誉。

与此同时，中国团队也做了调查，发现本杰明公司具有发货及时且符合标准的声誉，因此私下里也倾向于本杰明的公司。最后似乎是本杰明的专业技术让他做成了这桩生意。然而，本杰明相信这更多是出于关系和面子。"我尽力让中方看起来很有面子，因为我用最新技术和他们一起做出了初步设计，帮助他们解决了他们没有考虑到的问题，例如可以为中方省钱的环境管理问题，而且我提示对方我的方案将使他们的公司在该领域成为世界领导者，这相当于给他们发光的机会。"

(七)最后一轮谈判

在发放和讨论了最后三项建议书之后,但是在达成最终协议前,双方又分别举行了9轮谈判,讨论如下内容:

● 付款期限和预付款;
● 货币决策;
● 商检政策;
● 担保;
● 国内外零部件的配送;
● 广东酿酒厂人员的使用和培训;
● 处罚;
● 运行情况要求;
● 运输能力。

谈判进入这个阶段后,中国团队成员减少到了12人。在本杰明和他的其他团队成员在中国进行最后阶段的谈判时,中国团队一分为二,分别前往欧洲和澳大利亚,通过本杰明公司的产品供应商,包括泵阀、电子设备、不锈钢和激光焊接等的供应商对他做出评价。他的供应商似乎都给了他及格,但是有个观念问题依然存在,那就是虽然本杰明的团队在各项指标上都优于其他团队,但中国团队的一些成员仍然反对澳大利亚团队,只是因为他们是澳大利亚的。这些人说出于形象和声誉的考虑,还是应当选一个来自欧洲的酿酒厂设计师和建造者。根据本杰明一方的理解,最终由于广东省副省长的介入中方才决定选择本杰明的公司。在该副省长做出决定45分钟后,中方首席谈判代表与在宾馆等候的本杰明通了话。

在电话中,中方首席谈判代表没做任何开场白,出乎意料地说:"我们希望您签下这份合同,请现在到办公室来。带上2000美元为中午的庆祝宴会买单。"本杰明和他的团队直奔中方办公室。在签订合同之前,他对中方首席谈判代表说:"非常感谢您同意委托我们建立酿酒厂。考虑到这一点,我们希望给贵方5%的折扣。"这一招很巧妙。预算降低5%让每个中国团队成员都很有面子,包括副省长。他们不会忘记这一点的。

(八)评论

在得到广东酿酒厂的设计项目后,本杰明又独家承揽了新疆维吾尔自治区价值500万美元的葡萄酒酿造厂的设计。这证明他在中国备受信赖。在与中国人共事的日子里,本杰明认为他在应对各种挑战中获得了一些有价值的经验教训:

第一,不要让文化差异搅乱你的阵脚。理解它们,学会在其中工作,但是不要被牵着鼻子走。在第一次谈判中,我可能在文化方面花了太多的时间,而在商业方面投入的精力不够。

第二,要知道从来没有任何事情可以完全解决。中国人把合同只当作交易的起点。你需要变得灵活并适应这一点,而不是与之对抗。

第三,要清楚"面子"是最重要的。我曾看到中国人建造的很糟糕的酿酒厂,他们自己也清楚这样的酿酒厂有问题,但是他们不知道怎样在不丢面子的情况下承认自己的错误。

与中国人谈判最重要的一点是,要做好准备让中国人看起来很有面子。中国人讲究互利互惠,如果你给他们面子,实际上是给自己帮了一个大忙。

◇问题：
1.了解中国文化对于本杰明取得与中国人谈判的成功起到了怎样的作用？
2.请尝试解释中国人为什么那么重视面子？
3.你对于中国的谈判文化是否了解？
(资料来源：白远.国际商务谈判——理论、案例分析与实践.中国人民大学出版社,2019.)